往后十年，

我们想搜寻"限制"这个词时，

将会看到如下定义：

一种局限或界定因素，

通常用来激发人们寻求更好的做事方式。

逆向创新

[美] 亚当·摩根　[美] 马克·巴登 | 著　柴婉玲 | 译
Adam Morgan　　Mark Barden

湖南文艺出版社
HUNAN LITERATURE AND ART PUBLISHING HOUSE

博集天卷
CS-BOOKY

WILEY

目录 contents

为何从限制中发现良机如此重要

多年前，网络上疯传的"尽力模仿贾格尔"（Do Your Best Jagger）活动，是从同名的游戏开始发酵来的，而规则其实很简单：玩家可随时随地、选择在任何媒介上，互相挑战对方，模仿滚石乐队主唱米克·贾格尔（Mick Jagger）在舞台上的表演。

一旦你接受了挑战，就必须立刻开始模仿，不能等你躲到一个比较隐秘的地方，或是先把外套脱掉，或是吃完三明治之后再开始。你得在当下当场，立刻把自己内在的贾格尔叫出来，展现在形形色色的观众面前，也展现在后来爆红的网络影片上。

而这件事有趣的地方，不在于人们为什么愿意做这种疯狂的事，而是为何这样的游戏效果竟然这么好。为什么当一个外行人不情愿地在快餐店的柜台前进行拙劣的模仿时，现场观众竟能瞬间认出那是贾格尔的舞步？而这位资深的摇滚乐手，又是如何创造自己舞台演出的高辨识度，让即使对滚石乐队的表演不怎么熟悉的人都能看出来的？

答案就在于限制带给人们的好处。

在基思·理查兹（Keith Richards）的自传《摇滚人生》（*Life*）中，这位滚石乐队的伙伴说明了贾格尔那与众不同的浮夸风格从何而来的。他说，滚石乐队刚成立时，他们得在小得不得了的场地演出。而当设备全部就绪，且观众也都一一就位后，留给歌手表演的空间往往要比一张桌子还小。但身为一个野心勃勃的乐队主唱，贾格尔学会了应付如此局限的空间。也就是在限制之下的强烈野心，使他发展出了独一无二的舞步。

当年，这位年轻的歌手有意无意地形成了自己面对"空间限制"的态度。这样的限制原本可能使他采取静态演出，或是缩手缩脚施展不开来，但事实却正好相反。他反而因此受到激发，让自己的演出更夸张、迷人、独特又抢眼。他利用这项空间上的局限，为自己争取到了更多的发挥空间。[1]

是美女还是野兽？

"限制"其实背负了莫须有的罪名。照字面定义来看，限制是一种负面的东西，它以某种重要方式局限我们，使得我们无法随心所欲地行事。限制使我们失望，打击我们，让我们失败。像《别束缚我》（*Don't Fence Me In*）这首老歌说的便是："如果你想看我有多少能耐，就别给我任何限制。"

　　但本书却想让读者了解，情况为何正好相反。**为何限制其实可以是资源丰富的、充满可能的、值得追求的**。为何它们是激发新方法和各种机会的催化剂。它们又是如何让我们比以前更强大，而不是压抑我们的潜能。为何我们应该将它们视为美好的事，而不是洪水猛兽，以及为何今日这件事变得比以前更重要。

看不见的礼物

　　不论我们是否注意到，限制的正面力量都随处可见。在一段终生关系中，我们向另一半承诺只忠于对方。我们对自己的限制，能让我们专心地跟对方建立生活，并进而发展出更为深刻的亲密感和安全感。在娱乐方面，我们了解自己心爱游戏的各项规则限制，也正是这些规则赋予了游戏特色、活力与乐趣。若少了这些限制因素，那么这些特色、活力与乐趣也就跟着变少了。至于建立良好亲子关系的关键，就在于了解有哪些限制对子女和我们自己的家庭生活都有益——不论我们可爱的生活在数码时代的小家伙们喜不喜欢，我们都必须谨守这些原则。

　　在企业经营上，被迫受限却得到甜美果实的例子比比皆是，人们完全忘了这是他们最初的动力来源。Google的首页之所以如此简洁，是因为创办人拉里·佩奇（Larry Page）当时编码的能力很有限。他负担不起外部资源的成本，而自己所能做的就是设计一个搜寻字段并加上一个识别标志。因此，当其他同行的首页塞满了东西时，Google那清爽的首页反而显得突出，低调地表示了对使用者的尊重。全球最大娱乐产业之一——游戏中最著名的主角马里奥（Mario），正是由于受到八位技术的挑战而变得多姿多彩：为补救糟糕的画质，设计师宫本茂（Shigeru Miyamoto）为主角设计了一个大鼻子来凸显他的特性，并加上小胡子来避开嘴巴和脸部表情的设计工作，因而从整体上也更容易看到手臂和身体的联动，而那顶帽子则是为了避免描画头发的工作。电玩游戏史上辨识度最高的角色，就因这样的技术限制而诞生。篮球界因1954年引进了24秒时限钟，至今让这项运动充满活力。至于推特（Twitter）——没人不知道推特，但要是当初它的字数限制在一万四千字而非一百四十字的话，今天还会有人使用推特吗？

虽然好处不尽相同，但上述的每一项限制都促成了某种优势。而这些处理限制的人，则把限制变成了美好的事。

寻求崭新创造力的新现实

所有优良企业都会遵循清楚的原则来运作。例如，**品牌本身的概念实际上就是一项美丽的限制**。它是什么，跟不是什么都要很明确，以便团队能集中心力去寻找符合品牌定位的各种新颖、相关和原创的方式。当某个品牌不再遵守这些限制，并试图改变它原本的定位时，就会削弱它的力量。

身为作者和业界人士，我们职涯中大部分的时间都在思考"策略"与"限制"。我们公司专精于研究挑战者品牌和企业，对这些品牌和企业来说，将限制转化为优势是一种特别重要的能力。**挑战者们的野心永远大于所拥有的资源，并且缺乏传统观念中认为不可或缺的因素**，例如：营销预算、研发部门或是某类功能等。他们必须应付各种限制、重新设定沟通方式，并建立一个新的营销或商业模式。对挑战者而言，要如何才能转化限制，通常得仰赖成功的策略。

创立营销顾问公司eatbigfish的十六年来，我们在愈来愈多层面上像个挑战者般地思考，也愈来愈常听到知名市场领导者，谈论自己在跟上世界变化的脚步的同时，仍必须保有挑战者心态，对来抢饭碗的对手心存警惕。企业被迫缩减人力、资源和时间以便在竞争下成长，尽管**"以较少资源做更多事"并无确切定义亦不知从何着手，但此方针早已成为商界主流**。不论企业性质或规模为何，时间、资源以及人力的限制一直都在，也不论你喜欢与否，这项必须在限制之下成长的需求，早已成为现代领导者的挑战之一。这里永远不缺启发。我们身边充满了以限制为核心的新时代创造力。例如，跑得更快的汽车却能节省燃料；更健康的快餐；或是使用较少的水量却能生产出更优良的作物等。

有时，这些企业处理的是外来加诸身上的限制。例如，一家在经济衰退时创立的啤酒公司，不但缺乏营销预算，而且向银行申请借贷时亦遭到拒绝。因此，他们便以分享股权的方式来换取现金，不但让顾客更为忠诚和支持，最后竟成为英国境内成长最迅速的餐饮品牌。位于加利福尼亚州的四所公立学校，则是找到了让学生在一年内课业三级跳的方法，同时又减少经费支出。长期销售状况不佳的洗衣粉品牌，在无法取得顶级清洁原料的情况下，只好另寻创造价值的方法，却因此成为联合利华在全球市场成长最迅速的品牌。

但更常见的情况是，**这些企业会通过自己给自己莫大的限制，来寻求突破并创造竞争优势**。一家知名的连锁精品旅馆，省去了许多高级旅馆必备的设施，诸如接待柜台和餐厅等，以提供顶级但经济的住宿体验。而一家创立七十年的家具公司，正因限定自己必须制造出要价相当于两杯拿铁的桌子，因而找到了截然不同的制作方式。知名赛车主办单位则要求每家车队在维持赛车激动人心的速度的同时，必须设法制造出提升30%燃油效率的引擎，甚至因此带动了一连串的创新。

我们正处在一个杰出人士为我们重新定义可能性的时代。他们让**"限制激发正向变革"**成了一项颠扑不破的道理——我们可选择利用它来寻找新契机并有所突破。不是因为克服了限制，而是因为有了限制，所以成功。

匮乏时代，富饶时代

我们正处于一边充满各种可能，而另一边则是匮乏现实的交界。对今日商业界的人来说，各种深刻观点和机会俯拾皆是，只要我们想，就能从世界各地的企业身上学习如何突破现状。我们拥有各种前所未有的机会，跟顾客建立关系。未来合作伙伴的表现有助于我们重新思考、更换设备、制造、取得资源、创造、建立联系并成长。而且只要有人花点时间回复讯息，我们就能随时从公司内部任何一个人身上取得信息。**总是有人可以弥补我们的不足之处。**因为，他们跟我们一样，都承受了以较少资源做更多事，并在预算及人力有限的情况下应付各种问题的压力。而这些还只是眼前的限制。各项原料成本的波动，设法从我们身上补偿财务损失的零售业者，法令规章的修改，在意想不到的地方出现新的竞争对手等——每一年所冒出来的一连串新的限制，都可能让我们朝向更好或更糟的方向前进。

我们的个人和社会生活，同样都是由增加的机会与明显的限制所界定的。我们能得到的娱乐、知识和职业生涯选择机会，要比我们实际需要的还多。科技让我们得以接触更广大的人群，我们探索与分享自己热爱事物的能力远比十五年前要更强大。然而，我们同样也觉得缺乏时间和心力。正如赫芬顿邮报创办人阿里安娜·赫芬顿（Arianna Huffington）所说："一个有太多信息、选择、机会，但时间却太少的世界，迫使我们必须决定何者才是真正重要的。"[2]

身为地球公民，我们所生存的是一个天然资源有限，但全球人口和新一轮经济需求不断增加的世界，而未来可能的新型资源——例如：便宜的太阳能，或从便利的知识渠道获得更多的想法——则尚未能真正解决各种问题。如果我们想让下一代享有跟我们同样的地球资源的话，就得学习与新型的限制共存。

那么，情况是会愈来愈好，还是每况愈下呢？我们必须相信，答案是掌握在自己手中的。它取决于我们如何面对这些新产生的限制，以及是否有信心选择一条通往各种新机会的途径。一如心理学家蒂莫西·威尔逊（Timothy Wilson）所说，"**我们的人生是由自己创造的，当我们相信各种限制只会让自己陷入困境时，就会真的受困。**"但威尔逊也表示，我们拥有一步步将人生导往新方向的绝佳能力，一旦成功就会自发性地持续下去。本书希望提供这些步骤，以便大家开始着手改变现状。如此一来，我们就能学会如何将限制转化成美好果实。[3]

何谓限制？所谓转化限制又是什么意思？

我们要从何开始呢？有意思的是，虽然这个世界充满各种鼓舞人心的方式，且多数文化中都有类似"黑暗中总有一线光明"的说法，但要**找到将"激励"转化为"行动"的实际方法却不容易**。美国人常说的这句老话"当人生给你酸涩的柠檬时，不妨把它做成柠檬汁"，最早可追溯到1915年。但在过了一个世纪后，似乎没有人告诉大家接下来该怎么做：也就是做成柠檬汁的配方究竟是什么。

对创业家来说，有许多针对现代社会的人力精简[4]、节约式创新[5]、Jugaad*精神[6]，甚至是阅读障碍对创业者的价值[7]所进行的重要研究，提供了某些特定限制中各种层面上的深入剖析。这些针对商界各种限制的研究重点，跟本书不太一样。《限制理论》（*The Theory of Constraints*，简称TOC）出版于1984年，该书提出的限制处理建议跟我们的想法大不相同。这本书将限制定义为一个体系中的绩效限制，特别是最受限的那一个——组织中最弱的那一环。**TOC建议以改组或是重新调整主要程序的方式来处理限制，以避免出现负面效应。** 一旦排除了这最弱的一环，体系中新产生的弱点就会变成下一个要对付的限制。[8]

TOC对某些状况或企业来说，是很成功的方式。然而，我们感兴趣的做法并不是排除限制，而是以正面的态度来平衡它。我们提供了更广义的限制和情境，并说明转化限制的各种方法，以把它变成各种可能性与机会的绝佳来源。

首先，我们有必要定义一下何谓限制以及我们所谓的转化限制是什么意思。

在本书中，**限制的定义就是某种局限，这种局限可能来自外在环境，或是我们自己本身，并对我们进行某件事的能力造成切实影响。** 限制可分为四大类：基本限制（受到某项成功必备元素的限制），资源限制（受到某项重要资源如资金或人力的限制），时间

---

* 印地语的"变通替代做法"之意。

限制（受到必须在一定时间内完成某事的限制）以及方法限制（受到必须以某种方法来进行某事的限制）。基本限制的一个例子，如开设一家无法让顾客购买前先试穿鞋子的鞋店（因为是网络鞋店）。而资源限制则可能像是某航空公司必须提供四条航线，但却只有三架飞机可用。时间限制则无须赘言，我们都很清楚生活中的各种时间限制。至于方法限制，像是某家医院将供应快餐的系统运用在重大眼科手术上。

转化限制，也就是将它视为一个机会，而非惩罚，能激励我们发掘崭新的或是更好的达成目标的方式。上一段中我们用来说明的那些例子，对你来说或许并不陌生。我们提及的第一个例子，那家无法让顾客购买前先试穿鞋子的网络鞋店，想当然就是Zappos。这项限制促使他们从两大层面提供Zappos体验：第一是"所有运费由我们负担且退货相当容易"的程序；第二项则是他们著名的"wow"顾客服务：亲切、友善的互动。不但顾客能接受这种买鞋的方式，而且早在20世纪90年代Zappos就获得了忠实用户的"净推荐值"（Net Promoter Scores）。首席执行官谢家华将Zappos形容为一种顾客服务业，只是刚好卖的是鞋子罢了。也因此他曾说："我们也能从事航空业。"

第二个，有关资源限制的例子，则是美国西南航空（Southwest Airlines）。在20世纪70年代，他们必须卖掉其中一架飞机，但却决定不缩减既有航线。为了保留这些航线，西南航空被迫要设法以三架飞机来飞四条航线。这样一来便让他们面临了另一项不同的限制，即时间限制：他们发现，假如能让飞机在十分钟内换班的话，就能以三架飞机来行驶四条航线。亦即他们必须在十分钟内让所有入境乘客和行李下机、清理飞机，并让出境的乘客和行李登机，而一般美国国内航班的平均周转时间却要一小时。这种做法（例如引进罕见的不划位概念）不但使得他们能维持四条航线的营运，甚至由于当时许多乘客不喜欢在搭乘其他航空公司飞机时必须坐在停机坪四周，而让西南航空因此招来了更多顾客。[9]这项新做法变成西南航空长期的营运模式之一，也让他们成为创下多年盈利纪录的低成本航空公司。而让他们显得如此特别的，则是这个片刻：几年前，我们采访当时西南航空总裁科琳·巴雷特（Colleen Barrett），问及对她来说最能彰显西南航空精神的是什么时，她告诉我们的便是这则故事——三十多年前因受到限制而被迫创新的故事。

第三个，跟方法限制有关的例子，则是Aravind眼科医院。创办人设定了一项目标，要为印度贫穷大众提供收费比西方国家便宜得多的高质量眼科手术。这位创办人对效率的狂热，促使他仿效麦当劳汉堡大学的装配线来进行作业。今日Aravind眼科医院每年进行的眼科手术约为英国国家医疗服务体系进行的60%，但成本却只需千分之一，并发症的发生率更仅为英国境内眼科手术的一半。[10]

对上面这些成绩斐然的企业而言，受到限制的野心能激发出更好的，甚至是颠覆性的做法。每一件案例中，参与其中的人们不但**接受了限制，还从中发现了新的契机。**

然而，这并不代表我们认为所有的限制都能带来好处。我们之后会详加探讨的最近一项针对匮乏心理的研究显示，**极度匮乏的消极效应能形成一种狭隘的视野，让人们无法把注意力放在其他地方，缺乏改善自身际遇的真知灼见。**像此类极端的，人们的生活只能任其宰割的限制，就并非属于可以转化的类型，因此不在本书讨论范围之内。但我们多数人则很幸运，不至于面临这样的处境，而本书所探讨的就是较为普遍的限制类型。

学习之旅：与限制息息相关的五大资源

上面这些案例中的杰出人士究竟只是个案呢？还是可以让我们学习的呢？我们可能无法找到什么公式，但我们认为，至少我们可以确定转化限制的能力是否为与生俱来的——即某些非凡人物的独特天赋是否为无法转移的一种能力，以及我们是否能够开发出普通大众可以用得上的行事方法。在历时三年的研究中，我们总结归纳了五种不同的学习资源：

1. 创意人与解决问题的专业人士

对工程师、设计师及其他深具创意的解决问题的专家们来说，他们如何界定在工作时所必须处理的各种限制，对调节精力与发展创意来说相当重要。知名广告公司创办人大卫·奥格威（David Ogilvy），更以这句"给我精练简报下的创作自由"（Give me the freedom of a tight brief）来肯定这种关系。我们想跟这类领域中的一

些备受尊崇的人士聊聊：诸如五角设计公司（Pentagram）的负责人
迈克尔·贝鲁特（Michael Bierut），他服务过的客户包括萨克斯第
五大道精品百货店（Saks Fifth Avenue）以及《纽约时报》等，还有
曾为运动用品公司耐克（Nike）创作一系列广告的丹·韦登（Dan
Wieden），以及负责"一个孩子一台笔记本电脑"计划和Jawbone
公司商品的产品设计师伊夫·贝哈尔（Yves Behar）等人。在这组
"创意人"之外，我们还加上了"非洲农场资源投入推广计划"
（简称非洲FIPS）组织，他们致力于为肯尼亚境内的小农寻找增加
产量的方式；以及斯坦福大学的"超低廉设计"（Design for Extreme
Affordability）课程总监，他们指导学生为全球贫困人口研发各类产
品与服务。

2. 凭借较少资源做更多事的商界挑战者

我们将过去十六年的时间投入"挑战者项目"（Challenger
Project）的研究上，并采访了两百多位品牌负责人与企业领袖，这些
受访者都曾在各种类型的限制下获得巨大成长。在同一时期，我们
的顾问亦与各种不同的公司合作及处理各类问题。事实上，也正是
由于这些难能可贵的经验，让我们一开始就对这项主题深感兴趣。[11]

3. 学术研究

跟创意限制的效果相关的学术研究共有七十多项，我们在这方
面获得了阿姆斯特丹大学研究员雅尼娜·玛古（Janina Marguc）的倾

力相助。其中有些研究相当具有启发性，我们会在他们提供相关的深入观点，或是有助于补充说明我们的研究结果或信念时，作为参考之用。[12]

4. 与克服限制相关的各种文化与观点

我们发现了一些跟处理限制相关的有趣的次文化。在计算机科学领域中，"拼装"（kludging，即由于别无选择，只好采取迅速但不太正当的手段来解决问题）这个概念与黑客道德有关，在法国也有相关的概念。某些国家则有跟这种面对限制"乐观进取"类似的态度，农耕导向的文化——南非语中有所谓的"随机应变，见招拆招"，跟印度的Jugaad精神亦相去不远，也就是用尽一切方法来解决问题。其中每一项概念都是一种解决问题的思考方式，而非过程，但却提供了有用的学问。

5. 老狗学得会新把戏

我们亦探讨了许多大型企业将限制有效地运用在经营各层面上的范例。从这些例子中，我们对那些平常不习惯这么做的大型企业也能学习并应用我们试图定义的"刚刚好的程序"深具信心。

我们在这趟旅程中，前往了圣弗朗西斯科、纽约大学等地，与某些在限制方面有着重大研究的权威人士访谈，也造访了约翰内斯堡，了解南非矿业是如何以有限的共通语言，倡导重要的安全须

知。我们也到孟买了解当地的零售业者，是如何成功地将消费者跟
员工都不了解的西方商品销售出去。我们也将一一探讨航空母舰的
研发过程、阿拉斯加医疗体系的变革，以及中国台湾地区人才资本
的建立。我们从有顿悟体验的人身上，以及用二十年时间一步一个
脚印地达到突破的案例上学习，也拜访了那些会例行要求员工成功
地解决难以处理的问题的企业。我们跟一些供应链的主管们、赛车
加油站技师、营销人员、银行家、创业者、教育家、新创公司的创
办人、科学家、设计师、农学家以及工程师会晤，他们每一位都有
着旺盛的野心以及够强的决心，也都找到了将限制转化成优势的方
式。我们从这些人身上，学到了发展各项工具和架构所需的元素，
以便将所学运用在其他情况上。

因为不论是启发、故事还是原则都只能引领我们走到这一步，
而我们还必须将这种看待事情的方式，转换成做事情、运用以及领
导的方式才行。**本书提供了六大工具，协助大家将各种限制转化成各
项机会与优势，同时还提供了一项简易且效果超乎预期的法则，以便
妥善规划这些工具。**但这并非因为成功有公式可循，而是如果我们想
将它们运用在公司里或我们自己身上时，就必须和他人形成共识。

借由本书，我们希望让"这项限制有何好处？"以及"我
们要如何转化这项限制？"这两个问题，变成看待各项限制时的
一种自然反射动作——这种动作是用来发掘各种机会，而非被其
威胁所蒙蔽。为掌握发挥潜能的能力，我们希望改变"**创造力**"
（inventiveness）这个词及其概念，把它变成更多领域中、更多人都

能使用的概念。

在商业世界中，创新已变得有些精英化，似乎只专属公司里的某个特殊部门，或是硅谷那些思考大创意的天才小子们。但我们其实建议，除了这些人以外，**创造力应是一种普遍而非特殊的能力，要让每个受到限制的人都能运用它。**虽然本书主要是针对商业及企业中各类限制的创造力应用，但也会将一半焦点放在个人的应用以及全世界所面临的某些重大议题上。

往后十年，我们想搜寻"限制"这个词时，将会看到如下定义：一种局限或界定因素，通常用来激发人们寻求更好的做事方式。

本书架构及使用方式

第一部分：转化限制的过程

本书的第一部分，将针对转化限制所需的心态、方法与动机来加以探讨。其中的六大步骤则构成了"ABC*法则"。

在第一、二章中，我们探讨了如何理解与建立跟限制相关的正

---

* 以本书英文书名 *A Beautiful Constraint* 之简写，代表此精神及其精髓。

确心态：是什么因素阻碍我们对各种可能抱有开放、乐观的态度，以及要如何才能不受阻碍。我们从第一章《受限者、调适者与变革者》开始，探讨限制对野心造成影响的三种不同观点，以及它们究竟是分属三种人格类型，还是我们在认知上转换的三个阶段。第二章《突破路径依赖》探讨的则是我们的惯性做法是如何阻碍我们寻找解决问题的新方法的，以及我们如何对这些惯性视而不见，以致更难加以突破。

而在探讨方法的篇章中，第三章《提出挑战性问题》是从我们所能提出的最有效的问题类型，以及为何它们对处理限制如此有用来着手。于第四章《如果……就能……》中，我们探讨了如何以保持乐观心态，以及不间断的创意思考方式，来回答那些问题，并让解决问题的阶段得以持续下去。第五章《开创丰富资源》，其中我们会探讨在那种几乎忘了如何变通的企业文化中，怎样才算懂得随机应变以取得资源，同时亦提供一项工具，让我们能以全新角度看待限制的真正机会。

第六章《启动情绪》则是探讨我们的第三项主要因素——动机，以及特别是跟限制有关的理论与实务：为何情绪如此重要，以至我们必须投注心力在上面。

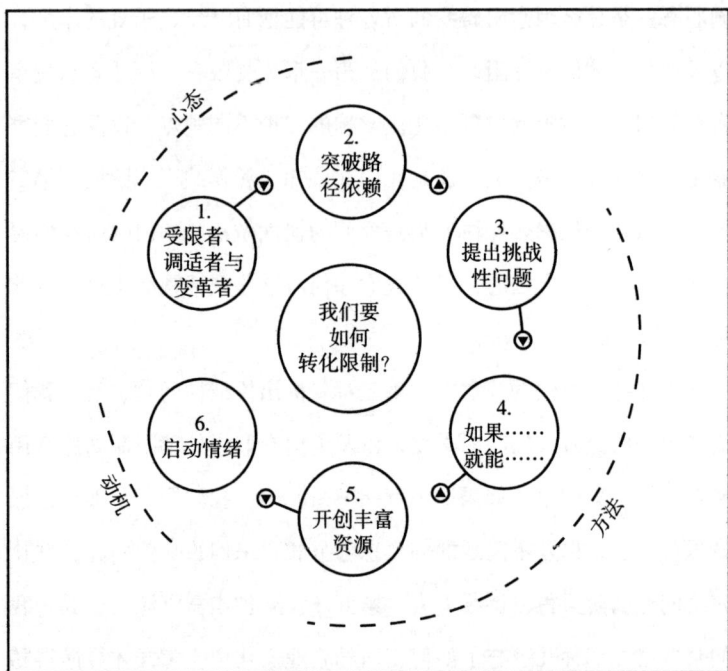

引言图1：第一到六章——构成ABC法则的六大步骤

　　第二部分：如何运用这项概念，以及为何它在今日如此重要

　　接着，我们将以两项挑战来测试我们新出炉的观点。首先，第七章《一无所有的富饶》探讨的是缺乏主要资源的品牌与企业：像这类极端的限制情况，有可能开创出丰富资源吗？若有，又应当如何创造呢？其次，第八章《限制导向的文化》则探究这是否只是出现在杰出人士身上的单一成功故事，是否有任何证据，证明这类心态能根植于大型企业中并成为可重复的模式。

在第九章《匮乏与富饶》中,我们将更进一步探讨在本章中只略微提到的关键脉络:为何处在匮乏与富饶间的我们,要比以往更需要接受限制。

第十章《着手转化限制》则将本书重点予以摘要说明,并提出各种让我们自行运用的方式。而第十一章《领导力与限制的未来》则是从领导者转化限制的方式的角度,来为本书做一总结。

虽然本书是依循一定的脉络来撰写,但阅读时却不一定要按照章节顺序。不过我们会建议你照着第三章、第四章和第五章的顺序来阅读。每章开头所列出的重点问题,将会在后续的内容中一一予以说明。对注意力有限的读者来说,若想知道答案的话,不妨在阅读其他部分之前,先行浏览一下。这些部分会在每一章节末以方框显示,以方便你查阅和参考。**读完这些则约需花费二十一分钟二十秒。**

那么,我们开始吧!

引言摘要：为何从限制中发现良机如此重要

●多数人倾向将各种限制视为约束或不利的局限，而本书则会说明"为何"以及"如何"以正好相反的方式来看待这类限制才是正确的：这些限制其实是强化、刺激新的可能性的丰富资源。

●事实上，从我们周遭的大众与企业文化中，处处可见限制所带来的好处，从电玩游戏人物马里奥，到良好亲子教育的原则皆是。

●若我们将限制定义为局限的话，就会真正地影响我们做事的能力。在后续的章节中，我们会将限制分成四大类型：基本限制、资源限制、时间限制以及方法限制。

●在我们探讨的案例中，有些处理的是外界加在他们身上的限制，而有些案例则是自愿将限制加在自己身上，以激发新的突破。

●转化限制的能力对我们所有人来说，已变得愈来愈重要。我们每个人目前都正处于匮乏与富饶的交界，而将限制转化成各种机会的能力，在我们的个人以及职场生涯中，将会逐渐成为进步的关键因素。

1.

受限者、调适者与变革者

我们一开始与限制之间的关系

Our starting relationship with constraints

1. 如何评估我们与各种限制之间一开始的关系?

2. 哪些关键因素，能让我们与限制之间的关系进入另一个截然不同的层次，并且从中获得更多利益?

3. 从那些认为限制本身是件好事的人身上，我们能学到什么?

限制与野心

假设你的企业只用了不到50%的宝贵资源来开发一套新系统，却达到了20%的增长率，而且是立即可见并非遥不可及的增长时，你觉得值不值？

想在一年内达到两位数增长，却又只投入一半资源，即使对今日这种讲求效率的经济体系而言，不用说，这也几乎是不可能的事。倘若有谁曾办到的话，大家应该都会知道，因为他们必定会出现在各大财经杂志的封面上。

但不知何故，他们并未被大肆报道。

虽然到目前为止，现代滴水灌溉技术没办法在推特红人的餐桌上放把火，好让他们推文引起话题，但它仍旧是企业在诸多限制下持续增长的一项杰出事迹。

位于以色列南部内盖夫沙漠（其原名Negev，即为希伯来语中的"干燥"之意）的Kibbutz Hatzerim农场，一直到20世纪60年代中期，都在当地勉强以农耕维生。他们很明白自己在致力农耕之外，还需要一并发展与此相关的商机，以支撑本就不易维持的生计。因此，他们决定另寻其他产业合作，以善用自己在农耕方面的专业。他们和一位名叫布拉斯（Simcha Blass）的工程师携手打造并销售一套崭新的灌溉系统。

其实在几年前，布拉斯就注意到，在同时栽种的一排树木中，有一棵树长得比其他的都要高大。在调查原因时，他发现那棵树根部的附近，有一根水管因轻微漏水而一直不断地滴水。透过各种试验，他发现这种滴水灌溉法，能规律地提供刚好足够的水量，比利用涨潮甚至是喷灌法更有助生长，同时还能大大增加用水的效率。但这种方法一直要到塑料水管商品化，以及Hatzerim居民将布拉斯的想法变成生意之后，才开始有成果。

在试验滴水管线的初期，他们将新式塑料水管系统用在Hatzerim农场内的作物上后，不但用水减少了50%，且桃、梨和杏的产量也大为增加，以致当地农民争论不休，他们多数人认为这种技术应当秘而不宣，只供自己运用。毕竟，他们当时还停留在农民心态。不过，后来他们有了更大的野心——显而易见，这是个开创新事业的好契机，比起单单提高自家作物生产率，这项产业有望为当地居民带来更可观的利益。而一家由布拉斯和Hatzerim农民共同创立并叫作耐特菲姆（Netafim）的公司，便因此诞生。

如今耐特菲姆已是一家价值8亿美元的公司，它之所以成功，正是因为受到了"野心"与"限制"这两种力量互相抗衡的驱使，以至远远超越了当初在沙漠种植谷物的需求。由于这家公司创立的原则就是不打算雇用帮手，在不愿妥协的情况下，为了追求成长，就必须善用Hatzerim的每一份资源。因此，在滴灌系统制造厂只用了十四位全职员工的情况下，唯一能让公司在成长的同时又能保持规范的方法，就是让Hatzerim农场中的每一个人，在从事工作之余，每一周都必须在生产线轮值一班。而这种轮班制，反而使Hatzerim的所有人对这项新计划更投入也更有概念，这对公司未来的发展至关重要。

这套创新的滴灌系统，让Hatzerim农场和以色列境内的蔬果产量大到可以出口。但该地区紧张的政治局势，却使得邻近国家无法跟他们采购。然而这项限制，促使他们必须研发生产出能保存较久的蔬果，以便出口到欧洲去。另外，滴水喷头内阻塞的问题，则迫使他们必须不断改良管线内部压力补偿和自我清洁的技术，最后竟使得这些看似不过是有洞的软管，成了一项了不起的工程杰作。

现阶段的耐特菲姆，希望能在世界各地发挥影响力，因为这套系统对那些耕地有限、必须节省用水以便应付人口增长的国家来说，会有莫大帮助。他们不但能让自耕农脱离贫穷，还有助于解决性别问题：有了滴灌技术的协助，乡下地区的女性就不需每天花太多时间大老远去取水，可以将时间用于开发新技术，并和家人相处。

不过，目前全世界只有5%的灌溉耕地采用滴灌技术，部分是因为对全球五亿小农人口来说，这套系统一开始的建构成本让人却步。而正是这种在全球扩张的野心和在价格限制间拉扯的现象，促使耐特菲姆进入下一个创新阶段。现在他们正努力制造成本较低的系统，同时亦和印度政府合作发展各项补助计划。一旦他们证明了采用这套系统所产生的影响，不只是在谷物和用水上，而是对广大的农民有帮助时，相信他们就能因此打开更多市场。

在一连串限制下保持旺盛的野心，看来似乎正是耐特菲姆茁壮的关键。[1]

阶段性还是个性？

虽然并不缺水用，但对平面设计师贝鲁特而言，克服各种限制可以说是家常便饭。身为知名五角设计公司的合伙人，贝鲁特堪称是全球最成功的平面设计师之一，曾为满足《纽约时报》、萨克斯第五大道精品百货店、迪士尼以及克林顿基金会等各种高难度的设计要求创作出高雅、新颖的作品。

在跟他会晤时，我们清楚地了解到，野心和限制之间关系重要程度。那些不愿因为限制而收起野心的人或组织，譬如耐特菲姆，就比较可能找到方法，反而**让限制变成美好的事**；反之，某些因此降低野心的人，就可能真的会被限制给困住。

就前者而言，在他们的心态中，**"野心"是非常重要甚至居于主导的因素**。这些人也许并不是每次都能将限制转变为优势，但却能善用野心和限制本身之间的角力，增加追求目标的动力，而且势在必得。

对那些野心较小的人来说，情况正好相反。他们任由自己受限制摆布，会视限制的多寡来调整自己野心的大小，以减少野心和限制间的互相牵制。他们容许自己受到限制。

这时，我们可假设有下列三种类型的人：

1. **受限者**：当有限制时，这类人会降低自己的野心。

2. **调适者**：拒绝降低野心，但会另寻他法来实现原先的企图。

3. **变革者**：将限制视为机会与可能性，并设法利用它，甚至野心会变得愈来愈强。

不过，在贝鲁特听了我们描述的这三种类型后，他依据个人经验提供给我们另一种看法。他发现自己其实集三种类型于一身，即使已拥有今日的成就，但每当碰到限制较大的案子时，还是得一一经历上述各阶段。

每当遇到限制时，贝鲁特一开始的反应跟受限者一样，对限制本身以及施加限制的人感到不满。不过，他也注意到这种不满似乎能激起一点火花。接着，当他花更多时间在案子上后，就进入了调适者阶段。这时他心里会想着："等一下，我也许有办法克服它。"最后，在发现更多可能性后，他进入了变革者阶段，并找到了最好的解决办法。而这整段转变经历对他来说，其实就是在解决问题的过程中所需要投入心力的一部分。

因此，**这里谈的并非是三种类型的人，而是解决问题必经的三个阶段**——即使对最有才能与经验的人亦是如此。这是我们思考上的一大转变：若我们倾向一开始就对加诸身上的限制产生某种反应，请别认为事情就仅止于此，因为人人都有从受限者变为调适者再到变革者的潜能。贝鲁特建议，就算我们过去已建立固定的工作模式，但多数人在生活的其他层面上，比如嗜好、运动或创作音乐等，却可能早已是很厉害的调适者，甚至是变革者了。我们只是还没有意识到，自己也可以在人生的其他方面，经历这些阶段罢了。

贝鲁特的精辟见解，改写了我们进行这项计划所设计的其他部分的问题。他的看法较为乐观，比方说，他认为有些人并非生来即是受限者，而是暂时困在某个阶段，必须想办法进入下一个阶段。

因此，这项计划的主要问题就会变成："我们为什么会困在目前的阶段中？要怎么做才能突破它？"

进阶

或许有人认为对贝鲁特这种具备经验、技术、方法和强烈成功动机的创意专业人士来说，要通过每个阶段是相对容易的事。一旦挣脱了短暂的受限者心态，他就能以更有建设性的方法来处理棘手状况。

但对我们这些不太习惯在限制中发现转机的人来说，在评估我们的心态、方法和动机时，就需要更严谨些。而这几个方面，都是我们能否顺利进阶的决定性因素。

当一个人更有自觉时，就能洞察自己什么地方需要协助，以及如何善用本书，以便从某个阶段进入下一个阶段。

因此，不妨设想一个你可能会受到限制的挑战。请你从职场中挑选一个重人的特定目标，例如：想达成的年收入或投资标的，需要争取到的客户数目，或是工厂的生产率等。然后，在这个目标上再多加一项新的限制，像是必须于六个月而非一年内达成，或只有一半预算可用，或是人手较少等。愈接近真实状况愈好。

现在，就让我们利用下列问题，帮助自己评估面对这项挑战时的心态、方法与动机。

心态：我们是否相信自己做得到？

只有当我们相信自己做得到时，才会敞开心胸想办法转化限制。某些有过类似经验或保持乐观想法的人，自然而然就会这么想。但其他人的态度则较为保留，甚至有的人会对此嘲讽一番。而下面的问题可帮助我们厘清自己目前的状态，并找出转化的方法：

- 我过去做过类似的事吗？
- 这是我对自己主要的看法吗？
- 我们公司过去是否做过类似的事？我们会这样介绍公司吗？
- 我们是否肯定采取这种做法的人？是否重视这种做法？
- 我是否知道在公司内外自己所熟知的领域中，有其他做出类似突破的人？

一开始，我们需要诚实评估背后主导的因素是你自己还是你的公司。某些隐藏的问题可能因而必须浮上台面或重新规划解决思路，以便提升对自己的信心，相信我们倾向于受限者的心态能轻易地转变为调适者或更好的心态。

　　不过，要找到完全没有变革事实的情况并不容易。多数人在被追问时，都能找出人生中某次以变革者心态应付难题的例子，且任何一家成功的企业，过去都曾经历过灵感和信心不断被激发的创新时期。而且，世界各地到处都有像我们一样懂得转化限制的人。只要留意周遭的人、事、物，就不难发现。

　　方法：我们知道如何着手吗？

　　我们虽能敞开心胸寻找成功契机，但往往不知从何着手，因为这类难题可能无法依赖较为传统的方法来解决。其实，这句提问的重点在于"**开始**"而非"**完成**"，因为我们并不知道如何解决难题，因此必须先规划解决难题的方法。此时不妨先回答下列问题：

　　●我是否知道一般解决问题的方法在此处不适用，甚至反而是让我们退缩的原因？（第二章《突破路径依赖》即在讨论此问题。）

　　●我是否知道让难题发挥最大效益的绝佳方法？（你可在第三章《提出挑战性问题》中找到答案。）

　　●我是否知道如何规划寻求对策的最佳方法，好让我们在面对这么大的挑战时，仍旧斗志高昂？（我们会在第四章《如果……就能……》讨论这个问题。）

不常在限制下工作的人员或团队，若有了如何着手的共识，尤其是一开始的时候就形成共识，这对他们将会很有帮助。我们将会在第三、四、五章介绍一些有助于大家形成共识的方法。

动机：我有多想做这件事？

我们虽然相信自己办得到，也知道如何着手，但要是缺乏这样做的动力，就不太可能有所突破。要想进入变革者阶段，就必须真正设法为那些不知道答案的问题找答案，即使碰到挫折也不气馁。而且我们必须真的很想这么做才行。因此，不妨先问自己下列问题：

●这项挑战给我的感觉是什么？是否让我斗志高昂？

●准备克服眼前的挑战，对我来说是否真的很重要？或者，反而是公司比较看重这件事？

●我（们）要如何以不同的角度看待这项挑战，才能让自己想要扫除所有眼前的障碍？

若我们受雇于一家企业，那么便不可避免地会牵涉到公司方面的更大问题，以及公司各地业务所面临的各种短缺或过剩问题。我们的目标是什么以及跟我们的关系如何？这个案子跟我们之间的关系又是如何？我们的公司是蒸蒸日上还是日薄西山？是否因此更有必要解决这个问题？我是否对于眼前的大好机会感到兴奋？依次类推。个人动机对整个变革过程来说至关重要，它源自企业的大环境以及我们本身的性格。

通过反映各层面的问题，我们能评估自己在心态、方法以及动机各方面的状态。图表有助我们将答案以程度高低的方式标示出来（见图1.1打叉处）。

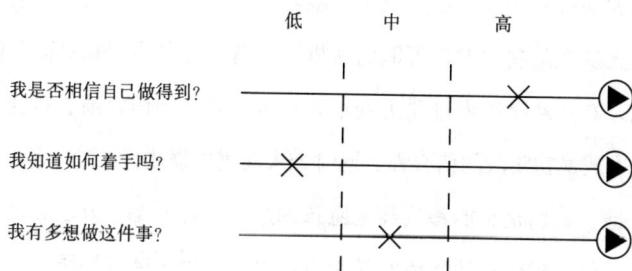

图1.1：我们一开始对于转化限制的心态、方法与动机为何？

倘若我们深信自己能将限制变成美好的事——比如我们是一个实力较强、思考灵活的团队，再艰难的挑战也不轻易放弃——就能将自己标示在第一行的"高"字段中。但要是我们从未做过类似的事，以至不确定如何着手时，就可将自己标示在第二行的"低"字段中。如果我们有足够的动机做这件事，亦即我们虽然知道这件事的重要性，但却对处理这种棘手的事采取较谨慎的态度时，我们就可将自己标示在第三行的"中"字段中。最后，我们就分别得出"高／低／中"的评分，简称"高低中"。

先请每位团队成员自行评估，再以团队或公司整体为单位进行评估。这对不论是从ABC法则着手（毕竟这是团队合作）还是对引入其他可能的流程（例如，公司其中一个客户已将这项工具运用在其公司内部的专业发展上）来说，都是很有用的基本认识。

光是其中一项得分高，不代表就会成为变革者，还是只跟最弱的那一项一样罢了。如果给自己的评分为"高低高"，不论本身的信心和动机有多强，仍然属于受限者，因为要是不知道如何着手，也就无从在限制中发现可能的转机。只有在评分为"高高高"时，我们才有望从受限者进化为变革者：也就是必须信念强、对凭一己之力完成最初阶段的信心强，同时个人动机也强才行。

但，我们是否能够或甚至愿意创造一个让心态、方法和动机得分在任何时候皆高的环境？是否应该养成那种不断利用限制以结成美好果实的企业文化？若答案为是，那么我们要如何从那些变革者身上学习维持高水准的方法？

就这样，我们飞到了俄勒冈州，向一位知道答案的人请益。

来自波特兰的大礼

国际知名广告公司Wieden+Kennedy的共同创办人，同时也是业界传奇人物的丹·韦登提及他在公司草创时期所收到的一份大礼——他们为公司的创始客户Nike所发展的那一系列引领了三十年风潮，且让双方皆声名大噪的经典创意。

　　实际上，**这份大礼原本是项限制，因为完全颠覆他们以往做广告的所有既定规则。**

　　20世纪80年代初期，将广告代理业务委托给他们的Nike首席执行官菲尔·耐特（Phil Knight）当时不但亲自为他们做简报，而且清楚表明他不要什么：即任何看起来像，或感觉像，或是有"广告"味的东西。耐特在大学时期，本身就是一位好胜心强的中距离跑步者，并不喜欢也不相信广告。他早期是在运动员聚会时靠着在自己的Plymouth Valiant牌跑车后方销售运动鞋起家的。因此，他希望品牌能直接跟这些当初建立了良好关系的运动员们沟通。而且同一个广告不会播两次——因为人们不会连续两周写同一封信给朋友，所以为什么要让他们重复看同一个广告？而且绝不用模特儿来拍广告，坚决不用。

　　身兼广告公司创办人和撰文人员的韦登，一开始就被难倒了。这个案子并无前例可循，过去的经验也帮不上任何忙，且寻找好策略的压力也不光是来自耐特的要求。由于韦登的公司设立于俄勒冈州的波特兰市，距离各大商业中心如纽约、芝加哥或圣弗朗西斯科等地都相当远，且Nike对他们来说，不仅是个大好机会，而且是当时唯一的机会。韦登必须为他自己还有公司奋战，同时也得为耐特奋战。

　　而另一项限制，则是Wieden+Kennedy公司的所在地。很少有名牌广告公司愿意舍弃麦迪逊大街而到俄勒冈落脚，但因韦登负担不起昂贵的租金，因此他的草创伙伴们便编出了一套说法："刚毕业的菜鸟和到哪儿都会被炒的家伙——我们是一窝鸟蛋"，而这些鸟蛋不太懂传统广告该怎么做。没想到这个地缘上的限制，反倒成了一项转机。

由于耐特要求广告必须要跟运动员有关联性，韦登便撕下一张芬兰奥运长跑好手拉塞·维伦（Lasse Virén）的照片，贴到书桌上方的墙上，然后在打字机前坐下来，问了自己一个全然不同于以往的问题：我要对这位芬兰人说什么，才不会让他觉得我很可笑?

这份礼物本来就是限制：它完全颠覆了他们以往所知的创作杰出广告的所有既定规则

第一个广告其实并非那种让Nike一战成名的突破性杰作，那其实是需要时间酝酿的。但它也不像一般的传统广告，而且题材跟运动员息息相关。客户很喜欢，在这次合作后还想制作更多这类广告。

韦登这群怪杰抓住了这个大好机会，将Nike品牌和运动员间的关联，与耐特个人狂放不羁的特质以及耐特认为运动应该居于文化主导地位的观念相结合。他们接着便因为用了披头士的那首《革命》作为广告背景音乐而引发争议，广告也掀起新一波健身热潮。他们还将电影制片新秀斯派克·李（Spike Lee）和当时正在崛起的篮坛巨星迈克尔·乔丹搭在一起，更让一个祖胸的牙齿掉光的八旬老翁每天清晨跑上十七公里。**这样的广告，全世界前所未见。**

　　因此，这一系列大获好评且历久不衰的广告活动，就从这个让公司推翻所有自以为成功广告应该怎么做的想法的"礼物"，以及韦登自身缺乏创作传统广告才能的限制中诞生。随之而来的，便是相信自己可以达成所有不可能任务的企业文化。[2]

变革者及其文化

　　过去十五年来，Wieden+Kennedy已建立起自己的企业文化，确保公司的初衷能随着成长的脚步而不断发扬光大。其中的一种做法是，他们鼓励彼此"天天耍笨"（Walk In Stupid Every Day），他们认为唯有以谦卑、甚至对应该怎么做保持无知的态度，才是解决问题最好的方法。另外，"用力失败"（Fail Harder）这句座右铭，则是要强调虽然没人想失败，但失败却是突破难关的必经过程，不必因此羞愧，也别拿它当作放弃的借口。**这种做法，在成为受到推崇的文化符号后，经由成功而强化，最后潜移默化为信念。**而韦登将这种企业文化视为公司最大的优势来源。

　　韦登深谙激励的技巧。他个人成功的主要因素之一就是利用危机感与急迫性。当自己不再让逻辑思考将新颖的想法过滤掉，好在页面上多少挤出一点东西时，最出色的创意就会在最后一刻出现。例如，这句经典的广告语"Just Do It"，就是韦登在Nike首个电视广告提案前的漫漫长夜所写出来的。这则广告金句的创作灵感，竟是来自一位名叫加里·吉尔摩（Gary Gilmore）的杀人犯在执行死刑枪决前所吐出的最后遗言："Let's do it"（动手吧！）。韦登表示，身为领导者的重要工作之一就是利用同样的动机激励员工。你必须不断告诉他们这次提案真的很困难，同时却也是很棒的机会，"以制造那种重要和急迫的感觉"，他说。当许多员工连内部比稿都想胜出时，那么在特定任务上施加压力就会让他们有所突破。

工业设计师贝哈尔擅长解决各种问题，他因为Jawbone、Sodastream公司以及Ouya游戏机公司所设计的颠覆游戏规则的商品，被财经杂志《快公司》（*Fast Company*）誉为设计界巨星[3]。2005 年，"一个孩子一台笔记本电脑"计划找上了贝哈尔的公司Fuseproject，要将笔记本电脑价格从每台1000 美元降到100美元，以便提供给发展中国家的孩子们使用。贝哈尔和他的团队在努力克服软、硬件上无数错综复杂的必要限制，以达成降到十分之一成本的目标的过程中，便不断地遭到"不行"的打击。

> 这类案子的实际情况就是，你会遇到无数障碍，且会有无数人告诉你"不能这样做"，或是"这样不合理"，或是"你不该尝试"，或是"我们负担不起这个成本或进行那个工程"等，而每当你受到这些可能对案子不利的任何一项质疑时，你拒绝妥协。你回头寻找伟大创意，找回信念。你回到一开始自己投入这项工作的初衷。[4]

贝哈尔坦承，有好几次，"我自己都觉得做不到"。每当面对质疑时，他就回想这件案子的重要性。"你愈是努力，"他表示，"限制就变得愈少。"他一次又一次地借助目标的诱惑力，**来激励自己的团队**。

在"一个孩子一台笔记本电脑"这件案子进行的过程中，解决方法一一出现：计算机的内部装置全都被放进一个小巧的单色屏幕里，以搭配一个简易、耐用、便宜的键盘来使用。这样一来，就需要一个可容纳电池的基座，以及一个提把，这个提把后来还成为热门特色之一。同时，它必须使用随身光碟而非硬盘，而且也研发出了Linux操作系统。尽管人们对这项计划的成果有不同看法[5]，却对研发这台XO-1机型的设计团队的创新能力毫无质疑。贝哈尔对自己和团队解决问题的信心，可用他在访谈最后所说的玩笑话来总结："我们能打破万有引力定律，"他说，"真的。"

雅虎现任首席执行官玛丽莎·梅尔（Marissa Mayer），之前曾一度负责Google的搜寻产品与用户体验部门。她非常了解限制为创新带来的正面影响，也常说："我们需要利用限制来注入热情与想法。"她相信存在于限制之中的艰困条件，能让她手下最优秀的工程师充满斗志。[6]在她的团队所开发的Google工具栏上，就存在许多挑战，如2005年时，档案必须限制在625kb大小，以确保适用于所有计算机、能快速下载且必须容许使用者自由设定。她甚至还加上更多限制，如刻意将研发小组限制在三人的规模，并要他们在一天之内就做出原型。她明白，**即使有可能因潜在的不良限制而导致延**

误，自己仍必须让团队感受到急迫性并表现出行动力。

梅尔深知在种种限制与"没什么不可能"的态度相互影响下，会出现突如其来的认识与创新想法，同时也明白这对一般人来说是多么困难的事。"若只有限制的话，就会扼杀创意，"她观察到，"这类限制会导致消极与绝望，所以我们也还是需要怀抱希望，好让我们能努力不懈地寻找对的想法。"

看来，即使在Google，也不时会看到受限者的身影。

了解何时与如何达到巅峰

即便是出现在Wieden+Kennedy所创作的Nike系列广告中的运动明星，也无法永远保持巅峰状态，否则迟早会受伤或累垮。事实上，许多运动员都会妥善调整训练计划，好让自己在重大比赛的正确时机达到巅峰。这其实是一门艺术也是一门科学，而本书所强调的变革者文化亦是如此。这些变革者的信念、能力与动机并非随时都处于最强的程度，就连Google、Fuseproject以及Wieden+Kennedy等这类公司也都有许多案子并无重重限制。几乎没有任何一家企业能永远保持在变革者状态。

但这些人和企业不只经年累月特意发展这项能力，同时还拥有基本的"健全体质"，能在必要时更上一层楼。他们投入工作，并知道怎么做能让自己更进一步；也知道如何让自己斗志高昂。就算面对"不可能的任务"，他们也相信自己若必须成功时，就会成功。他们的心态、方法和动机皆处于"中度"与"高度"间的门槛，一旦对的机会出现，他们就能跨过去。

在限制中发现机会的心态

这些富有创造力的人和团队，跟我们其他人之间的根本差异，就在于他们与限制之间的关系。**在我们把限制视为避之唯恐不及的惩罚或局限时，他们则认为限制是必要的、有益的，且张开双臂欢迎它。**

贝鲁特表示自己无法在没有任何限制的情况下工作，完全自由发挥的案子会让他无所适从。虽然这种认为自由发挥的案子能让人尽情创作的想法很吸引人——若是能随心所欲地为Nike这样的客户创作广告该有多好。然而韦登坦言，在1991年推出Nike 180鞋款的那次简报中，客户给他的只有鞋子规格，其余全部任他自由发挥。[7]

> 那真是惨不忍睹。当时什么主题都没有，只有一票怪咖影片制作人到公司搞他们自己的东西，最后却什么成果都没有。对一家广告公司来说相当失败，而且我们搞砸了跟Nike这个客户之间的关系。

电玩软件大厂美国艺电的加拿大籍创意总监托德·巴蒂（Todd Batty），则就该产业对于毫不设限这件事，提供了一个有违常理的观点。他认为，当不给电玩设计师任何限制时，不但并未因此激发无穷的可能性，而且还正好相反：作品同构，一如预期。每个人做出来的东西，就像是一场大型在线多人游戏，而纽约市也成了黑手党游乐场。[8]

那么，对这群人来说，限制能有什么帮助？他们看到了哪些我们看不见的东西？

IBM首席技术官之一特雷弗·戴维斯（Trevor Davis）提及，在定义问题时，限制是最根本的元素。[9]**毫无限制的案子之所以最难搞定的原因是你很难掌握真正需要解决的问题是什么。若想妥善解决问题，你必须要能清楚定义问题是什么，**此时限制就成了该项定义的关键参数，亦即大卫·奥格威所说的"精练简报"。梅尔也同意这项观点，她说她需要知道限制的范围与焦点，以形成明确的问题让她解决。而且这样做能让解决问题的人更容易知道要把力气花在哪里。[10]

我们在设计、电玩、软件工程以及传播产业所得到的经验，都在"空白页"（*The Blank Page*）这份针对限制对创意的各种影响的研究中得到了证实。坎内尔·乔伊斯博士（Dr. Caneel Joyce）与43个新产品研发小组共同进行了多项实验室研究，以测试选择性对创意过程的影响。之前的研究显示，虽然提供给人们过多选择会限制创意，但让他们完全别无选择亦是如此。这项研究探讨了两个极端状况间的连续性，并找到了最佳施力点：**唯有给予不多也不少的限制，才能驱使我们利用新的方法，在新的地方发现解决之道。**[11]

乔伊斯拿游乐场打比方[12]。研究员发现，当人们在游乐场四周架设围篱时，孩子们就会充分使用所有围住的空间，他们会安心地玩遍每个角落。但倘若围篱被移走了，游乐场成了一片广阔的开放空间，孩子们选择玩耍的空间就变小了：他们往中间聚集，并彼此形影不离，因为这样会让他们有安全感。乔伊斯认为，这项结果正是在创意过程中所发生的事。当简报本身并没有明确的限制时，我们就会不确定最远可尝试的界线在什么地方，因而最后就会缺乏梅尔所说的必要焦点与热情。事实上，各种超乎乔伊斯预期的研究发现之一，就是在缺乏明确限制的情况下，并未被给予任何限制的小组反而制造了更多冲突，这些冲突源自组员各种没说出口的假设和清楚的限制，就好似想要填补这方面的空缺一般。

因此，我们可以说大部分专业的创意人和我们其他人之间的另一项主要差异就是他们和解决问题之间的关系。这群人中，有许多人坦承自己根本对解决问题上瘾。他们热爱挑战高难度的问题，喜爱各种限制，因为他们喜欢解决问题，而有了限制会让问题比较好解决。

即使我们并不喜欢解决难题，也仍旧需要让自己在面对难题时更有信心。也就是说，我们必须让自己在处理限制时，变得更自在，更有自信。

刻意自我设限

借助限制的力量，能迫使我们离开熟悉的环境，而这也是喜剧演员杰瑞·宋飞（Jerry Seinfeld）惯用的主要手法。倘若宋飞目前仍身在喜剧圈，就会拥有非常成功的生意，因为光是情景喜剧《宋飞正传》一年就能为他赚进超过三千万美元。宋飞认为自己的喜剧与众不同的部分原因，就在于他刻意不用低俗的搞笑素材，诸如黄色笑话或脏话等，或是任何人们喜欢谈论的话题。宋飞的喜剧多半围绕在生活的细枝末节上：

> 我创作许多关于椅子的笑料，我发现椅子很有趣，让我很兴奋。没有人真的对这种事感兴趣，但我会设法让你对它产生兴趣，我的事业靠的就是这个。[13]

到目前为止，我们所讨论的都是事件或他人加在我们身上的各种限制。但宋飞这位对自己将限制转化为正面效果的能力深具信心的专业创意人，却可以说是主动将限制加在自己身上，好让作品更新奇、更具原创性的绝佳范例。宋飞之所以如此杰出，是因为他从2000年开始，便固定每周现场演出好几次，每次都尝试不同的题材。他认为自己那训练有素的转化限制的手法和创意艺术界的人其实不大一样，反倒是跟严谨的运动员有较多共通点。

宋飞的例子，与我们面对外来的限制，或是自我限制以激励自己寻求新的可能性或契机等情况有天壤之别。他是一个主动而非被动的变革者。之后我们会探讨一些企业范例，它们都在历经了本章所讨论的每个阶段后，对自己将限制转化为契机的能力愈来愈有信心。

图1.2：宋飞在美国国家广播公司的《宋飞正传》剧集中的演出

就拿Nike来说，当年在被劳工激进分子公开指控为血汗工厂时，一开始是以受限者的心态面对这种状况，但在被迫改善一系列产品后，他们对自己将劣势转为优势的能力的信心便日益增长。今日，Nike则视自己界定并转化限制的能力为一大优势，且已进入主动变革者的阶段。诚如贝鲁特所说，**我们其实并非生来就是其中某一类型的人，而且就连超大型的组织，都能学着在不同的阶段中进化。**

> **我们并非生来就是受限者或变革者，即使是超大型机构都能在两者间转化。**

面对限制的各种阶段与对策

表1.1所列出的是为了让自己面对限制时的心态与方法能够进化，所必须经历的各种阶段。

	基本前提	策略类型
受限者阶段	此项限制必然会束缚我们实现野心的能力。	回避策略：否认限制。 降低策略：降低野心以适应限制可能带来的影响。
调适者阶段	我们的野心实在太重要，因此不能让这项限制给压抑住。	解套策略：通过寻求其他方法以调和限制所造成的影响。
被动变革者阶段	我们需要面对的这项限制能有助于我们找到更好的对策。	蜕变策略：利用限制来激发不同的、可能的突破性做法和对策。
主动变革者阶段	我们应该给自己哪些限制以刺激思考或激发新的可能性？	

表1.1：面对限制的各种阶段

　　在界定各种不同阶段后，我们接下来要探讨催化转变过程的第一部分以及为何我们需要为自己设定挑战，而不只是处理限制本身。当我们将限制与更大的野心联结在一起时，就会看到自己在认知反应上的变化。

本章摘要：受限者、调适者与变革者

● 为了释放限制潜在的可能性，我们首先必须加强而非降低跟这项限制有关的野心，而由此产生的力量是无价的。

● 我们不必停留在自己看待限制的原始心态上。一开始会有受限者心态是在所难免的，因为就连经验与技能最丰富的变革者，在最初阶段也不免如此。

● 从受限者进化成变革者需要心态（我们是否相信自己办得到？）、方法（我们知道从何着手吗？）以及动机（这件事对我们有多重要？）各方面都够强才行。

● 为了找出限制中可能的转机，我们需要在每个方面都达到变革者门槛，也就是只有在每个方面都得到高分时才有可能。否则我们顶多只会跟最弱的那方面一样强罢了。

● 解决问题的专家与限制之间的关系跟我们其他人不同：他们认为这些限制本身是有帮助的，因为限制能明确界定问题；让人集中心力解决问题；并设定容许我们探索的极限。

● 在这类解决问题专家中最有自信的人，其实反而会自我设限，以迫使自己发掘各种不同的、可能的转型策略和解决方案。

2.

突破路径依赖

阻碍我们在限制中发现机会的行为与做法

The behaviors and practices that prevent us seeing
opportunity in constraint

本 章 重 点：

1. 我们是如何被今日的成就所蒙蔽以致看不见明日成功的关键的？

2. 我们所使用的语言是如何将我们锁定在某种思考与行为模式中，以致限制了我们发现机会的能力的？

3. 我们要如何才能从依赖的无用路径中挣脱出来，以便找到一条更新、更有效益的路径？

> **作家威廉·吉布森曾说过这样一句名言"未来已然到来——只是分布不均罢了"。而我比较担心的是过去还没离开，而且遍布各处，以致阻碍了我们进入未来。**
>
> ——高夫曼基金会资深研究员保罗·克卓斯基（Paul Kedrosky）[1]

多年前，我们曾和一群豪华轿车经销商在四季酒店举办了一场活动。这些人个个不是车行老板，就是经销商总经理，都是至少拥有十年以上成就、富有又精明的生意人。他们参加这场活动是为了向其他奢侈品服务业者学习。过去两年来，他们在商场上所受到的各种刺激与启发堪称是世界级的：尖端科技零售业、高级顾客服务业以及餐旅业中最时兴顶尖的服务等。然而，活动过程中我们所得到的最大启发之一却出现在参观洗衣服务部门的一场对话中。

这次导览原本是四季酒店各部门所安排的行程之一，其中包括客房服务、柜台接待和园艺造景等。我们先是和酒店各部门员工一一会晤。然后，我们来到了洗衣服务部门。

如果你曾待过旅馆内的洗衣房，你就知道这里并不是个有趣的环境。它通常闷热、缺乏自然采光，而且到处都是潮湿的烘干中的被单，这里多的是汗水，而非启发。不过，那个站在椅子上，对着参观的经销商们介绍四季酒店洗衣服务的年轻人，却全身散发着热情认真的光芒，在短短的二十分钟里，他让大家觉得这是世界上最重要、最充实的工作。所有人都被他吸引住了。

参观结束后，大伙上楼讨论这趟导览行程以及从中体悟到的事。第一个问题就跟洗衣服务有关，由其中一位经销商提出。他说，那个负责介绍的年轻人深深打动了自己，在他的产业中，表现最抢眼的明星（他称之为"四分卫"），通常都是那些在展示卖场里的销售员，他们赚得多、穿着体面，"因为这些人负责达成业绩，提供高质量的顾客服务，为公司建立好口碑"。同时，他也有一批后勤员工，负责照料车辆、泊车、洗车等服务，但这批人并不似这个年轻人那般热情。因此，这位经销商不禁想问，他**要怎么做才能让自己的后勤人员也同样积极、投入呢**？

此时，四季酒店负责该部门的主管，一个身材壮硕的叫作鲍勃的男人走上前来，回答："我来告诉你什么是后勤，"他指了指自己的身后，"那就是后勤。我们称呼这些人为我们的'酒店心脏'。"而这就表示你看待他们的方式与众不同。他接着说，"当你认为他们是'酒店心脏'时，那么他们对你来说就真的很重要。你知道他们叫什么名字，甚至是他们小孩的名字；你知道他们有些什么经历；你晓得他们的生日是哪一天；而且你每天都会去找他们聊聊,一天两次。"他反问那位经销商,"你有多常到自己的服务区走动,并且跟那里的员工说说话?"

经销商回答,一个礼拜一两次。

"你看吧,"鲍勃说,"如果你把他们叫作'酒店心脏'的话,就会真正改变自己走动的方式以及思考方式。你会每天到那里两次,问问他们要怎么提升服务质量。这样一来,他们跟自己所做事情之间的关系就会完全不同了。"

换句话说,这些员工就会变成洗衣房里那位充满热情的年轻人了。

我们为何被"锁定"

我们很熟悉现代生活中日积月累的东西,它们早已跟我们今日的工作方式密不可分,即使有更好的方法可用,也很难改变它们,或是得付出太大的代价。例如,在设计用来发射航天飞机的那两个固态燃料引擎时,宽度就不得大于4英尺8.5英寸(约合1.4351米)——也就是将这两具引擎从犹他州运往佛罗里达州的铁道宽度。铁道之所以这么宽,是因为20世纪建造铁道的工人是从英国来的,而他们的祖先在英国建造电车轨道时,也是沿着之前既有的马车路径施工的。这些马车路径之所以4英尺8.5英寸宽,是因为这就是当地古罗马人建造道路的宽度。这也就是今日最先进的一项科技的设计规格是由两千多年前的一位古罗马工程师所决定的原因。[2]

"**路径依赖**"原本是数学名词，是用来形容铁轨宽度这类特征的延续性。在QWERTY键盘、内燃机，甚至在各种公式诸如著名的"摩尔定律"中都可看到，我们也会在企业锁定自我强化的过程以及随之而来的认知僵化上发现它。

在本章一开始所举的实例中，那位经销商激励和奖酬员工、采取的优先级和系统、分配时间，甚至是每天走动管理的方式，都是造就他目前成就的关键。

然而，四季酒店给我们的启示，不在于其以往是怎么成功的，而是未来有哪些因素会使其成功。鲍勃给那位经销商的指点在于，过去让他成功的因素反而会妨碍他看见和利用那些让他未来获得成功的做法。事实上，数据研究显示，在影响顾客是否再度光顾某家经销商的决定因素上，车主体验要比购买体验高出一倍。然而，那位经销商的商业模式却偏重于购买时的质量，而非从头到尾整体服务的质量。也就是说，他并未设法从每位顾客的终生价值上获得最大效益。

今日的路径其实是昨日的路径

Sydow、Schreyögg和Koch[3]认为企业组织在发展路径依赖上，会经历三个阶段。第一阶段中，组织内部会实行各种做法，并且赋予管理阶层相当大的权力，来决定采取哪种做法以及何时施行。

在这个阶段中，某件事发生了（例如某方面的重大成功），并影响第二阶段所发展出来的主导方式（人们心想"这种做法成效不错，我们可以多加利用"），此阶段虽仍保留一些弹性，但这种主导方式不但具体可见并且深获肯定。第三阶段则是锁定阶段，此时更大程度的自我强化过程和行为模式占了上风，因此在方法上也就没有太多变化的空间。

路径依赖会以各种方式呈现，可能是某种正式且具体的东西，如桌上那一大本名为《ACME风格》的手册；也可能是较不正式的潜规则如"我们这里的做事风格"，即人们所学习并重视的各种最佳实务、程序、价值观、数据、数据源以及伙伴。在一个奖励效率和重复性的职场文化中，这些东西都是长期存在的，因为它们之前成功过。[4] 它们已成为公司形象的一部分，使这里的员工几乎感觉不到它们的存在，只有在持续出现的语言讯号以及关键绩效指针中，才会看见，例如经销商口中的"后勤"。

也就是说，今日的方法实际上是昨日的方法，这些方法基于之前的环境，而现在并不必要那么做。它们不单是流程，还有由一些自我强化的信念、假设与行为所组成的路径，而这些组成元素的性质及其背后的思考逻辑，可能早已不复存在，但却几乎不会遭到质疑。

各种习惯的利益和陷阱

由于路径依赖跟信念和行为有关，因此它和公司现象类似，是一种个人现象，跟我们本身的思考习惯息息相关。特别是如果你还在职的话，请思考你最近工作中被要求解决的五个问题的解决过程。你很有可能会：

● 以同类型词汇来界定问题。

● 运用手边的数据源，因为它们在处理以前的问题时很有用。

● 针对该份资料提出类似的问题。

● 以同样方式分析答案。

● 找同类型的伙伴来帮忙。

● 在各主要阶段向同批同事寻求建议。

● 采用类似的整体流程。

● 在你过去成功的地方以及项目里寻找对策。

● 在做最后决定之前，以老方法评估各选项。

● 实行类似的成功手法。

你会做上面所有的这些事是可以理解的。毕竟，这些路径已有良好记录。这些是我们先前成功所实行的路径，而且还让我们因此得到升迁。而**依循习惯性的做法也会比较有效率，可以为我们省下各种不必要的思考过程**。例如，美国前总统奥巴马就只穿两种款式的西装，黑色系及灰色系，因为这样一来，他就能将心力用在更重要的事情上。重复和习惯是有效率的生活的两大特征。[5]

此外，若我们必须得更快速，更努力工作的话，我们就会更想依赖这些既定的做法。当工作脚步加快时，你不会希望团队在资源有限的情况下，质疑每一个你之前所做的正确决定。正如研究显示，每当面临压力时，我们就会倾向于采用习惯的做法，因为改变会在此刻耗费我们更多心力。[6] 因而当有了以往的成功经验，又再遇上更多要求时，我们就会更加倾向于锁定的状态。

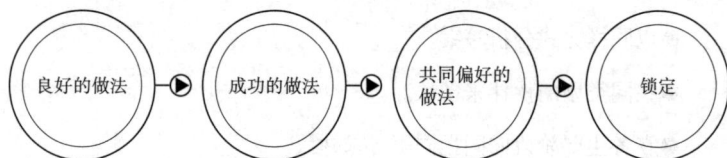

图2.1：路径依赖发展方式的简易模型（取材自Sydow、Schreyögg和Koch的著作）

我们所使用的语言也呈现并强化了这种锁定的状态。语言上的路径依赖现象随处可见，汽车经销商就是利用"后勤"这个字眼，来表达并强化各种关系和行为。美国政府在"非农业就业人数"成了有效划分就业人口的方式后，便持续提出这项报告，这纯粹就只是因为他们有这种既定方式可用。

当我们两年前向一家手机公司提出策划案时，曾提出了让手机在人们为孩子拍照的前一刻，发出有趣的噪声或笑话的想法。这样就可以拍出他们微笑或大笑的真实照片，而非一般那种刻意的微笑。客户非常喜欢这个创意，并说接下来你们必须到"光学"部门去讲解自己的方案。不用说，光学部门对有关声音的想法不感兴趣。要让一个叫作"光学"的部门有所创新的基本前提就是所有的好创意必须是，嗯，跟光学有关。因为在那之前，一向如此。

以上这些例子都显而易见，**文字确实会在特定的文化诠释下，以类似但较为复杂的方式，产生限制的作用**。举例来说，在大多数的糕点公司里，"创新"这个词实际上指的是产品创新。他们大可利用许多其他类型的创新来建立品牌，例如：新的分装方法、包装构造、配销方式以及策略关系等。由于他们是以这种方式解读这个词，因此他们便雇用了专门将产品研发过程优化的产品创新专家，并通过他们来提供各种产品创意，却不管这种方式在未来是否是最有价值的创新形态。然而一家公司能不能理解创新的含义，所反映出来的往往便是路径依赖。

若路径依赖以及锁定状态过去曾带来成功，那么为什么会有问题呢？

对惯用做法在目的上的一致性与明确性，有许多可讨论的地方。当我们面对不习惯处理的限制时，路径依赖就会以下列几种方式限制我们。

路径依赖会：

- 锁定那些并非对未来最有利的基本假设。
- 锁定那些已不再相关或并非最重要的成功标准。

●锁定那些已不再适用的组织偏误与优先事项。

●当我们必须持开放态度时，却促使我们偏向可行的方向；而我们则会将可行的方向与"目前做法中可行的方向"两者搞混。

●让我们盲目地采用一些新型信息，但这些信息却不能匹配今日路径的效率。

●引导我们采取那些并非最佳的方法解决眼前问题。

这里所谓的锁定是指认知上（个人）、文化上（集体）以及程序上的形式。由路径依赖导致盲目最显著的例子之一，恐怕就是Intel了。**摩尔定律——即让半导体得以发展的流程与做法[7]——多年来为Intel带来了利润可观的成长，但后来不知何故，他们错失了业界最大且无疑非常明显的转型契机之一——进入手机行业。**Intel首席执行官自己都很难解释为什么，只知道他们没能发现自家如常制造的产品已使他们变得盲目，以致"让我们一时无法理解和接受那些数据"。[8]

让人们因种种限制而退回到受限者心态的原因之一，就是他们已太习惯这样的路径，以致形成老规矩，而且在**老规矩中他们无法应付限制所带来的挑战。**我们所面对的最明显的最让人无力的，恐怕不是外来的限制，而是内在决定我们解决问题的心态有多开放、那些限制的弹性程度如何。[9]有的是挑战本身的限制，有的则是方法上的限制。

且让我们回到心态、方法与动机上来。在我们的访谈中，那些优秀的变革者提出的观点是，就算不是全部，大多数的限制也都可以被克服。而其中最不可能突破的，就是那些存在于我们脑袋中的犬儒主义，或狭隘的理念，或是文化中因路径依赖产生的盲点限制。举例来说，IDEO是世界最知名的创新公司之一，专门提供与医疗、财务、教育和玩具设计相关的突破性对策，首席执行官蒂姆·布朗（Tim Brown）认为限制的频发程度，很大程度上取决于委托人的心理。例如，大型医疗诉讼委托机构倾向于过度解读相关法规以及监管问题的必要影响的程度。布朗将IDEO在这些情况下所必须克服的各种相关限制，区分为实际层面如预算或空间等的外在限制，以及由问题所在的企业文化造成认知障碍的心理限制。

　　光有正面的心态，对解决问题来说是不够的。想要有开放的心态，就必须知道是什么因素导致封闭。同时，我们需要拥有共同语言，以便能够互相讨论。**我们必须留意处理事情的具体方式，并克服自己心态与方法上的僵化。**这时不妨参考一下位于加利福尼亚州北部的四所学校，是如何利用这个方法来转变教育状况的。

加利福尼亚州特许学校之突破路径依赖范例

　　瓦特博士（Dr. Louise Waters）是位于圣弗朗西斯科东湾的公立领导学校（Leadership Public Schools，简称LPS）的督学暨首席执行官。以下是她对自己所面对的挑战的形容：[10]

这里许多家庭没有稳定的工作，因此有些家庭的孩子是该家庭收入的主要来源；有的在家长上晚班时，负责照顾幼儿；而有些人则无家可归、非法居留、混帮派或是被收养。自2008经济衰退那年开始，社会安全网破裂了，出现许多饥饿与医疗问题。孩子们在应该上高中的时候，知识水平却足足落后了四五年，并且不再相信自己会有所成就。说到限制……

瓦特博士和她的团队并不容许自己的野心被限制。相反地，他们倒设下了一个野心勃勃的目标：要让所有LPS的学生毕业后能及时准备上大学，而且不打算采取补习措施，例如不用补课等，也就是学生们的知识水平必须要比她当初到职时提高百分之一千。为达成目标，这些学生每年得学习完高中每年应掌握知识的两到三倍才行。而且当时并没有额外的经费可以实现这个野心：也就是说瓦特博士和她的团队得要**在所有学校的预算皆被缩减的情况下达成目标**。他们明白，没有任何传统方法可适用于这种情况，LPS 必须另辟蹊径。[11]

因此，整个团队一起在白板上进行头脑风暴，将这个任务中的所有元素一一列出、解构并深究。他们知道自己的目标在哪儿，传统上的做法是什么以及对他们而言什么方法没有用等。他们晓得有两件事很重要，是让学生能快速进步的法宝——**差异与介入**。

●差异：学生需要分别因材施教，因为每个人的学习方式，语言熟练度以及"卡住"的地方都不同。

●介入：当学生对某项主题不懂时，要有能力发现、立刻提出来，并保持学习不中断。几天后再回过头来看就不会有太大影响，因为学生已经继续往下读了。

传统上处理差异和介入的方式，必须得花上数百小时一对一指导，且多半在课后进行。但这不是他们能用的方式，因为即使LPS有这方面的资源，孩子们也未必能在课后留下来，且他们绝对不具备学生应有的反馈素养。许多青少年本来就不太能立即反映自己是否已理解某个主题，更别说那些对本身能力缺乏自信的孩子了。如果你的课业已落后人家三个学年，就会觉得举手发问只会证明自己有多笨罢了。

但由于瓦特博士之前是一位学者，她深信取得这类数据会是解决这一问题的关键，而且她的团队认为，在课堂中善用科技将有助于处理反馈限制，并创造出新的方法来加速学习。碰巧当时有某家基金会捐赠给学校一些"表决器"（clicker）——即用于会议表决的简易遥控装置。右键单击表示同意，左键单击表示不同意，表决结果会显示在银幕上。但是，用了这个装置就能马上知道学生上课是否听懂了吗？

因此，他们决定在其中一所学校的一堂课上，请一位教师试用看看。虽然这套装置有点笨重，但结果却令人欣喜。试用的教师因此得以清楚地评估班上每位学生的学习情形，并在某些学生跟不上时立即介入。此时，问题就变成了要如何扩大使用——要怎么设计出最适用的表决器？

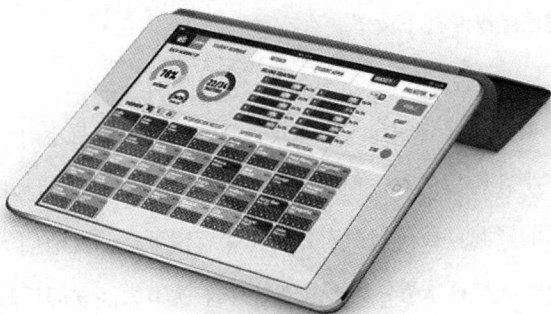

图2.2：平板计算机中的"课堂实时评量反馈系统"

瓦特博士决定放手一搏，将有限的资源用来聘请一位创新者，让他融入课堂做研究。倘若她能展现这项计划的可行性与可供检测的成果，就能吸引资金的挹注来实现理想。而且要是他们能证明这个装置的价值，也许还能将这项科技应用的创新手法推广、贩卖到其他学校，借此回收投资成本，再将资金投入进一步的研发工作。至此，这早已不只是教学上的创新，而是商业模式根本上的创新了。

"课堂实时评量反馈系统"（Exit Ticket）这套应用程序一引进教室，便立即受到学生的欢迎。它是一种创新的、与众不同的、以学生熟悉的文字讯息来互动的方式。起初，教师只跟全班分享大家集体进步的汇总数据，以避免让个别学生感到尴尬。但班上学生却反而希望看到个人的进步成绩，就像玩电玩时一样。因此他们坐直身子，聚精会神，试着超越自己的得分。与此同时，教师亦会及时介入给予协助。随着得分愈来愈高，学生之间也形成一股动力。很快地，他们便加入了设计循环的下一步。这种希望、活力和兴奋间的循环作用，正如瓦特博士所形容，已开始朝正面方向发展。

2013年，有97%的LPS学生顺利申请到大学，其中有超过33%的人不需要借助补习措施即可立即入学。虽然距离100%的入学目标还有漫漫长路，但却早已远远超越最初只有10%的起跑点。居然有那么多学生能在短短一年内修完两三年的课，而且，这项计划的费用还是靠自己支付的，这实在是一项了不起的纪录。LPS于2013年8月在其他学校推出"课堂实时评量反馈系统"，至今已有一百零八个国家、四千八百所学校，共十万名学生使用。虽然教育预算严重紧缩，但这项计划在财务方面应有望于两年内自给自足，甚至还能提供未来课堂研发的资金。

LPS团队拒绝因资源限制而降低野心，因为孩子们的未来实在是太重要了。他们也拒绝接受传统方式是唯一能进行差异与介入教学的方法。他们在突破路径依赖上，既懂得掌握机会又足智多谋。正因为心胸够开放，所以他们愿意跳出可接受的方法，在机会来临时（捐赠课堂表决器）牢牢抓住，并且充分加以利用（聘请一位创新者融入课堂）。而当他们积极地指出"教育科技"（让这些科技化的教室计划广为人知）并非万灵药，也并非他们为达成目标所做的唯一努力时，真正让他们兴奋不已的，是竟能利用如此少的资源达到这么大的成效。

且让我们总结一下LPS到底是怎么办到的：

●他们虽然对眼前所有的限制看得一清二楚，却仍然设定了野心更大的目标——100%的升学率，而且没有采取任何补习措施。

●他们深知如果只是沿用以前的老方法，就无法达成这么大的野心了，她们需要的是截然不同的方法。

●因此他们在白板上勾勒出所有已知元素，分门别类并仔细审视，决定哪些要保留，哪些要改变以及哪些是重点。

●他们了解真正重要的是差异与介入，但在时间与经费的限制下，用传统的方法是行不通的。

●他们将重点放在另类的介入方式上——立即反馈，这对他们的学生比较适用。

●当有人捐赠课堂表决器时，他们抓住了这个机会，将装置运用在立即反馈上，因而获得进行差异与介入教学可能的新途径。

●要利用机会实现目标，就必须先投入，他们聘用一位兼职创新者来和教师们一同打造教学工具——新路径需要挹注新型资源。

●他们重复将它运用在一间教室的一门学科上，以制造许多工具原型，直到确定能够用在学生身上而且能够测量为止。

●接着他们扩大运用到全部四所分校里的各门学科上。

●借由销售"课堂实时评量反馈系统"给其他学校，他们突破了自己商业模式的路径依赖，创造足以资助未来研发工作的新收益。

这并不是那种叛逆年轻人的草莽创业——LPS 团队创造的是孩子们的未来。借由努力找出他们认为可行的加速学习元素并加以命名，洞察到立即的关键反馈后，他们就已准备好抓住这个机遇了。而这正是我们为何必须耗费时间心力去分析现有方法本身产生偏误的原因。让这些偏误具体可见后，我们就比较容易探讨它们如何以及何时会成为我们进步的阻碍。

名称里有什么？

荣获诺贝尔奖的心理学家丹尼尔·康纳曼（Daniel Kahneman）曾提到命名的力量。在做决策之余，他想为研究数十年所发现的无益的判断偏误命名，让我们的语汇更丰富：**负面偏误**（negativity bias，即我们过度解读坏消息的倾向）**以及确认偏误**（confirmation bias，即选择支持我们目前意见的资料的倾向）。他认为，我们需要更明智地讨论如何做出更好的决策，而找出我们自己的路径依赖，并为那些最有助于以及最无益于进步的路径命名，这将会很有帮助。[12] **名称能让无形的事物变得有形，而且易于讨论；名称让我们得以觉察，并帮助我们记忆；名称能开始改变我们看事情和做事情的方式；而且新的名称能激发新的开始。**

举例来说，中南部基金会（Southcentral Foundation）是阿拉斯加一家提供原住民医疗服务的机构。他们不但大幅扭转了自己的命运，某种程度上也改变了语言。这个由原住民本身以基金会的形式所成立的非营利组织，其年轻的首席执行官曾质疑他们为何要将民众称作病患。因此，她提议开始改用"顾客-负责人"这样的称呼，同时也开始将维护健康的责任转移给整体小区，以反映这项新观念的意义。从此，看病的人们不再被视为上门就医的病患，而是健康受到各种文化与生活状态因素交互影响的人。这项简单却深刻的改变，促成该体系后续一连串超过二十年的变化，其卓越的事迹将会于第六章中详加介绍。

如何克服路径依赖？

改变路径依赖听来令人心生畏惧。我们虽然知道它，但却感觉如果我们真的想从受限者进化到变革者的话，好像得要将整个组织都改造一番才行。但其实克服路径依赖问题可大可小，我们可以先从一两个过时的假定着手，利用它来产生一些影响，在增加了信心之后，再去处理更大的问题。2012年，Nike推出Flyknit鞋款时，他们虽然提到自己需要"忘掉所有制造鞋面的既定方法"，但却要到往后数年，每进行一件案子便自问怎么做以及这么做的原因，并因此取得各种小规模成功后，才真正达到这样的境界。[13] Nike可是一步一个脚印地突破路径依赖的。

在本书后面的章节中，我们会探讨联合利华（Unilever）是如何实施他们的"永续生活计划"（Sustainable Living Plan）的，这项计划是他们预计于2020年之前在扩张一倍规模的同时并将环境足迹减半。以供应链为例，这项大胆计划的挑战在于订立了必须减少浪费一半西红柿等原料的目标。在以机械采收西红柿的地区，他们利用光学扫描仪来过滤掉绿色的西红柿，只留下红色的。而联合利华团队在检视现有的方法时，他们发现自己过去的原料采购规定，只容许5%的绿色西红柿通过光学仪的筛选。因此，他们自问，要是将筛选率提高到10%的话，所生产出来的食品口味会有所不同吗？研发部门的答案是——完全不会。这不过是多年前出于各种因素而设定的标准罢了。这项遍及全公司的改变，对于不管是达到减少原料浪费的目标，还是增加农民的产能与利润，甚至是联合利华本身的获利来说，都有着莫大贡献。正如同他们的供应链首席官所说："**这只不过是挑战一项假设的问题罢了。**"[14]

因此，我们的首要之务便是检视这些路径究竟是什么——把它们摊在阳光下，为它们以及它们内建的假设命名，并且将组成这些复杂结构的元素——拆解开来，好让我们把那些要追求的目标挑出来。接下来，我们要介绍两个简单的技巧，帮助我们了解自己是否是路径依赖者，以及要如何着手突破这种依赖。这两个技巧可以是任何一种策略规划过程中，正式或非正式的一部分。

为我们的"倾向"与"偏误"命名

为那些过去虽然成功却可能限制未来的做法、信念与假设命名，就能将各种路径依赖找出来并加以具体化。

较容易着手的方式，就是先选出六个对公司最重要的词，并说明它们的含义。例如，当我们提到创新、营销、顾客满意、成长、消费者洞察、生产效率、策略联盟、操作准则或健康等名词时，我们真正指的是什么？

这么做会较容易说明存在于我们路径依赖中的各种偏误，并有助于讨论未来的替代方案。如果我们将营销定义为把本月的商品配额销售出去的话，就会明确地形成短期促销导向的偏误，以致无法建立真正差异化的品牌资产或经验。这时我们就可以给它一个名称，以反映这项偏误。倘若我们把"消费者洞察"定义为"付钱请他人研究我们的消费者"的话，那么认知到这点并为这项偏误命名，就会鼓励我们设法和合作伙伴一起，对个别消费者进行深入了解。这项做法的目的，不是要在鸡蛋里挑骨头，而是为了**厘清哪一条路径要保留，哪一条需要突破，好让我们能够转化限制**。

找出并探究我们路径依赖的每一项元素

有时较大的体系会形成较小的基本假设，因此我们就必须将造成较大程度依赖的元素拆解开来。一旦我们对自己的各项偏误有了全面性的认识，就能开始进行解构，并为其中我们最为依赖的元素命名——也就是那些受到限制影响最大的元素——并寻找替代方案。例如：

开始假设

问题：支持我们目前做法的基本假设为何？哪些可能不再适用于转化限制？应该要如何改变它们？

范例：Nike之前的社会责任部副总经理汉娜·琼斯（Hannah Jones）在参观了一家工厂后，对于那里无法管理防护口罩的使用以避免吸入黏胶气体的情况，感到难以置信。[15]由于要确保这么多工厂都能遵守规定，实在相当困难，因此干脆实施全新的安全措施。她对原本认为黏胶气体本来就有毒的假设提出质疑，并要求Nike设计师制造无毒的黏胶。之后Nike研发的全新黏胶不仅更安全，也更好用。对琼斯来说，这项经验不但让她有所体悟，也成了让Nike得以重新检讨所有设计、制造流程以及过去所有被锁定的假设的诸多契机之一。

例行作业与各项流程

问题：我们所惯用的各项流程与例行作业为何？哪些部分不可或缺，以及哪些可以放宽限制并寻求其他方式，有助于我们从受限者转化到调适者，甚至是变革者？

范例：我们常将流程想得很庞杂。但其实只要稍微调整一下流程，就可能因此打开新的契机与可能性。

在我们着手为全球知名的洗衣粉品牌Surf重新定位时，发现它需要成长并增加利润。但这个联合利华相当重视的洗衣产品，却面临了一些限制：由于成本因素，它并未取得最好的清洁原料，也无法在包装结构上创新，而且广告预算有限——这些都是成功的洗衣粉品牌所需要的基本条件。

当我们请消费者洞察部门总监对项目小组做简报时，他叹了一口气：房间里的每个人之前都听过他的"精明的购物者"简报，他要怎么从中找出新的观点？我们建议他从小朋友玩的"蛇梯棋"*角度，来谈谈一般女性一天的作息。有哪些意料之外的梯子能激励她？又有哪些可预期的蛇会让她受挫？这样做不但能为熟悉的数据注入活力，更能因此凸显可能的机会——最后那条最让人沮丧的蛇，就是我们的顾客到了半夜还在阴暗的地下室折袜子，同时手边还有其他事等着做，而她的老公却在电视机前大声打呼。

至此，团队得以用全新观点看待这位顾客，将以往那个精打细算的家庭主妇的"精明的购物者"故事放一边，而从更根本的孤单乏味的洗衣心理层面着手。这是一项新尝试的开始，让Surf有机会将全新感受——他们称之为愉悦——注入洗衣体验中。我们之后会回来看他们是如何利用这个消费者心理来突破现状的，以及他们如何借助限制之力，而非克服限制以获得成功的。

---

* 棋盘上分别画有数条梯子与蛇，遇梯即前进，遇蛇即倒退。

预期中的资源

问题：我们总是习惯在某些地方找答案，但要是我们不再从当中的一些地方找答案时会如何？这样做会如何改变我们思考寻找未来对策的方式？我们以后应该要多到哪里找答案才好？

范例：对注重形象的酒类品牌来说，最常用的营销手法便是打广告。但在所谓的水货市场（dark market）里，是严格禁止打广告的——也就是他们最主要的业务成长策略被剥夺了。因此，这些在水货市场的酒类品牌，必须设法运用其他资产来解套，例如包装等，甚至还常因为这些新式策略手法，反而让品牌变得更有创意，更吸引人。但那些在水货市场以外贩卖的相同品牌，却似乎没从中学到什么，他们还是顽强地依赖那个传统惯性的广告老路。

这些挑战者因此变得格外有趣。由于缺乏聘请"大人物"代言的广告预算，他们不但在广告用语上特别隐晦，还必须另寻他法来宣传。例如，新西兰航空和维珍美国航空就利用大多数航空公司从没想过的媒介——飞行安全倡导短片，作为打造知名度与形象的主要工具。新西兰航空的机上短片《安全基本要素》（*Bare Essentials*）在YouTube共有七百万点阅次数，而且就连其拍摄影片的合作伙伴《运动画刊》（*Sports Illustrated*）也有六百万浏览人次。

关联与关系

问题：我们素来仰赖的内部与外部关系是什么？为何这些关系

不再适用？哪种新关系能让我们变得更有弹性、更灵活，愿意尝试各种新机会？

范例：以色列灌溉系统公司耐特菲姆，通过给"大规模产业化农业"销售商用系统而得到成长，但全世界的农民大多数是发展中国家经济体系下的小农，根本无力投资这套他们最需要的系统。这项限制迫使耐特菲姆透过政府补助计划，为这些小农开发新的路径。例如，在印度，他们经由跟政府合作，将农民一开始所需花费的棕榈油成本降低了一半，之后更为他们节省了三分之一的用水，并提高了25%的产量。

关键绩效指标与成功评量

问题：我们目前要怎么测量成功？这些评量方式会限制未来的可能性吗？新的测量方式能为我们开启新的机会与思考方式吗？

范例：以LPS为例，在传统教育环境下，许多"差异"与"介入"教学，是在考完试或交作业的几天后才进行的。但瓦特博士和她的团队则认为并证明在加速学习的目标下，**没有比当下更好的进行时机**，因为他们根本没有时间回头并事后修正。利用"课堂表决器"，学生的反馈时间就能从几天缩短到立即反馈。

几年前，我们曾与Visa营销团队合作，当时他们主要是以直接竞争对手万事达卡以及美国运通卡为目标，然而使用Visa卡的人，却是跟其他所有互动对象的品牌做比较——他们并不考虑产品类别。

团队想在达成增加
交易金额的总体目
标下，解决这项问
题。因此，他们为
自己设定了新的标
杆：要成为全球最
有影响力的品牌，
并且是跟Nike和
Apple相提并论的创
新领导者之一。他
们仿制了一张顶尖
财经杂志的封面，
并起了一个标题
"Visa：全世界最

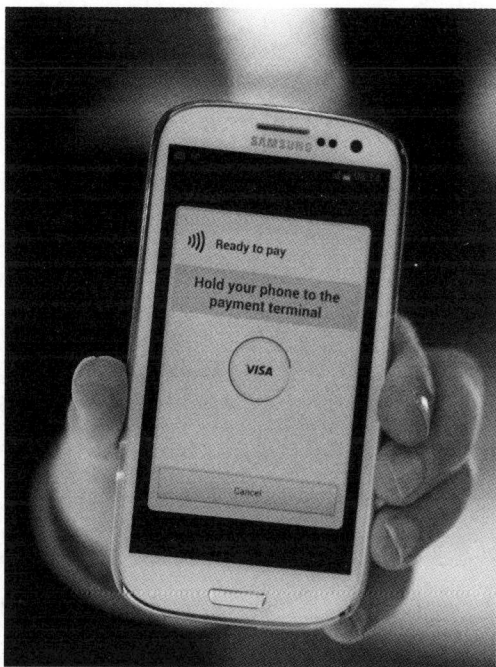

图2.3: Visa payWave 感应式信用卡

创新的品牌"来彰显野心。此后， 各种创新产品如Visa Checkout 以
及Visa payWave 都搭配了社群网站创意手法来营销，例如：在巴西世
足赛期间推出的"全世界的桑巴舞"（The Samba of the World）以及
"竞赛的融合"（United in Rivalry）等。根据最新的追踪研究显示，
Visa 已愈来愈接近自己设定的目标了。[16]

重复与更新

所有的公司组织，不论大小，都需要将过往的一些成功因素加以重复运用，例如，达成各种效率以便更有竞争力；对某条路径建立信心以促进成长；设定明确的预期行为；对共同做法产生认同感等。

但我们必须在评估这些惯用手法时保持警觉，注意它们是否成了蒙蔽我们看见大好机会的僵化教条，并形成难以避免的主要路径——尤其是某些主要路径会阻碍我们保持开放和弹性的态度，以致无法从受限者进化到变革者阶段。就像在上述的一些案例中，通常总会有某个人告诉我们不可能办到。但，其实他们并不真的这么想。他们的意思是，就目前他们和公司所仰赖的路径而言，是不可能办到的。倘若我们想对各种可能性保持更开放的态度，套用罗宾·怀特（Robin Wight）的话反过来说就是我们必须不断审问这些路径，直到它们坦承自己的弱点为止。[17]

但本章并不像认同Nike所说的永无止境一般，赞成持续不断的干扰。当唯一不变的事物就是改变，而资源匮乏的现实重担开始压在追求富足的商业模式上时，唯有不断地更新——由各种限制的蜕变力量所驱使与主导的更新——才能持续成功。而我们再也无暇做梦了。

被路径依赖锁定是无可避免的事，除非我们刻意创造打破它的方法。而第一件要做的事，就是提出挑战性问题。

路径依赖与航空母舰的发明

美国海军上校暨犹他大学教授詹姆斯·豪辛格（James Housinger），援引20世纪初第一架海军飞机的例子，作为描述组织中路径依赖的一种形式。起初，海军很难看出这些脆弱的飞行器在战时能有什么用途，因此拿它们做侦察之用，以了解要瞄准的船舰枪炮的位置。而这些飞机尽管有诸多可能的用途，但最初只是被纳入海军早已设想好的战斗模式中罢了（将新科技运用在既有的路径上）。

第一次世界大战期间，在证明了飞机有愈来愈多用途后，海军显然需要善加利用这些飞机，而且不只是在岸上使用而已。此时，在海上建跑道的怪异想法便油然而生，但工程师要解决的问题却多如牛毛。他们得要完全摒弃之前的作战设计路径，才能想出创造性的对策。例如：

●船舰甲板早已堆满了设备，他们要怎么挪出一大片平坦的表面空间？要是他们将这个巨大结构移到旁边，而把其他设备置于下方做压舱之用，让重量得以平衡的话，问题就解决了。

●若船舰不像一般跑道那么长时，飞机要如何起飞与降落？要是他们利用弹射器将飞机快速推出，并在降落时用一条缆线将它拉住，问题就解决了。

●如何才能装载足够的飞机，以形成真正的战斗力？要是他们打造出机翼可以折叠的飞机，将它们存放于甲板下，并以升降机来搬运，问题就解决了。

　　即使航空母舰的角色在现代战争中愈发重要，但根据某些评论员观察，美国海军依旧致力于制造过多驱逐舰而非航母和飞机。这类争论相当激烈，而比利·米切尔准将（Brigadier General Billy Mitchell）则指控陆军和海军将领们谨守老路径并建造错误舰队的做法"几乎是国防管理上的叛国行为"，最后因犯上而受到军事法庭的审判。[18]

本章摘要：突破路径依赖

● 过去对未来影响至深，若我们放任不管，那么我们昨天做的决策将会决定明天的种种可能。

● 路径依赖指定义"我们这里的做事方式"的前提、过程、假设、关系与思考解决方式的总和。

● 我们或组织面对挑战的方式，之所以由"主要路径"来决定是有原因的：因为这条路径过去成功过。

● 若能有一条锁定路径相当有用，因此在讲求效率的大型公司里相当普遍，对那些公司而言，大规模且快速的重复能力才是成功的基本要件。

● 我们所使用的语言，倾向于强化路径及其本身的信念和假设。

● 成功转化限制的先决条件之一是有意愿和能力去检验所有妨碍我们发现与实现可能性的根深蒂固的习惯。

● 最让人无力的限制，是那些存在于我们脑中（预设立场，我们对自己的看法），以及我们的文化中（我们被锁

定的路径）的限制。这类锁定形式会阻碍我们从受限者心态
进化到更有建设性的心态。

●本章探讨了突破路径依赖最主要的两大部分。第一
部分是以团队为单位，找出我们使用的语言中所反映的以及
我们所定义的各种倾向与偏误，并为它们命名。第二部分则
是找出并探究我们路径依赖的组成元素。

3.

提出挑战性问题

如何规范限制以求突破

How to frame the constraint to force breakthrough

本 章 重 点:

1. 为何以正确方式设定问题是发现新路径并转化限制的关键?

2. 被动应付限制或主动自我设限, 在设定的问题上有何不同?

3. 为何我们必须主动提出这类问题?

第一部分：让人不舒服的问题

Google共同创办人暨首席执行官拉里·佩奇对多数大型企业的那种"渐进式思维"（incremental thinking）不太有耐心，他深信这种思维注定被淘汰。而且，他认为那种把竞争视为唯一创新动力的执念以及那些有如报道运动赛事一般的媒体报道都一样错得离谱。他说："很难找到单单由于竞争而获得什么了不起成就的实例。"[1]

佩奇对于成功有不同的衡量标准。他对只是表现"比较好"不感兴趣，而是要"真的很棒"。在这样的目标下，他认为自己的角色就是要从日常竞争中，找出比较重大的问题。他称呼这些问题为"十倍大问题"（10x questions）：也就是相较于之前的解决方法，这些问题的答案具有十倍的影响力。

今日的Google是全球第二大企业，拥有将近4000亿美元的市值与超过500亿美元的年收益。[2] 因此或许有人会问，他们为何会出现在一本讨论限制的书中呢？尽管他们显然没有任何财务上的限制，但却有助于我们了解，佩奇的雄心壮志对他手下那些项目团队的行为方式产生了什么效果。

在距离加利福尼亚州山景城Google总部半公里外的一座半私人场所里，佩奇的创业伙伴谢尔盖·布林（Sergey Brin）负责监督专门解决这些十倍大问题的各个Google X项目，其中有些一开始根本是看似不可能的任务。举例来说，第一号X项目即著名的无人驾驶车。在Google的网址上即可看到他们对这项项目的企图："我们的目标是通过颠覆车辆的使用方式，来协助预防交通事故、节省人们的时间，并降低碳排放量。"好奇心强的人更可以在佩奇个人的Google+帖子上，找到这个野心背后的主要源头：2009年美国有三十七万人死于交通事故，其中93%乃肇因于人为疏失。[3]

Google的十倍大问题绝非那种"我们要如何减少车祸发生？"的渐进式问题，而是"我们要如何预防所有由人为疏失所造成的交通事故？"而后者不但点出了解答问题的限制——把驾驶排除在外，还明确地界定了野心的大小。同时**这个问题亦兼具合理性与权责性**。之所以具有权责性，是因为问题是由其中一位创办人提出，而由另一位创办人负责解答；至于合理性，则是因为有2009年全美道路有三十四万余人因人为疏忽致死的这项事实作为基础。此一合理性与权责性的概念，将是本章后面的重点。[4]

Google的半自动车辆计划进展如此神速，使得许多评论员相信，在立法者通盘了解并制定相关法律之前，无人驾驶车便会上路。至于佩奇到时要怎么应付相关法令的限制，大家都在等着看。

被赋予不可能任务的效果

那些显然不可能有答案的问题并不限于改写历史的科技，而可以被任何一家强烈想突破现状与目标的公司善加规划与利用。例如，宜家家居公司（IKEA）致力于满足他们口中"大众"的需求——即世界上绝大多数深爱自己家的，却没什么钱装潢的人，而降低优良设计产品的售价就是他们成长的关键。为了达到品牌所需的迅速且有效的成长，他们需要一个团队，为一开始显然不可能回答的问题找解答。

在宜家服务了十五年，历任过创意总监、全球营销以及商品开发策略规划的海伊（Michael Hay）形容自己接到下列这类简报的情况：例如，制作一款美观耐用又能获利的桌子，但只卖5欧元（约人民币39.25元）。

想象一下，你要怎么设计一张只卖5欧元还要能获利的桌子？一张坚固耐用的桌子，要价却只有放在上面的那杯拿铁的两倍？这样的任务到底要从何着手呢？

海伊认为你无法拿之前用过的方法来解决这类问题，它会迫使你偏离依赖已久的路径；同时你也无法从竞争对手身上找答案，因为根本没有任何一位竞争对手会制造5欧元的桌子，甚至可能永远都不会有人这么做。你很清楚，光靠自己或手下的专业团队是办不到的。你必须以跨领域的方式来进行，并跟公司里其他人讨论，例如能帮你在供应链和材料上发现机会的同事。甚至连在找寻前所未见的材料时，公司本身可能也未必有相关的专业知识。你因而会被迫向外求援，向各大专业院校探询是否有任何新的研究资料能帮上一点忙。

而正是问题中最根本的限制——前所未见的不合理低价——让宜家团队非得抛开所有设计制造上的惯性思考不可。想要达成简报要求，就必须大幅创新，而非渐进式创新。这个案子最后促使他们找到制造门的厂商，解决之道就是将一扇门切割成两半后做成5欧元的桌子。倘若他们当初只提出渐进式问题的话，就绝对不会想到这种解决方法以及这类型的合作方式。最终结果就是这张桌子不但让他们以破天荒的价位打开了市场，同时更能满足目标消费者的需求。

挑战性问题要能将大胆的野心和重大限制相结合。

挑战性问题的本质

在第二章中，我们看到受限者与变革者在面对限制时的主要差异，就是限制与他们的野心之间的关系——两者是息息相关的。我们发现处于受限者阶段的人，会想要降低野心以迎合限制；而身在变革者阶段的人则想要保持旺盛的野心，并借助野心和限制之间互相抗衡的力量，来寻求解决之道。我们可在本书许多范例中看到强烈野心和重大限制之间的关系，而让这个关系成为设定问题不可或缺的一部分则是后续成功发展出对策的关键。

　　如何设定问题，对转化限制来说至关重要，因为它能迫使我们以不同的方式思考与行动。我们称呼这类问题为"挑战性问题"。挑战性问题是将大胆的野心与重大限制相结合的问题，之所以称为挑战性问题，是因为出现在同一个问题里的两项不同元素使得我们没办法用以前的方法来解决问题，因而这类问题会迫使我们离开依赖已久的路径。

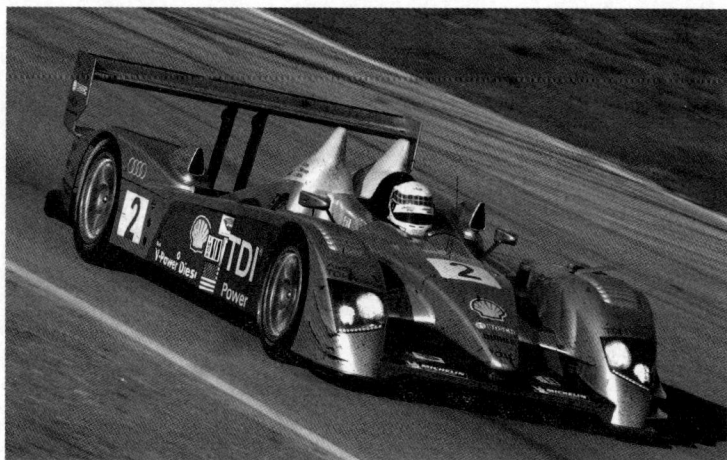

图3.1：奥迪R10 TDI赛车

　　奥迪美国区首席执行官基奥（Scott Keogh），谈到了他们为2006年举办的著名的法国利曼24小时耐力赛（24-hour Le Mans race）研发R10 TDI赛车的始末。对研发新赛车的团队来说，最理所当然的问题就是："我们要怎么打造出速度更快的车？"由于奥迪是一家拥有进取精神的公司，因此，总工程师问的不是这种理所当然的问题，而是更劲爆的："如果我们的赛车不能跑得比别人快，要怎么赢得利曼大赛？"大胆企图遇上了重大限制，再加上挑战性问题，促使他们首度尝试将柴油技术运用在赛车上，而解决之道即是燃油效率。他们的车不必跑得比别人快，只要减少进站加油的次数，就能赢得胜利。结果证明他们的策略是对的——R10 TDI赛车在往后三年的利曼耐力赛中年年独占鳌头。[5]

我们在不同规模的公司与企业身上，都不约而同看到了利用这类挑战性问题将大胆野心与重大限制结合在一起的例子。例如，联合利华为了实现加倍成长，同时减少环境足迹，便要求全公司上下重新审视每一项路径和假设——从如何选用西红柿、包装到让消费者采取更环保的做法皆是。

但这类问题也能问得更具体、更有技巧性一点。就以Made.com这家成长迅速的家具设计厂商为例，他们问的就是："我们要如何参加全球最负盛名的米兰家具展，却不用负担展场的费用？"（我们会在第127页揭晓答案）。从某种程度来说，它是每一家富有挑战精神的品牌的每一位营销部长都会问的关键问题：**在缺乏营销预算的情况下，我们要如何跟目标市场建立比领军品牌更稳固的关系？**而正是这类高难度的问题迫使接受挑战的品牌团队不得不重新思考像是包装的用途与潜在特性（如清洁用品在结构设计上采用突破性做法），或如何为他们的服务增添更多特色（如叫车公司Lyft车身上的粉红色大胡子），或善用社群的力量（如客房分租平台Airbnb的摄影师），或是创造全新形态的用户价值（如眼镜品牌Warby Parker提供给你五种不同的镜框，方便你征询友人的意见）等问题。

接下来，我们要探讨挑战性问题对个人有什么帮助以及这类问题如何迫使个人采取不同的方式，来解决全公司所面临的问题。

用较少的水生产更优良的作物

弗兰基·吕伯（Frikkie Lubbe）是南非北开普省南非酿酒公司（简称SAB）的一位农业专家，隶属于一个团队，该团队在处理公司重大挑战和目标上拥有相当大的自主权。

2010年，他为了同时达成SAB的两个不同目标，需要设定一项挑战性问题。由于这家酿酒商想制造出更好的啤酒，而大麦是酿造啤酒的原料，因此他必须想办法取得质量更优良的大麦。与此同时，SAB亦希望找到大量节省酿酒用水的方法，以尽到作为南非企业公民的责任。对农民来说，水是十分珍贵的资源，而使用大麦这种非必需作物为原料时，每酿造1公升啤酒需用掉155公升的水。因此吕伯要应付的挑战性问题就是："我们要如何增加大麦的产量与质量，同时又能减少10%的用水？"他坦承一开始自己不认为办得到——在这种情况下，即使只是减少10%的水量，都让这项限制显得"难度相当高"。[6]

为了解决这项挑战性问题，吕伯知道自己必须得从新的地方看到新的可能。他做了一件从未做过的事：参加当地大麦农民的聚会，询问他们近年是否有人曾在被迫减少灌溉的情况下，却仍能让大麦苗壮。其中有些人举手告诉他说：有的。2009年，他们因无法取得灌溉设备的某些零件，以致无法好好灌溉作物，但却还是生产出麦穗饱满且丰收的谷物，不过长得不高就是了。由于吕伯针对手边的资料提出了很不一样的问题，因而从中发现了一点线索。

他将这个才冒出一点苗头的想法与公司外部的一份最新数据源——最近针对大麦生长的学术研究发现大麦生长期共分三个时期：最初的抽穗时期；麦茎生长而麦穗休眠的时期；以及麦穗再次生长的时期——两相对照时，让他在想法上有了突破。吕伯推论，若他们在第二个时期大幅减少供给大麦的水量，大麦就不会长得如预期般高，但稻穗质量还是会一样好。而且由于麦茎不会长得那么高，一种叫作"倒伏"的问题（麦秆因长得太高而倒下，以致毁了稻穗）也就会比较少发生。如果这种新的灌溉方法有效的话，就能在减少用水量的同时，提升作物的质量与产量。

此外，吕伯在与农民交谈的过程中，也发现了他们没想到这种做法的原因。虽然大麦在生长的三个阶段中并不需要等量的水，但小麦农夫却习惯用同一种方式灌溉两种作物，也就是将种植小麦的方法盲目地加在大麦上。这其中的路径依赖，也正好因为这项挑战性问题而凸显出来。

接下来，吕伯需要证明自己的理论是可行的。最后一项挑战就是找到愿意尝试这项新做法的农民。但困难之处在于这些都是独立耕种的农民，这些作物是他们唯一的收入来源，要是尝试失败的话，SAB也无法提供任何保障，这对他们来说似乎是相当大的赌注。因此，吕伯将那些倒伏问题最严重、在心理上最有参与动机的农民找出来，说服他们尝试将这套新方法用在20%的作物上，以降低风险。其中有九位农民同意加入，而吕伯和两位同人则向他们承诺，到了生长季时每周都会去探望他们。

没想到接下来那一年的成果，竟连最乐观的人都感到惊喜。这套新方法减少了高达48%的用水，不但远远超越了当初减少10%的目标，同时还因减少倒伏问题而提升了大麦的质量与产量。更可喜的是，农民还得到了意料之外的好处：由于灌溉需求减少了，因此每公顷40美元的用电成本也就跟着省下来了，而省下来的钱直接就进入了他们的荷包。目前SAB正在全南非境内实施这套新方法。

这不单是一件跟大麦灌溉相关的事迹，同时也是一个意志坚定的人面对挑战性问题时所应有的态度问题。首先，即使吕伯认为此事相当棘手，但仍接受这是个合理且重要的问题，并设法处理。接着，在一开始着手处理时，他就打破了自己的路径依赖：虽然采用的是现有的数据源，但却提出了一个很不一样的问题。

吕伯持续在公司以外的地方寻找灵感，一旦发现可行的想法，便懂得将这个理论转化成具体的做法，同时跟老同事也开始用新方法共事。他设计了一套试验来印证自己的想法，并尽量帮助最有可能受到影响的试验对象以降低风险。他一边从事原本的工作，一边将最大的心力与时间投入试验。最后，他为双方都找到了更理想的解决方法，拿出了漂亮的数据让公司里的其他人以及那些独立耕种的试验伙伴们信服。

而这个方法，可不只是回答了当初的那个挑战性问题而已。

挑战性问题为何如此有效？

若我们想转化限制的话，那么如何提出与限制有关的问题，就很重要了。下面这些问题每一项都能将限制引导到目标上以确保它们激发出解决之道：

● 我们要如何让一辆速度不比别人快的跑车赢得比赛？

● 我们要如何制造一张美观耐用，但要价却只有 5 欧元的桌子？

● 在缺乏营销预算的情况下，我们要如何跟购买者建立比领军品牌更稳固的关系？

● 我们要如何利用较少的水量，生产出更多、更好的大麦？

挑战性问题中对立的两端同样重要。 我们必须为具体企图和野心大小设定清楚的高标，亦即那个代表我们最高期望的目标，例如：LPS学生在没有补救措施的情形下达成百分之百的入学率；或我们过去未能达成的事，像是在"一个孩子一台笔记本电脑"计划中，让全世界儿童都享有跟纽约曼哈顿最富有的孩子一样的教育质量。**野心有多大，影响力就有多大。**

　　而限制则会让问题变得更棘手，例如：预算、配销、实务知识、价位、用户参与等，但这样的限制，最终却会变成创意的沃土。一开始的时候会让人觉得很烦、很讨厌，但到了最后，却反而让我们大有斩获。

　　挑战性问题不光是像"要如何在三年内增加一倍产量？"或是"要如何降低20%的成本？"等这种不易回答的问题；也不只是像"谁是我们未来的顾客？"或是"改变我们今日产业的新科技是什么？"这类型的头脑风暴。**挑战性问题是有方向的压力，这种压力不只是一句激励的口号而已。**研究发现，它其实会在认知上影响我们处理问题的方式。2010年的一项研究数据显示，事先给人们提供看似矛盾的问题陈述会产生什么效果。它发现，这类挑战除了让人们感觉相当不舒服外，还能阻止他们回到惯性思考的老路，强迫参与者重新审视问题各项元素之间的关系，并激发"两者兼得"而非"二选一"的思考。

　　这种让人不舒服的挑战性问题，能迫使我们以不同的方式思考。它们一开始可能会让人感到困惑，但却也改变了人们思考的出发点，让我们得以重新检视自以为了解的东西，设定新的路径，最终让我们愿意尝试新的可能性。而这样的历程，韦登称之为礼物，因为它们突破了路径依赖，并迫使我们寻找新的对策。

　　挑战性问题虽然困难，但它们所带来的压力也同样能迫使我们前进。例如，名列Kindle十大重点好书之一，由美国作家蒂姆·费利斯（Tim Ferriss）写就的《一周工作四小时：摆脱朝九晚五的穷忙生活，晋身"新富族"》（*The 4-Hour Workweek: Escape 9-5, Live Anywhere, and Join the New Rich*）本身，就是一个挑战性问题。这本书的概念正是将晋身新富族的大胆企图与某项重大的限制，像是一周工作四小时等结合在一起。而费利斯对这项问题的解答，像是尽可能将工作外包给虚拟个人助理、采用收入自动进账的方式等，这些都在使我们挑战个人事业与生活最根本的各种假设，各种我们不再正视或质疑的假设。这也正是为何我们会在自己的Kindle阅读器上，不厌其烦地将它们一一标示为重点的原因。

矛盾状态的价值

研究人员进行了四项实验，来评估矛盾在创意产生过程中所扮演的角色。其中一项实验要求人们在看过玩具设计竞赛的评审意见后，给予某件玩具评价。有的组别认为那是低成本玩具，有的认为有创意，有的则认为两者兼具。而最后一组让评审们很惊讶，因为"低成本"与"创意"两者间应是互相矛盾，甚至有点对立的。那些评价自相矛盾的受测者接着在创意测验上，给玩具的分数也比其他人都要高。至于另一项实验，则先是在某些受测者间制造内部冲突（内部矛盾），这些人在后来的创意测验中亦给出较高的分数。第三项实验要求受测者评估不同的，互相矛盾的数据，然后

　　再试着将它们整合起来——他们在后续的测验中也变得更有创意。而第四项实验则将上述所有元素合而为一。

　　研究人员发现矛盾状态会产生下列正面效果：

● 它们创造了一种冲突和不安感，而这种紧张关系可有效促使人们采取新的思考方式，看事情也变得更加深入。

● 它们降低了人们回到惯性思考的可能性。

● 它们促使受测者再次探究主要元素之间的关系。

● 它们激发了"两者兼得"而非"二选一"的思考。

● 它们提升了整体的复杂度，对模糊与矛盾保持开放。

例如，你本来在这方面的程度不是高就是低，但最近研究显示，这方面其实会因受到不同状况的影响而有所不同。

数据源：Miron-Spektor、Gino 和 Argote[7]。

挑战性问题虽使人不舒服，却能让我们以不同方式思考；它们突破了路径依赖，并迫使我们寻找新的对策。

开始提出挑战性问题：限制与企图的各种类型

在开始利用这套方法处理限制之前，我们必须先界定自己的挑战性问题是什么。其中有些可能很明显，是许多人共同的问题。例如，大型企业一方面要增加创新效益，另一方面又必须大幅缩减成本与时间[8]。但对大多数的人而言，则须视个别情况而定。

我们可能必须面对这个问题的其中一项元素，或是在野心受到限制的同时，亦须处理各种外在压力。例如，我们可能必须在一定时间内加速达成目标。假设我们有目标或任务在身的话，那么其中一项元素也许就是我们想达到的效果。

但对那些还可以再提出更具挑战性问题的人来说，若能将各项限制与企图加以分门别类的话，就会很有用。以下是找出对我们最有用的挑战性问题的几种方法。本书在一开始的引言里曾提到，我们可以概略地将各种限制分成基本限制、资源限制、时间限制以及方法限制。

基本限制

这类限制通常是跟成功的某项基本条件有关。例如餐车老板没有餐馆，或缺乏需要试用或体验的商品的实体店面等。

资源限制

此类限制跟企业取得成功并开始成长所需的基本资源有关，通

常是预算、人员、知识或专长等资源。比如杰瑞水手朗姆酒（Sailor
Jerry rum）就是在没有广告预算可用的情况下，成功上市并击败摩根
船长朗姆酒（Captain Morgan rum）的。

时间限制

著名作曲家暨指挥家伦纳德·伯恩斯坦（Leonard Bernstein）曾
说："想要做大事，需要两样东西：计划以及不太足够的时间。"
时间限制是我们每天都会遇到的状况，也是在生活中某些最大胆
的计划中常见的限制，像是在某个日期前达成法令规定的减排目
标等。

方法限制

这类限制需要以特定的方式来解决，例如，奥迪R10 TDI赛车必
须在无法跑得更快的情况下赢得比赛，或是宜家公司必须制造出某
个价位的桌子等。

而在问题的另一端，野心同样也可分为几大类型：

增长的野心

当然，这类野心是每家企业的核心，可朝年收入或获利，来客
数或订阅户数，或是各项产品的成长率等方向来设定。但在设定时
亦不妨更有想象力一点，像是1923年可口可乐当时年仅三十三岁的

董事长罗伯特·伍德拉夫（Robert Woodruff）那知名的野心——可口可乐应永远成为人们"唾手可得的渴望"（within an arm's reach of desire）即是。而他们这种对成长的野心，后来不但促成了美国境内在配销上的创新，更让公司业务开始向全球扩张。

影响力的野心

这类野心通常来自企业的目标或使命：对世界发挥某种影响力。例如，联合利华的Domestos清洁剂产品有一项"社会使命"（Social Mission）计划，目标是要建立一个"属于大家的干净安全的浴厕"。[9]这类野心也可以针对产业本身，一如Warby Parker颠覆眼镜产业的期望，或是建立在与大众的关系上。

品质的野心

这类野心为企业或品牌想要达到的某种质量。如大型连锁快餐店Chipotle的企业使命为供应"良心食品"，标榜使用的肉品来自天然放养、无注射抗生素的动物。[10]

优越的野心

这类野心跟卓越的服务或创新，或提供顶级的顾客服务等有关。例如，欧洲的Xbox立志要成为"粉丝们心中最好的游戏机：玩最好的游戏，享有最棒的娱乐"，并将之视为对抗死灰复燃的PlayStation的零和游戏，认为产品若更优良就会成功。[11]

体验的野心

最后，这类野心跟持续提供某种体验有关，与此处其他类型相比，这一类较为以顾客为中心。例如，谢家华就形容其创立网络鞋店Zappos的野心为"用鞋盒传递幸福"（to deliver happiness in a box）。这里头包含的不只是盒子的内容物（虽然很重要），而是顾客服务的质量，这是Zappos自认使他们与众不同的核心价值。[12]

不过，这并不表示我们认为"限制"与"野心"只有上述这些类型，而是它们能刺激我们发展不同类型的、更明确的挑战性问题。当限制是固定不变的时候，例如SAB的用水限制，我们就可以利用各种不同的野心，来跟这项固定的限制做各种尝试，以发展出最有效的挑战性问题。这是我们在处理限制时最常见的情况。

另一方面，假如我们想自我设限，以激发新的发现和思考各种可能性的方法，那么我们反而可以从一项固定的野心着手，比如奥迪的"赢得比赛"。如此一来，我们就能拿各种形式的限制和野心做实验。要是能多方尝试的话会更好，这么做有助于自己找到可能的机会。

具体性、权责性、合理性

我们必须将限制设定得愈具体愈好，这一点很重要。IBM工程师戴维斯认为，不够具体的限制会很难处理，像是"我们有时间上的限制"对激发创意和可能性就没什么帮助。相反地，"我们必须在六十天内促销商品"或是"我们必须在三分钟内释放俘虏"[13] 就有一个具体的焦点，能让我们从新的角度思考对策。

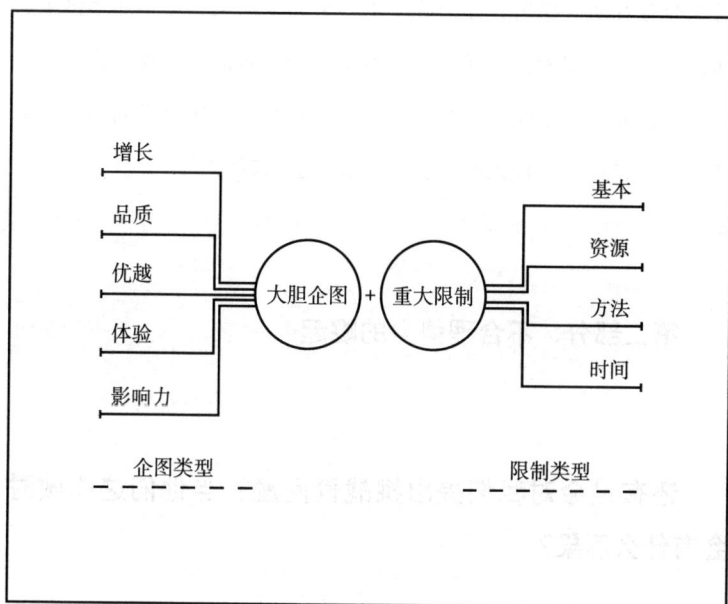

图3.2：挑战性问题的各种类型

如上所述，若想让挑战性问题发挥功效，且认真地利用它来带领团队去寻找解答，并重新思考现有的方法的话，就需要**权责性与合理性**。提出的问题必须要让相关人员能够理解为何要选择这个野心和限制，这跟强制性的做法截然不同，这些问题精准地反映了公司运作或即将运作的业务及其脉络的本质。

此外，它还需要权责性：必须是由需要知道答案的人提出要求，不论公司内外（如主要客户）的人皆可。

本章其余部分探讨的是，若我们不自行提出挑战性问题时，就可能会有其他人提出，并因此产生不可知的后果。至于那些已了解如何提出与限制相关的问题，并希望更进一步的人，我们将会在下一章探讨如何开始回答这些难题，以及在缺乏解决这类问题经验的情况下，如何持续不懈地应付那些由限制带来的挑战。

第二部分：不合理势力的崛起

还有谁会对我们提出挑战性问题？当他们这样做时会有什么后果？

二十五年前，查尔斯·汉迪（Charles Handy）写了这本深具影响力的《非理性的时代》（*The Age of Unreason*），书中描述了几种形塑世界且日益变得重要的力量。首先是"非连续性变化"（discontinuous change）——由信息、生化科技和经济学的发展所带来的重大变迁。其次，一些工作形态的变动将会影响我们的生活方式——例如，从"三叶草组织"（shamrock organization）上可预见外包、弹性工时和远距离办公等趋势，以及让顾客分担部分工作的想法（今日很普遍，但在1989 年时还很前卫）。第三，"颠倒思考法"（upside–down thinking）则要让我们挑战关于世界运作方式的根深蒂固的想法，并以全新方式看待每一件事。[14]

汉迪引用了萧伯纳（George Bernard Shaw）的一句名言"明理的人让自己适应世界，不讲理的人则坚持让世界适应自己，因此所有的进步都应归功于那个不讲理的人"，来呼吁现代企业不必理性，以便抓住改变所带来的契机。然而不过四年后，汉迪在他的另一本名为《吊诡的年代》（The Age of Paradox）[15] 的书中，却感叹似乎所有的不理性都被释放出来了："太多改变造成混乱，人生对许多人来说是艰难的，对大多数人而言则是谜题，"他说，"有太多事物自相矛盾。"[16]

如今，四分之一世纪后的今天，我们被连汉迪都无法想象的更大的变动旋涡围绕着。几乎每天都有各式各样新产生的不理性源流激荡出更多变化。本章其余部分，要特别聚焦在一种与限制有关的不合理现象上，即外界施加在我们身上跟限制相关的各种要求，不论是当权者、消费者、客户或竞争对手皆是。

在第78页的表框中，列出了各种不合理要求的来源。其中每一项都以某种形式将某项限制强加于我们的成长方式上——亦即我们若想要茁壮成长的话，就必须遵守这项限制。

不合理要求的四大来源

不合理的当权者

在一个资源逐渐短缺，商品价格逐年升高以及环境日益恶化的世界，当权者会在许多地方施加或是威胁会施以各种"不合理"要求，像是用水和引擎效率等。例如，继1975年实施石油禁运后，美国国会就颁布了"平均燃油效能标准"（CAFE），并在2012年制订了一项远大的目标，预计2025 年之前要达到每加仑（合3.785升）54.5公里的标准，并给业界十二年的时间去设法达成。目前福特汽车和丰田汽车正携手合作，为轻型卡车与运动休旅车款研发混合动力系统。许多专家预测，这类产业竞争者之间被迫结盟以便达成法规要求的合作案例将会愈来愈多。[17]

不合理的消费者

消费者不再需要像过去一样，必须在得与失之间取舍了。为什么我不能只租一个小时的车（如City Car Share 租车服务），享用健康又有良心的食物（如Chipotle快餐连锁店），或买得起平价的高级服饰（Zara、H&M及Rent the Runway 在线租衣平台）呢？今日的消费者对各种商品服务都开始有这类与过去迥异的不合理期待了（参见"Uber的产物与取舍的终结"一节）。

不合理的客户

零售业者会将自己的业务压力，施加在供货商身上，如大力促销、更成功地创新、更有竞争力的价位或是更少的库存量等，同时业务目标也是。例如，连锁超市沃尔玛（Walmart）在飓风卡崔娜侵袭过后，改变永续经营的方式，并以同样的标准来要求他们的供货商。设定这些高标准是为了符合更严格的条件——两者加在一起虽不合理，但却是零售业者实际拥有的权力。

不合理的竞争者

三年前，各大旅馆业者想得到自己会为了服务新时代的游客，必须要跟你、我和人们家中的空房间竞争吗？Airbnb 这家全球成长速度最快的旅宿业品牌，光是去年一年出租的房间，就比希尔顿酒店出租的还多。这是旅馆业者必须要面对的截然不同的服务形态，而要这些历史悠久的老字号快速回应这类全新挑战，是不太合理的。然而他们必须要回应，而且要快，就像奔驰得回应电动车大厂特斯拉（Tesla）的竞争，英国连锁超市Tesco对上德国廉价超市Aldi，以及全世界的出租车业者杠上Uber一样。

Uber的产物与取舍的终结

今日我们不只是希望飞机上有无线网络，而是要求他们必须要提供。在我们以每小时400英里（1英里约合1.61千米）的速度冲向万米高空时，要能有不会中断的高速网络可用。而奇怪的是我们还抱怨必须要付费。[18] 毕竟，星巴克的无线网络可是免费的，电子邮件也是，还有Skype也是。"噢，空乘小姐，请给我来一杯好点的葡萄酒，谢谢，这一杯喝起来像漱口水。"

当新一代的企业教导我们，那些我们过去认为合理的旧交易模式已不再适用的同时，也使我们养成想要更多的心态。用搭出租车的钱就能享有私人司机服务？谢啦，Uber。刷信用卡就能直接跟农民买萝卜？真好，Square。透过网购就能把昨天刚产的新鲜鸡蛋直接送到我家？太好了，Rakuten，我要买。**新时代的消费者们看不出将两个互不兼容的需求放在一起有何不可。这些都是Uber 的产物，而必须取舍的世界已成历史。**

在金融服务方面，我们过去也许愿意以免费网上银行全天候在线客户服务所提供的计息支票存款账户，来合理换取没有实体分行的服务。以前，人们一方面需要营运良好的网络银行（如ING、First Direct），同时也需要在各地都有分行并提供完整服务的实体银行（如Wells Fargo、NatWest），并可以理解两者在各项费用及费率上的差异。但如今不同了，今日的银行客户不但要求免费服务、随时随地都可使用，还要有真人服务以应付突发状况，以及身在市区时可以进出的分行。但他们不希望银行规模变得太大。他们不喜欢大的东西。

事实上，现代消费者就是萧伯纳和汉迪所谓的不讲理的人的化身，逼迫企业不只提供"二选一"的服务，更要让自己"两者兼得"。其实，对我们提出挑战性问题的，就是这些不合理的顾客，而他们所得到的答案，也正开始改变各行各业的面貌。光看美国的例子就知道：

●快餐业：我不但要又快又便宜的餐点，还要质量好而且健康的。连锁快餐店Chipotle所供应的简单、丰盛的墨西哥菜，加上永续经营的理念，让他们连续三年达到两位数的成长。

●清洁用品：我要清洁效果好又环保的产品。美则（Method）公司制造"像妈妈一样清洁"的优良绿色产品，至今已有十二年历史了。

●移动通信业：我要最棒的电话和最优的网络，但不要被绑约。电信公司T-Mobile不但送智能型手机且不需绑约，还能清偿其他绑约业者要收取的提前解约费用。无怪乎他们现在争取客户的速度比美国最大的电信公司AT&T还快。[19]

●汽车业：我要爱车开起来像火箭，看起来很梦幻，同时只使用电力。特斯拉的插电式Model S车型既美观速度又快，相当于每加仑可跑89英里，且最近被美国国家公路交通安全管理局（NHTSA）票选为历年测试最快车款。

重点在于，如果我们自己不提出挑战性问题的话，就会有其他人提出，而且是拥有权责与合理性的人。他可能是我们最大或最有影响力的客户，或是最积极的挑战者。倘若我们不事先防范，一旦等到问题出现时，我们就已经屈居人后了。这是新时代在创新上的宿命：**倘若我们不是创新的领导者，那么就很有可能沦为历史遗迹，而非改造未来的先锋。**

至此，本章已带领大家展开一趟旅程，从探讨如何设定跟限制有关的问题开始，到发掘各种美好的可能。现在，我们要回头检视自己的竞争脉络以及挑战性问题对产业整体转变的影响力——或许我们要被迫接受来自不合理挑战者所抛出的深具竞争力的答案。这个对手在充分了解产业的情况下，提出了结合两项不同元素的不合理问题，即一项特定类型的企图加上一项特定类型的限制。而一旦找到了解答，就会改变消费者对这个产业的期待，并让我们居于劣势。

不过，不妨让我们把情况逆转一下：此时采取攻击或防守位置各有什么好处？倘若我们将限制加在自己身上，亦即先行提出并回答挑战性问题呢？成为不合理的挑战者有什么好处？目前有这方面的确切数据吗？

> **若我们自己不提出挑战性问题的话，就会有人帮我们提出，到时我们就会屈居人后了。**

不合理竞争者的报酬

约翰·葛兹玛（John Gerzema）负责施行WPP 传播集团的"品牌资产评价制度"（Brand Asset Valuator，简称BAV），此数据库中含有超过两百种产业，五万家品牌，约八十万人的全球年度调查资料。葛兹玛本身是《纽约时报》畅销书作家，作品涵盖各种关于生活欲望与预算限制改变消费者习惯的效果研究。例如，在"灰姑娘经济"（Cinderellanomics）这个概念中，他说明那些渴望享有奢华生活却又负担不起的人所采取的策略是借由租赁的方式暂时拥有奢侈品一阵子，之后再退还回去。[20] 也许不太理性，但要是有办法能让他们的期望成真的话，例如，在线租衣平台Rent the Runway即是，那么就会是聪明的做法了。

葛兹玛所管理的数据库，在分析人们与品牌和产业长久以来的关系变化方面，堪称是规模最大的一个。它能洞察并分析超过二十年的主要品牌和消费者趋势，BAV是以结合相关差异性和动能概念的方式来评估品牌能量。葛兹玛和华盛顿大学的罗伯特·雅各布森教授（Robert Jacobson）以及哥伦比亚的纳塔莉·米济（Natalie Mizik）共同合作，发现了品牌能量与市场评价之间有很强的相关性，并且相信消费者做空品牌的方式跟投资者做空股票差不多——消费者会在心理上出卖能量渐失的品牌，以便转而投资能量较多的品牌。[21]

那么，有哪些地方可以容许这些不合理的要求存在？各类品牌似乎都有它们主打的特性，例如：高性能的、经济的、粗犷的或时尚的汽车等。**每一类产品都有各种特性，而不同特性之间的关系通常包括各种取舍。**例如，人们长久以来都能接受汽车品牌不可能提供既高性能又经济的车款，所以购买者会预期必须在两者之间有所取舍是相当合理的事。

但我们想知道是否有数据证明不合理的竞争者——此处定义为某品牌的某项产品，以不合理的方式，解决了该类产品之前以为合理的取舍，例如Chipotle和特斯拉即是——能够发现品牌能量的增长以及此后的长期价值。的确，如果这些竞争者这么做的话，对该类产品的其他品牌将有莫大影响。

为了简化事情，我们利用BAV的数据来看每类产品中一些比较明显的区隔。在汽车类中，我们就环保与性能两种特性来做比较，并拿特斯拉电动车跟其他豪华轿车品牌相对照。在快餐类中，我们就价值与质量两者来比较，并以Chipotle和Taco Bell来模拟。至于家用清洁类，我们会就社会意识与效率（代表清洁效能）两者来比较，并拿美则与其他的领军品牌相对照。

这项分析已收录在本书附录中。简单地说，研究发现各类产品在影响程度上存在不可避免的变量，并产生一致的图形：

●我们所研究的各种区隔在数据中清楚可见，而且长期固定不变。在此之前原本有清楚的取舍，少数品牌能兼具两者。

●那些能兼具两种特性的品牌解决了取舍的问题，并且与其他无法兼具的品牌相较之下，具有较强的品牌能量。

●这些解决了取舍问题的不合理竞争者能量变得愈来愈强。而那些同一类别无法解决取舍问题的品牌则能量渐失，很可能会被这股新能量给取代。

葛兹玛以消费者考虑产品种类及其内在品牌选择的方式，来说明这项结果所代表的重大转变：

> 我们的数据显示，消费者在考虑产品类别上一直有着清楚并可辨识的模式。以往这些模式是由认知上的取舍来决定的。也就是说，各品牌能针对几项属性相似的特征另辟空间，而这正是各类品牌思考差异化的方式——从"本质上"的相近而来。然而，目前的数据显示，品牌能将之前认为不同的特性结合在一起，并比那些停留在过去单一特性的品牌明显具有更大的能量。而这些都是人们想购买的品牌，因为它们能提供新的产品，并重新改造大家认为合理的东西，甚至是被认为可能的东西。[22]

未来似乎将是不合理竞争者的天下，也就是那些把必须同时满足两个显然互相矛盾的极端的限制加在自己身上，并且找到解决办法的人。这些都是愈来愈有能量的品牌。相反地，**那些迟迟未能提出这类挑战性问题的，则会发现自己正逐渐失去品牌的能量。**[23]

所以，我们该怎么做才好？在我们的创新流程中，设定一个不合理的创新步骤吗？有可能。但我们在第一章提到的为Jawbone公司以及"一个孩子一台笔记本电脑"计划设计产品的工业设计师贝哈尔则更上一层楼。贝哈尔认为这将会成为新的常态，至少我们要做如下思考：

> 我认为今日的消费者什么都想要，而那正是我们的职责所在……兼具环保与经济的更好体验，同时全部奉上。我们没有理由办不到。事实是，总有某处某家公司的某个人说他办得到。但我们所进入的这个时代，是一个创意必须更深入，更有真材实料的时代，不论这个创意是否为商业性质，都要能全方位地解决问题，而不是解决部分问题的方案。[24]

换句话说，人人都必须为应付Uber这类的产物做好准备。

本章摘要：提出挑战性问题

●提问技巧多不胜数：诸如五个为什么以及"要是……"，或许是其中最常见的两个。但本章所探讨的是我们身处的这个时代里，一种强有力的、切身相关的新型问题，也就是挑战性问题。

●挑战性问题须将"大胆企图"与"重大限制"绑在一起，不让我们方便行事，以借限制之力寻求解决之道，确保我们对付的是真正的挑战，而非沉溺在美好的幻想中。

●挑战性问题能迫使我们脱离老路，帮助我们突破路径依赖，并且刺激我们寻求崭新的解决之道。

●挑战性问题在具备具体性、合理性与权责性时最为有力。

●我们可善用野心与限制的各种类型，来为我们的状况设定最有效的挑战性问题。

●一些最成功的人士与企业，例如宜家家居、Google、Nike等，是借由定期为自己以及他们的团队提出这类不可能解决的难题而成功的。为自己设下不知如何达成的目标，以促使自己前进，是他们性格中的一部分。

● 我们必须在不论是当权者、竞争者甚至是我们的客户对我们提出挑战性问题之前，便自行主动提出挑战性问题并予以解决。

4.

如果……就能……

如何为限制性问题寻找对策

How to find solutions to constraint-driven problems

本 章 重 点 :

1. 着手解决这些挑战
性问题的最佳方式
为何?

2. 我们要如何保持寻
找对策的动力?

3. 从哪里着手最有机
会找到对策?

第一部分：我们需要如何看待解答

乐观偏误

挑战性问题——借助较大的野心，迫使我们在显而易见的限制中寻找机会，需要我们朝自身经验以及舒适圈以外的方向去找答案。苹果设计师乔纳森·伊夫爵士（Sir Jonathan Ive）曾谈到应付这类挑战需要付出什么样的努力，就是必须"极度专注"并且"好奇又乐观"。他认为很少有人能兼具这些特质，因为在一段屡试屡败的时期，你很难一直保持乐观与好奇心。[1]

一些科学家认为，乐观具有进化上的优势。由于人们乐观地相信明天会更好，所以会去计划和创造未来，世界也因而得以进步。这种乐观偏误[2]遍布各种族、地区、阶层和社会地位，正好说明为何这么多文化都有类似"黑暗中总有一线光明"这样的格言。学者们也指出，正面态度与"弹性"和"开放"这两者间具有高度相关性。之后我们将会侧重这两项特征，从非典型的各项来源中，探讨并试验各种创新手法。[3]

然而，我们并不能全然仰赖乐观心态，因为这样可能会高估了成功概率，以致我们未能充分准备迎接挑战。同时它也较倾向于个人意识，而非集体意识：即我对"我自己"的未来感到乐观，但却对"我们大家"的未来感到悲观。由于我们几乎都是以团队合作的方式来工作，也不时会有新伙伴加入，因此就需要设法建立起乐观的集体意识，而非单靠个人内在的乐观偏误，以便从限制中发现好的机会。

因此，这项挑战就不只是"我们要如何解决这个问题？"而是"我们要如何塑造一个互相沟通的环境，好让我们尽最大可能来解决问题？"这会比单纯鼓励大家乐观要来得有用。

如果……就能……

科林·凯利（Colin Kelly）是Warburton面包店的研发总监。二十年前这家面包店从英国博尔顿市（Bolton）起家，至今已成为英国烘焙食品业的龙头，也是欧洲最杰出但却鲜为人知的成功企业之一。凯利和他的团队默默地将沿用了五十年，且业界无人质疑的烘焙程序加以改良。

凯利相当注重解决问题的流程，也就是将沟通焦点放在"可能"的对策上，以避免受到潜在问题的局限。他对管理流程的看法，深受自己2006年在俄罗斯带领团队所获经验的影响。在当时的团队文化中，虽然有组员提出了很不错的对策，却常常被其他人以"我们办不到，因为……"的反应给挡掉了。这类"因为……所以不能"的理由虽然不一而足，有的是跟成本或技能有关，有的是会影响到其他流程，有的则单纯只是因为难度太高。不过，最后的结果都是一样的。凯利说，每当有人提出"因为……所以不能……"，就谈不下去了。研发流程也被迫终止。[4]

凯利虽然无法改变组织的本质，但却能改变沟通的方式，尤其**是解决问题的过程中，每一句对话开头的说法。他不让大家以"我们办不到，因为……"来起头，而是强迫他们从"如果……我们就能"开始**。例如，若有人想说"我们不能采用那种新包装，因为会拖慢生产线的速度"时，就会被迫改口"如果我们利用另一条生产线的话，就能采用那种包装了"。如此一来，研发流程就不会中断，而团队也就能继续解决下一个问题（在此例中，则是得找到适合的生产线）。

如凯利所说，人们在面对一项困难的挑战时，会有"因为……所以不能……"的反应是可以理解的。人们习惯着手解决已知如何解决的问题，但对于不知如何是好的问题，要他们主动寻求解决之道就困难得多，也很少见。然而，这正是解决限制性问题所需要的态度。若不利用正面思考来引导团队的话，这种对难题束手无策的状况，将会扼杀研发的动力和流程。

接下来，我们要剖析为什么在回答挑战性问题以及从高难度限制中寻求机会时，这种"如果……就能……"的说法会如此有用的原因。

●它能让我们针对正确的问题来讨论。它会让我们聚焦在"要怎么做才能办到",而非"有没有可能办到"上。

●它能让整个过程一直保持乐观的气氛。它能让我们同时保有乐观与好奇的心态。

●它强迫每个参与其中的人,都要负起寻找对策而非发现阻碍的职责。它不允许任何人在同一句话中,只会指出障碍却没有寻找对策。

●它让我们告诉自己,我们是一群寻找对策的人,而不是发现问题和阻碍的人。它帮助我们建立并强化对自己的认知,将自己视为未来的变革者,而非对艰难处境无能为力的受限者。

●它是我们持续保有某种心态的方法。若一个问句无法得到解答时,只会驱使我们提出另一个"如果……就能……"的句子,并寻找另一种解决方法。

环环相扣的"如果……就能……"问题

IDEO首席执行官布朗认为,限制通常不会只是单一的,而是在某项包含工程、营销和法令等各层面的特定挑战中,一连串环环相扣的限制。领导者需要具备克服主要问题的远见,并明白不太可能在提出第一个"如果……就能……"后就能完全得到解决,而会是一个对策衍生另一项挑战，这项挑战又需要找到相应的对策等一连串的过程。然而，也就是这种"挑战——可能对策——挑战——可能对策——挑战——可能对策"的连续性质，对企业保有乐观开放的文化氛围显得格外重要。

这一连串"如果……就能……"环环相扣的本质，在一个勇于挑战巨大限制的团队身上得到了充分的体现。台湾就是例证之一。

知名畅销书作家弗里德曼（Thomas Friedman）曾形容台湾为"位于台风频仍海域的贫瘠之地，缺乏赖以维生的天然资源"[5]。对1949年撤离中国大陆的人来说，这里并非理想的安身之地。台湾当局必须奠定稳固的经济基础。天然资源贫瘠，基础设施毁于第二次世界大战，再加上新加入的人口，台湾当局面对的是无数严峻的挑战与限制。但他们不能停滞不前，必须要设法发展下去。

因此，台湾当局对自己提出了一个挑战性问题：**在没有天然资源的条件下，我们要怎么发展经济？**

他们的第一个"如果……就能……"，就改变了天然资源的定义。台湾当局自忖若将人民视为天然资源的话，就能跳出当前以农业为主的现状而有所成长。在第二次世界大战前，台湾地区就已经开始将发展的重心从农业转向轻工业，而新当局则借由土地改革措施延续这个路线。他们鼓励地方投资，打造新的工业基础，规划基本教育制度，作为稳定工业人口的第一步。到了1968年，台湾当局就已准备将当时实施的六年义务教育，延长到九年。但这项对策进一步衍生出了另一个限制："师资短缺"。因此，下一个"如果……就能……"的问题，就是从现有的大学毕业生中，招募替代师资，并提供在职培训。然而这个解决办法却又引发新的问题：虽然有了更多教育机会和更多师资，但是却没有足够的教室以及兴建校舍的经费。

解决教室短缺问题的第一步，便是从教育事务主管部门以外的地方来着手。由于教育一向是优先考虑的，因此所有相关部门都希望能在兴建校舍上贡献一己力量。第二步则是说服私立学校加入这项计划并开设新班，同时扩建学校以容纳增加的学生。

而最后一项挑战，则是当时的教育体系并非为培养技术性人才而设计的，因而无法真正满足当局在经济增长方面的需求。因此他们实施了"双轨制度"，将职业技术学校与一般学校结合在一起：高级职业学校以及专科学校负责培育新的技能，并与私人企业合作，规划训练课程，以减轻财务支出，同时分担开发天然资源的责任，以达成整体目标。

显而易见，当局实施戒严有助于各项政策的强制施行。然而，台湾当局无法单靠政令来转化这一连串限制并达成目标。为了解决每一项限制，他们采取了下列"如果……就能……"的想法：

● 以全然不同的方式来定义资产。

● 寻找新方法来解决各类短缺问题。

● 转化现有资产以满足新目标。

● 结合各种创新课程与技能，以便统一解决问题。

我们将这个努力多年的历程，归纳在第96页的表4.1中。

我们办不到，因为……	如果……我们就能
我们缺乏天然资源。	我们将人民视为天然资源。
我们大多数民众只能享有六年义务教育。	我们将基本义务教育从六年延长为九年。
我们无法提供更多的学生教育机会，因为缺少师资。	我们从未经正式训练的大专院校毕业生中招募替代师资。
我们没有时间训练他们。	我们提供在职训练计划。
教育事务主管部门没有建造更多校舍的经费。	我们从其他部门调用额外预算。
即使有多余经费，也无法建造足够的校舍。	我们说服私立学校参与计划并扩大办学，以协助容纳更多师生。
我们只提供普通高等教育，没有技职教育。	我们规划良好的技职教育体系，并与私人企业合作以培训人才所需技能。

表4.1：台湾的"如果……就能……"实例

儒家思想相当重视学习与自我进步，台湾地区人民因教育而发展。今日的台湾，即将迈入十二年义务教育的里程碑。[6]

所谓的"台湾奇迹"[7]，是指中国台湾自1952年到1982年期间，经济平均每年都有将近9%的增长率，比韩国、日本、新加坡都高。仅有2300万人口，却拥有全球第四大外汇储备，这的确很了不起。[8]虽然教育并非唯一功臣，但却是最重要的因素，它正好说明保有"如果……就能……"文化，是处理挑战性问题所激发出来的一连串的

"问题——解答——问题——解答"的基本要素。

在失败的路上前进

本·尼尔曼（Ben Knelman）是Juntos Finanzas的创办人。这个让以现金收入为主的家庭通过简讯理财的工具，是专门为帮助美国境内的第一代拉丁美洲人建立理财信心所设计的，因为理财这件事让他们备感压力。对尼尔曼来说，限制从一开始便显而易见：这个族群不太懂得理财，多数人没有计算机、银行账户或信用卡。他的顾客特意不跟银行打交道，以避免一不小心产生的费用。

尼尔曼毕业于斯坦福大学，当时就读于Hasso Plattner设计学院（又称为d.school）。在校期间，尼尔曼和同班同学曾共同进行一项研究，深入探讨了晚班清洁工如何管理自己的财务。尼尔曼在听了研究对象的意见后，便和同学制作出简易的书面工具，以协助工友们记录追踪自己的财务状况，深入了解消费习惯，让自己更有理财概念。在这项为期三周的研究计划结束后，其他同学都回到了原本的课业上，但尼尔曼却意识到，这也许是个可以继续发展的重要构想。一年后，他再回去找那些清洁人员谈。当其中一位告诉他，当初那个工具帮她一年省下了2000美元时，他十分惊讶。但让他感到诧异的不只是这个为数不小的金额，还有她脸上的强烈表情：这位清洁工为自己能掌控家中未来财务状况感到非常骄傲。这个工具不只改变了她的理财方式，也改变了她对自己的看法。尼尔曼也因而创立了Juntos Finanzas。

曾身为Hasso Plattner的学生，尼尔曼积极地说明"设计思考"在这个过程中所扮演的角色：**深入了解使用者以发现潜在需求；密切的团队合作；快速开发原型以增进学习质量与速度。**

尼尔曼乐观地将它形容为"在失败的路上前进"。[9]他的三十件失败的Juntos Finanzas工具原型，每一件都引导他偏离不可行的路径，而朝可行的方向走，主要的原则就是专注于解决问题，而非某项特定的对策上。他相信，若你最偏好的"如果……就能……"对策变成死胡同时，就会很容易被卡住而难以自拔。面对困难的挑战不只需要谦卑的态度，更需要从原本的失败中得到启发的能力。例如，他深信设计出尽可能容易上手的工具，是让人持续使用的关键。但通过发展原型，他和他的伙伴发现，不只程序太多会让人却步，其实太少也会。使用者必须在使用过程中投入时间和心力，才会有自己打理自己财务状况的感觉。它让使用者觉得，一切都在自己的掌握之中。

2013年，Juntos Finanzas赢得G20财务创新大奖，并因此受邀与哥伦比亚一家大型银行合作，发展一项崭新的、以文字为主的理财工具。目前此工具已拥有四万名使用者，而尼尔曼和伙伴又将再一次乐观地在失败的路上前进了。

控管2012伦敦奥运会人潮的野心

有时某项"如果……就能……"对策之所以遭到否定，并非只是由于失败，而是无法实现挑战性问题原本的强烈企图罢了。

希瑟·麦吉尔（Heather McGill）是2012年伦敦奥运会及残疾人奥运会的"观众体验组"组长，这是此职务首度被列入正式编制的赛事，主办单位想将观赛体验提升到全新境界。麦吉尔和她的团队所肩负的任务，就是让观众在奥运会场内外，每场赛事的每个环节上，得到最佳体验。其中单是后勤支持这一环，对伦敦以及任何一座主办城市来说都是一大挑战，因为他们必须

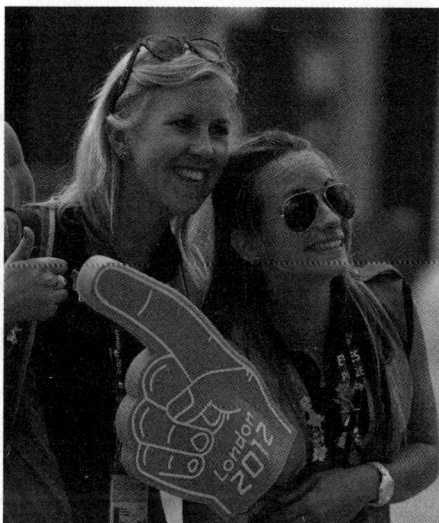

图4.1：2012伦敦奥运会会场的"奥运推手"

在十三天内举办相当于为期六十三周的活动。但他们的野心，显然不只是要将活动顺利办完而已。

整体而言，奥运会场虽然有规划良好的观众动线，但麦吉尔的团队明白，在人潮高峰期间，例如，有几项大型竞赛预计在同一时间结束的情形下，大批观众会同时离场。此时几处特别拥塞的人流

交会点就会使得散场速度变慢，甚至动弹不得。传统做法是利用电子广告牌显示等候时间，指示最佳疏散方向，将人潮重新导向其他路线。但这套昂贵的系统，已超出他们目前的预算。

因此，有人提议增加更多持有扩音器的服务人员、设置额外路障以及单行道等，而且这项提议早有背书，悉尼奥运会时相当管用。麦吉尔认为这个办法虽然有效，但却会牺牲掉他们所创造的有趣、友善和以人为本的观赛体验。它也许可以解决问题，却无法达成他们自己的期望。身为辣妹合唱团前任巡回演出制作人，她深知娱乐能分散人们的注意力以应付这些限制，而她的"如果……就能……"想法则刚好可以达成目标。最终的解决之道是在活动结束时举办现场音乐会，鼓励观众留在座位上久一点，而会场外围的余兴节目，则能吸引大批离场观众前往不同场区欣赏并同乐。至于那些仍旧选择离场的观众，则是由一群"奥运推手"（games makers，会场志愿者昵称）戴上超大型的泡棉手套，热情地挥舞并指示方向，来直接管控人潮的流动。[10]他们因缺乏新颖的电子广告牌设备反倒创造出更愉悦、有趣的体验，这个结果就需要他们拒绝降低野心才行。活动结束后，甚至有高达86%的观众投票表示这是他们参加过的最棒的现场活动。总之，**我们必须明白限制性问题，很少会跟单一问题的单一解决方式一样简单。**因此：

●我们必须利用野心的大小来筛选对策，如2012伦敦奥运会：就算某个办法有效，也不代表它能完全符合我们的目标。

●我们必须准备在失败中前进，以达成真正有力的目标，如
Juntos Finanzas的例子即是。

●我们必须对某项对策可能会导致下个问题的出现，其解决方式
又会引发进一步挑战的情况，做好心理准备，台湾地区的例子即是。

如果在过程中，能持续保有"如果……就能……"的机制与心
态，就能让流程顺利进行。

第二部分：刚刚好的做法

不同类型的"如果……就能……"做法

由于凯利的"如果……就能……"概念让人印象深刻，因此我
们重新检视了之前各种限制性突破的研究案例，以便找出各种"如
果……就能……"思维的共通性。为了找出适当方法，让挑战性问
题更容易解决，我们认为可以从许多有用的地方来着手。我们不打
算一一细究本书中的六大工具和架构，它们是为了帮助我们在限制
中寻找机会而设计的。不过，着手进一步寻找可行对策，绝对是任
何一种ABC法则的重要部分。而我们已在本章以及下一章中以最大
篇幅，结合分析与规划的工具和程序来加以说明，以便我们可以有

效地自行运用。

　　我们将从介绍九种可用的"如果……就能……"类型开始，接着针对每一种类型，分别举出两个范例来加以说明。虽然其中有些例子在前面的章节已讨论过了，但我们会将它们以统一的格式加以摘录说明。

　　以下为最常见的九种"如果……就能……"类型：

类型1：如果我们把它当作……就能……

　　这种"如果……就能……"类型，是以新的方式来思考人们习以为常，甚至视为理所当然的事物，并利用这个新的句型，来开启新的可能或新路径。

　　掌管阿拉斯加原住民医疗事宜的中南部基金会即是一例。二十年前，这里的民众是美国境内患病率最高的人群之一，医疗服务单位和这些权利被剥夺的民众之间的关系也很糟糕。就在基金会开始不把就医民众视为病患，而是称为"顾客-负责人"后，改变这一切的中心思想出现了。这种将服务文化引进组织，并让病患做主的做法，完全颠覆了双方之间的关系，并掀起了一股创新风潮。有时语言改变了，行为就会跟着改变。

　　"如果我们将病患视为顾客，同时也视为负责人时，就能大幅改善这些被剥夺权利的民众的健康状况。"

　　所有的电玩游戏都需要时间下载，而等候的时间往往会让玩家很抓狂。美国艺电出品的足球游戏《FIFA 13》深知自己虽然没法改变下载时间，但却能改变等待的状态。为了解决"我们要如何把等待变成一种有意义的体验？"这项挑战性问题，他们设计了一项技巧建构游戏，让玩家得以一边等候游戏下载，一边增进技巧，还可以用新的方式跟友人一较高下。

"如果我们将下载游戏的时间，视为增进玩家技巧并同时造就高手的机会，就能将它变成这套游戏中最有价值的部分之一。" [11]

类型2：如果我们让其他人去……就能……

这种"如果……就能……"类型，是利用其他人的技能、专长或意愿，来为挑战性问题找解答。它迫使我们以有创意的方式，思索还有哪些人能帮我们突破限制，以及为何这些人愿意帮助我们。

Airbnb在业务成长的过程中，发现多数人是根据照片来决定是否租屋的。其中许多出租者要么是没有相机，要么就是缺乏摄影技巧，以致无法将最佳屋况呈现出来。但若要雇用摄影师到世界各地去为每户人家拍照，根本是不可能的事。他们的对策是使用Airbnb的社群来寻找所需的人才，付钱雇请这些当地专业或业余摄影师，让他们利用空闲时间来拍照。这项解决之道使得他们在改善出租率的同时，也强化了社群的力量。Airbnb目前在全球雇用了四千名摄影师，而这些人会很骄傲地告诉你，他们的摄影师人数比彭博（Bloomberg）的摄影师人数还多。

"如果我们善用社群中其他摄影师的技术，就能为每一套房子提供很棒的照片，而无须专门雇用员工拍照，还能省下前往世界各地的旅费。"[12]

除非你能找到许多免费的人力，否则将成千上万的网页翻译成各国语言，对任何人来说都是一项艰巨的任务。但为何有人愿意提供这项免费的服务呢？因为他们想学习外国语言，而练习翻译就是最好的功课，亦即他们以翻译网页来换取免费课程。多邻国（Duolingo）的创办人在让全世界多达一百二十万人使用他的免费语言学习App的同时，免费帮他翻译网页。而且他还能从这些把翻译当功课的学生身上创造收益，以支付创业的开销。

"如果我们能让一百万个人帮我们翻译，就能将网页翻成其他各种语言。如果我们能在人们翻译的同时，也帮助他们学习新的语言，就能找到一百万人来做这件事。"[13]

类型3：如果我们能省略……就能……

这种"如果……就能……"类型是利用减法的力量，亦即去除某个东西，我们就能做别的事了。

Hue是一家位于新西兰的染发沙龙连锁店，提供花费只需其他染发店一半的高质量染发服务。他们认为，只要省略传统服务流程中发型师在染发后将顾客头发吹干的步骤就能办到。顾客须自行在店里另设的公共区将自己的头发吹干，如此发型师就能为下一位顾客服务了。创始人说，这绝对不是缺点，相反地，顾客不但能以自己喜欢的方式来吹头发，同时还能和其他顾客聊天。

"如果我们能省略设计师帮顾客吹干头发的步骤，就能以半价收费的方式提供高质量的染发服务。" [14]

新式连锁旅馆citizenM创办的初衷，就是让人们在体验时尚旅宿的同时，又不致散尽家财。该旅馆荷兰籍共同创办人罗宾·查达（Robin Chadha）说到当初在规划时，他们自问："一家很棒的旅馆要有什么东西？而什么又是我们不需要的？"他们专心将四件事做到无可挑剔：床、淋浴设施、交互式装置（从一个装置上即可控制所有的电视、音乐、情境式照明、窗帘等）以及其他杰出设计。这四样全都不容妥协。接着他们将其余的东西都予以删除：没有房型选择、没有两套洗手台、没有浴袍、没有拖鞋、房内没有茶和咖啡、没有饮料点心、没有纸本收据，以及没有不必要的装饰。省略了这些东西，他们就能以一般行情75%的价格，提供时尚的住宿体验。

"如果我们只专心将四件事做到毫无瑕疵，就能以经济的房价，提供别具一格的时尚旅宿体验。" [15]

类型4：如果我们能取得……知识，就能……

这种"如果……就能……"类型，有助于我们寻找新的想法与信息的来源，以便转化限制。奇宏策略（PHD）是一家全球媒体企划购买代理商，是宏盟媒体集团（Omnicom）旗下的一员，理念创新，在业界与客户间享有良好声誉。在跟其他同业中的大公司同时争取大型国际客户时，他们自认业务团队的规模与资源无法跟这些大公司相提并论。因此，他们的解决之道并非提供不同的，或是组成更大的团队来为客户服务，而是让公司遍布全球的每一个人——共有超过三千名员工都能提供服务。他们借由开发一种名为Source的专利技术平台，方便客户将简报分享给奇宏的每一个人，并透过游戏化的方式，像是最佳贡献排行榜等，来鼓励公司内部员工积极响应。这种创新方式，让那些当地分公司得以享有额外福利，以避免各地区市场产生"在这里行不通"的阻力。联合利华、葛兰素史克药厂以及福斯集团都是在奇宏引进Source之后，经由竞争激烈的比稿而赢得的三家大型国际客户。

"如果我们公司里的每一个人都能对客户的简报有所贡献的话，就能提供比最大的竞争对手还要优越的服务。"[16]

英国giffgaff公司则是从他们的顾客身上获取所需的知识。这家移动虚拟网络运营商（MVNO）在购买大量无线网络设备的租用权后，再转售电话和时数给消费者，并在努力维持低价的同时，又能提供"顾客示范服务"（他们的挑战性问题），亦即他们利用自己的顾客来回答特定机种的特定问题——毕竟，还有谁会比某品牌的手机迷更了解那部手机呢？而且这些顾客在回答问题时，要比客服人员查阅半天手册来得更快、准、狠。顾客利用在线讯息广告牌回答问题，再从账单上获得回馈。2012 年，giffgaff荣获英国移动产业大奖（UK Mobile Industry Awards）所颁发的最佳移动虚拟网络运营商的奖项。

"如果我们善用顾客本身的知识的话，就能以低价提供优质的顾客服务。"

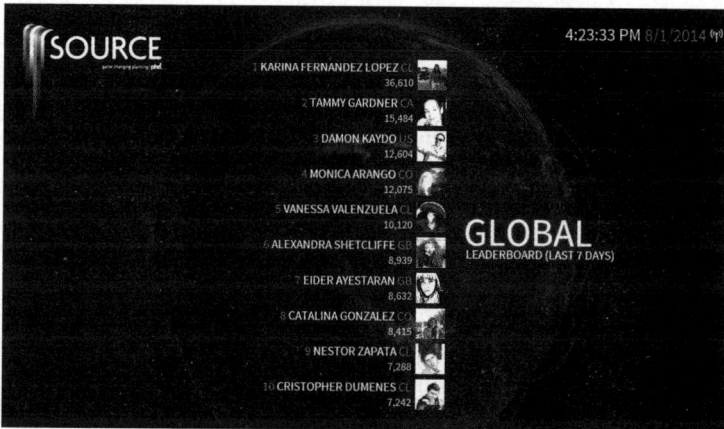

图4.2：奇宏策略Source平台上的排行榜

类型5：如果我们引进……就能……

这种"如果……就能……"类型，是将某种全新商品或服务引进流程中，而这种商品或服务能将限制中的某项元素转化成正面的东西（如下述印度的MyDollarStore即是）或是能提供改变人们选择标准的不同服务（如清洁品牌Surf的范例即是）。

我们在第二章曾探讨过联合利华的清洁剂品牌Surf。他们为了让产品维持低成本及低价位，就无法像顶级品牌一样使用昂贵的清洁酵素。在一个长期由洁净力主导的产品类别中，Surf必须引进新的标准：倘若洁净力无法胜过他人的话，要怎么让消费者选择我们的清洁产品？而他们的着眼点一如我们在第三章中所提到的，即洗衣本来是件没完没了又无趣的事，因此这个品牌将重点放在每次使用Surf

的高度感官刺激上，尤其是它的香气，能超越单单只有洁净力的优势，为使用者带来好心情。

在把焦点转移到香味上，并让它成为清洁程度的指标后，他们将洗衣标准从"干净看得见"变成"干净闻得到"，而这项标准则让他们能够胜出。2009年到2012年间，Surf在全球的业务增长了36%，目前价值领袖群伦。他们把缺乏最佳洁净力的这项弱点，视为引进全新选择标准的契机。

"如果我们让香味和愉悦感，超越清洁功效而成为洗衣时的精神享受时，就能提供更有吸引力的清洁保证。"¹⁷

当MyDollarStore在印度开张时，所贩卖的都是顾客一开始不晓得要怎么食用或烹调的各种美国食品，如意大利面等。然而，由于进口美国食品就是这家加盟店的核心概念，因此孟买三家店面的老板势必得想办法把它做起来。但就算商品只卖100卢比，要如何才能说服顾客购买他们所不了解的东西？以及如何协助店员去向顾客解说，甚至是推荐他们所不认识的食物呢？

为解决这项限制，品牌团队采取了两项能转化顾客经验的全新措施。首先，他们允许员工在顾客要求时打开食品的包装，以便他们能看到、摸到并品尝到这些新奇的食品。这项做法不只克服了缺乏产品知识的问题，更由于这种做法在印度境内的零售店可以说是前所未见，因此吸引了大批好奇的民众聚集并了解这些新奇食品，不只让店中充满人气，在店外也成为话题。为了能充分满足民众的好奇心，领导团队让店内的每一名员工，在到职的第一个礼拜都要接受食品知识的培训。他们让每个员工都能自己烹调并品尝这些产品，像是尝过六种不同的意大利面，或是首次试吃榛果巧克力等。这两项措施将难以克服的限制转化为新奇的体验，并让这种新颖的概念一推出便不同凡响，品牌也得以迅速在市场中立足。在有人向他们提出诱人的收购条件前，领导团队便已在短短四年间，从三家店面成功拓展到了四十七家。

　　"如果我们在印度消费者掏腰包前，先让他们有机会试吃和了解自己所不知道的食品，我们就能将这些产品销售出去。"[18]

　　类型6：如果我们能用……取代……就能……

　　这种"如果……就能……"类型是以全然不同的东西，来取代产品、流程或体验中的某项必要元素。

　　瑞典隆德大学（Lund University）的两位设计师安娜·豪普特（Anna Haupt）和特雷莎·奥斯汀（Terese Alstin）想了解，成年人明知不戴安全帽骑单车很危险，却为何仍然这么做。他们很惊讶地得知，理由竟多半是安全帽会弄乱他们的头发——谁料得到瑞典人竟如此爱美呢？当他们被询问什么样的安全帽会让他们想戴时，得到的答案是"隐形的安全帽"。而豪普特和奥斯汀的解决办法就是将一种利用安全气囊技术制作并取名为Hövding的装备佩戴在使用者的脖子上，好让头部和头发完全不受这个隐形头盔的影响。经过数千次撞击测试与骑行检测后，他们将作用机制加以改良，让保护气囊能在意外发生的瞬间立刻启动。Hövding比普通安全帽所包覆的头部范围要大得多，而保险公司所做的测试则显示，它要比传统安全帽的保护效果高出三倍，同时又能隐而不见。

"如果我们用安全气囊来取代安全帽的话，就能给头部提供更有效的保护，同时又不会弄乱头发。" [19]

受到经济衰退造成的财务压力的影响，美国的餐车风潮日益盛行，并通过社交媒体而显示出更多可能性，例如，可经由脸书（Facebook）和推特发布餐车的位置和今日特餐等讯息。那些想开餐厅但负担不起各项成本的餐饮业者，便转而利用更经济实惠的餐车来一圆梦想。餐车经济在2013年已达到6亿5千万美元的规模，并预计在未来三年内将达到四倍成长。甚至还有知名餐厅加入这个行列，利用餐车为自己的餐厅打知名度。

"如果我们以小型的移动餐车来取代昂贵的固定地点，就能开创我们的餐饮生意。" [20]

图4.3：位于缅因州波特兰市的一辆餐车

类型 7：如果我们以……来资助的话，就能……

很多问题往往不在于找不到解决办法，而是缺乏资金。这种"如果……就能……"类型是利用身边可能存在，但我们尚未拥有的资金来解决问题。

诺姆·布罗德斯基（Norm Brodsky）不但是一位创立了多家公司的创业家，同时也是《企业》杂志（Inc. magazine）"实战智慧"（Street Smarts）专栏的作者。他于1979年在布鲁克林成立了一家名为Perfect Courier的信差和卡车公司。当他跟投资人闹翻后，接下来要不就他自己当家，要不就是由那些投资人把公司买下来，但这么一来他就会失去公司。布罗德斯基凭借创业家的过人胆识，向他最大的客户提议预付自己一年费用，而在几经交涉后便取得了客户的同意。有了资金的挹注，布罗德斯基买下了那些投资人的持股，并于2007年将Perfect Courier和其他公司一并以1亿1千万美元的高价卖出。

"*如果我们最大的客户能预付我们费用的话，就可在缺乏现金存款的情况下，将投资人的股份买下来。*"[21]

啤酒品牌BrewDog在经济衰退的风暴中创立，还面临了没有银行愿意贷款给他们的困境（如果没有银行借给我们钱，公司要怎么成长呢？）。他们在短短四年内，利用一项名为"朋克族认股"（Equity For Punks）的群众集资计划，向饮用啤酒的人们募得了700万英镑，以资助公司成长并创造品牌大使。BrewDog是目前英国成长最迅速的餐饮品牌，且自2008年到2013年，每年的平均成长率高达167%。

"如果我们向粉丝们募资的话，就能得到成长所需的资金，而不用向银行借贷了。"[22]

类型8：如果我们结合……就能……

这种"如果……就能……"类型是将两个从未放在一起的事物，互相搭配以解决限制，例如某种显然互不兼容的取舍情况。

IBM的超级计算机沃森（Watson）是一套人工智能的认知系统，IBM为了解沃森在产生新构想以及处理现存数据和知识上有多大能耐，便自行设定了一项挑战，看看它要如何协助民众利用他们想用的食材，来研发出创新食谱。这道挑战性问题的核心是："我们要怎么利用无法思考也没什么创意的认知系统，来找出制作创意食谱的方法？"他们的对策是结合不同类型的算法以设计名为"沃森厨师"（Chef Watson）的应用程序。其中一种算法能发展出与创意特质如惊奇和新奇等相关的解决方法。但光凭这一点，并不足以产生人们想要的效果。毕竟，对食物来说，并非所有新奇的东西都是好的。但倘若将它跟能够筛选出人们喜好口味的算法相结合的话，就能得到出乎意料的成果。也就是说味道虽然有点让人惊讶，但尝起来却是可口的，例如，泰式瑞士芦笋咸派。

"如果我们将产生新鲜惊奇效果的算法，与筛选人们喜爱口味的算法相结合，就能利用无法思考也缺乏创意的认知系统，开发出制造创意食谱的方式了。"[23]

奥迪在2012年推出S8车款时所提出的挑战性问题是如何才能既

满足消费者对引擎马力更强的期待，又能符合美国要求更高燃油效率的法规。为满足这两项对立的需求，奥迪原本很有可能未经思索便贸然研发新技术，但他们的团队却决定首次将三项现有技术结合在一起：双涡轮增压、轻量型引擎结构以及直接燃油喷射。这种做法使得全新S8车款在高速公路行驶时，不但从零加速到六十千米每小时整整快了一秒，同时还提升了37%的燃油效率。

"如果我们将三项从未结合过的现有技术融合在一起，就能制造出马力更强且燃油效率更高的引擎。"[24]

类型9：如果我们取得……资源，就能……

这种"如果……就能……"类型，是我们要如何用有创意的方式，发现并取得我们目前无法取得的资源，来协助我们达成伟大目标，例如有关主要配销管道、重要商品或服务，或是内部的研发资源等的目标。这项以新方式取得新资源的能力，对转化限制来说十分重要。下一章我们会专门探讨这方面的做法。

在线租衣平台Rent the Runway是由两位哈佛商学院的毕业生所创立的，目的是让那些买不起高级订制服的年轻女性也能拥有时尚的服饰可穿。解决之道则是打造一个全新平台，方便这些年轻女性租借衣服，而无须购买昂贵的服饰。创办人知道自己无法购进并保有大量的存货，因为这么一来便需要大量资金，且商品很快就会贬值，但要是能说服一些顶级服装设计师提供服饰给他们的话，就不需要完全靠自己供应服饰了。我们会在下一章中说明他们是如何说服这些设计师的。不过，简而言之，这个新成立的品牌让设计师们提供给他们服饰，并因此获得收益。而这种出租高级服饰的崭新商业模式，也获得了巨大成功。

"如果我们建立一套由时装设计师提供商品（资源）的租衣模式的话，就能让买不起昂贵服饰的年轻女性也能穿上高级华服。"

这种租衣模式跟共享经济的商业模式很类似。租车服务公司如法国的BlaBlaCar、美国的Uber以及已在全球掀起风潮的Airbnb皆是采取这种模式的最佳范例。这些服务型企业的商业模式，都是以"如果……就能……"的做法为核心：如果我们让拥有商品的人分享他们的资源的话，就能在交通和住宿方面创造大规模、长期且获利的业务，而无须支付庞大的固定开销。

虽然此处无法囊括所有"如果……就能……"类型，但光是这九种类型就足以让我们着手进行下列步骤。其中虽有些互相重叠的情形，像是giffgaff就既属于"利用他人达成目的"同时也属于"取得某类知识"类型，但为了方便练习，我们仍将这些例子加以分类，好让练习一开始愈明确愈好。

"如果……就能……"类型图：处理限制的各种类型

以下各种类型有助于我们跳脱出平常的习惯，尝试从各种不同的新领域中寻求挑战性问题的解决方案。它们不只提供有用的问题，就连做法也是。它们迫使我们从新的角度看事情、心胸变得更开放、同时也提供了新的途径——或许还能帮我们找到解决方案。

　　将此法变成有用工具的下一步，便是为这九种"如果……就能……"类型制作图表（见图4.4）。图中所有类型都围绕着中央的挑战性问题排列，"如果……就能……"可置于问题的任何一边——因为它们是全部九种类型中各例句的应用。

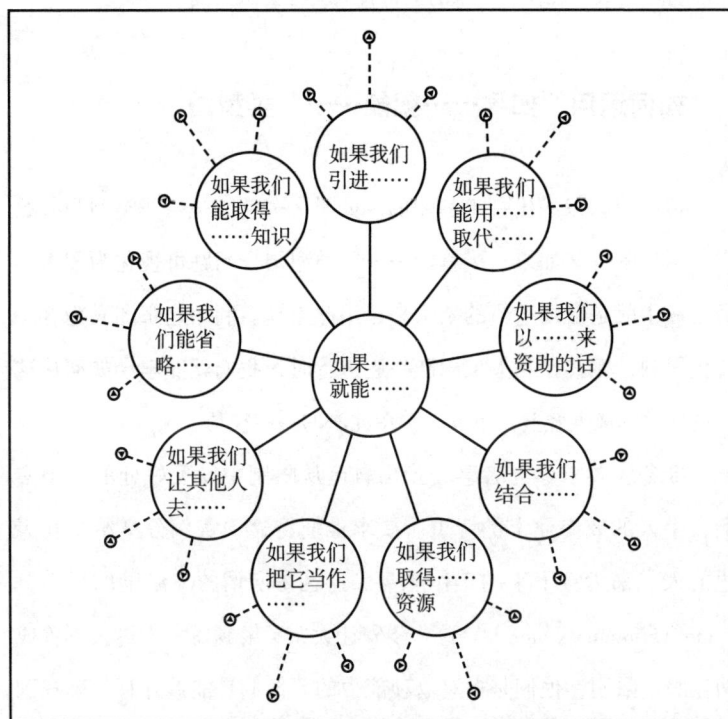

图4.4："如果……就能……"类型图

团队可利用这张类型图，选择适合的"如果……就能……"类型开始构思问题。例如，"如果我们把它当作……就能……"可让团队试着将服务或过程的某一部分以新的方式重新界定，就如同中南部基金会重新定义他们与病患间的关系一样。要是某个"如果……就能……"有效，并因而形成了如面包店研发总监凯利所谓的沟通流程的话，那么有三条生产线就会需要构思三个问题，可以进一步运用这张图表。如果选用的某个"如果……就能……"类型在目前的阶段似乎没什么效果的话，我们就可尝试其他八种类型。

如何运用"如果……就能……"类型图

帮助团队以找出一组适用的"如果……就能……"类型为起始点，再将各种"如果……就能……"类型结合问题可视化为图表，最后一步就是借助适当的架构来运用此工具。利用这张图表为客户转化限制，尤其是和大型团队一起进行时，我们就能学会如何让这个过程发挥最大效益。下列是善用此法的一些技巧。

准备：要求参与者事先找出自己从限制中发现好处的一项实例，个人的或专业上的皆可。要求他们将这项实例分享给坐在旁边的人，来为接下来的工作热身。这就是所谓的"激励的科学"（motivational science）。这一步骤让大家了解到每个人过去都曾成功克服过限制，他们是拥有这项能力的。他们是能够并且的确找到解决难题对策的一群人，只是尚未展现在这项挑战上罢了。

　　合理性：为图表上的每一个"如果……就能……"找到之前在"何处"以及"如何"发生的明确实例相当重要。这个步骤亦有如"准备"，让我们知道其他人也曾经像这样，为这些限制性的困难问题找到答案。因此，我们团队没有理由办不到。

　　有力的挑战性问题：请事先与领导团队一起准备一项对公司来说真正重要的问题，并说明成功的重要程度，以及设想失败的后果。为失败付出的代价必须相当大才行。

　　每桌一名队长：在这个学习曲线阶段，若能有一个人负责让讨论不致偏离"如果……就能……"的问题，从旁协助使流程保持顺畅，并让每个人都能参与其中的话，会很有帮助。请将较大的团队分成四到六人的小组，准备大的"如果……就能……"图表，并利用便利贴记录各种想法，将它们贴在起始点四周。

　　让团队先进入他们最熟悉的领域探索，接着再迫使他们前往最不熟悉的领域。

　　后退一步：困难的限制不易克服。坚持是有限度的——不过是和问题死磕——但有时你必须往后退，再从新的角度回来看。"如果……就能……"图表上的各种起始点都能助你达成"创意性坚持"（creative tenacity）—— 即用崭新的方式回来解决老问题。研究显示，障碍本身确实能在这方面帮上忙，而不是阻碍创意。

　　强迫团队每项起始点至少都要找出三项选择来。在最初的一两个答案本身中，是不会有太多可能性的。团队必须要从不同的角度继续寻找，然后再就这项"如果……就能……"的整体领域来检视其可能性。

　　审视各主要阶段，利用工具以及跨团队交流的机会分享经验。新的解决方法有哪些类型？它们是策略性的还是技巧性的？若为后者，它们能升级为策略方法吗？我们对眼前的限制有何了解，以及克服它们最好的方式是什么？

后退一步与整体处理

　　玛古和她的同事在阿姆斯特丹大学研究创意遇上限制时人的认知转变过程。他们的实验显示，当受测者遇上了阻碍时，概念上的广度（如更广泛的看法）就会被激发出来。常见的成功解决问题的做法就是每当达成目标的方式受到阻挠时，不妨在想法上后退一步，看看整体构想并重新评估。这样有助于我们得到更多想法，发现另一种方式，并将看似无关的信息整合进对策中。心理学家称之为从局部处理转变为整体处理，且这种做法是当我们接受限制而非避免限制时，催化创意的方式之一。[25]

方法与刺激

　　我们在沟通时，不必拘泥于"如果……就能……"图表形式，只要利用其句型并形成"如果……就能……"对话，就足以让流程顺利进行以产生动力。一些具体事例也很有用，因此，听听他人如何以有创意的方式处理限制是很重要很能激发灵感的做法。如此便能让我们在研发过程中，保持乐观与好奇的态度。

在审视这些类型时，你会开始注意到像是如何以崭新方式创造或取得资源（如Airbnb、giffgaff），或创造资金或知识的新来源（如Perfect Courier、奇宏策略）等这类主题。拒绝接受显而易见的资源限制，正是我们接下来所要探讨的。了解如何发现并取得资源将是下一章的主题，因为这是转化限制的一项核心能力。

我们必须了解如何创造丰富资源以及灵活应变的真正定义。

本章摘要：如果……就能……

● 若我们想成功解决挑战性问题，就会同时需要正确的工具以及正确的态度，才能有所突破。对那些出现一连串限制的复杂问题尤其如此。

● 主要的挑战不单只在于"我们要如何解决这个问题？"还有"我们要如何塑造一个互相沟通的环境，好让我们尽最大可能来解决问题？"

● 利用这种看似简单的"如果……就能……"句型来作为每句话的开头，就能将重点放在"要怎么做才能办到"而非"有没有可能办到"上，以迫使人们寻找对策而不是制造更多问题，并在过程中保持乐观的气氛。"如果……就能……"对形成沟通流程十分重要，也是限制性创新的关键部分。

● 我们在研究中分析了各种限制性突破的案例，从《FIFA 13》如何善用游戏下载时间的限制到手机电信业者如何提供高质量低收费的顾客服务等，都分别被归类到九种"如果……就能……"对策上。

● 我们将各种类型做成图表，以提供给那些已提出挑战性问题，却不知如何着手解决的团队一些灵感。

● 本章最后则是介绍最有效运用这张图表的方式。

5.

开创丰富资源

如何发现并取得我们所缺乏的资源

How to see and access resources we don't have

本章重点：

1. 我们能以何种方式取得他人的资源，以协助自己克服资源短缺问题并达成目标？

2. 是什么妨碍我们发现并取得今日的各种资源？

3. 要如何从我们所拥有的东西中找出新的价值，以提供更多东西与人交换，并更有能力创造互惠条件？

> ## 当你穷于资源时，就会穷则变、变则通。
>
> ——布鲁姆能源公司创始人，史瑞达（K.R. Sridhar）[1]

　　要是你看过即兴剧，或是电视节目《对台词》（*Whose Line Is It Anyway?*），就会看到有两位演员在台上即兴表演。他们一开始什么剧本都没有，而是由观众告诉他们要扮演什么角色以及做什么演出，然后当场编出一出戏码，例如："你正在美国太空总署参加面试，但你却是一位钢琴师。开始！"要是编得好，就会让人不得不惊叹，两个明明没有什么脚本或台词的人，却能表演得如此精彩有趣。[2]

　　这些即兴表演者的做法之一就是接受任何条件。在上述的例子中，工作面试、美国太空总署以及钢琴师，都是即兴表演者被迫要接受的演出条件。但他们并未将之视为限制，反而当成是好事，因为这样就有东西可演了。接下来的每一句对话或是动作，也都是构成演出的条件，就连当场出现问题，都会一起融入这场戏中。他们之中没有人拥有一场成功演出所需的资源，但在观众提供条件而演员提供表演这种彼此互惠的方式下，一场共同创作、前无古人后无来者的戏码，就这么凭空出现了，而且通常比演员的单独创作来得更有趣。

波伊顿（Robert Poynton）是将这种即兴表演技巧运用在经营管理上的专家。他认为，**成功的即兴表演有一项先决条件，那就是从你仅有的东西中找出价值**。对外行人而言很难，而且可能还会出现受限者心态——"我这样要怎么做啊？"但经验丰富的表演者，就能从条件中找出价值，接受它，并且利用它来创作。

我们之前已见过类似的情况，即变革者把限制视为一项条件，这项条件让他们以不同方式定义天然资源，比如台湾地区的例子即是；或是让他们以不同方式思考取舍之间的关系，比如那些不合理的竞争者即是；抑或发展出崭新的洗衣感受与情境，比如Surf即是。他们看到限制本身的机会，而正是这种乐观的心态，加上简单、可重复运用的手法，让这些即兴表演者和变革者相信自己每次都能无中生有。对他们而言，机会到处都是。因此，每当遇上显而易见的资源短缺或限制时，不论我们手中仅有的东西在一开始看起来有多贫乏，都要尽力从中找出并创造新价值。我们必须知道如何利用手中仅有的价值，去跟其他人换取想要的东西，就跟即兴表演者凭借少许条件来创作故事是一样的。我们能拿什么去换取我们需要而别人可以大量提供的东西？什么事是一起合作要比单独面对时的力量还大？我们要如何将自己的有限资源与他人的资源相结合，以共同创造丰富的成果？

我们将在本章中分析那些欠缺资源的人如何变通，同时提供一套系统性工具，让我们也能具备同样的能力。

善于变通的意义为何？

若说从我们所拥有的东西中找出并创造可交换的价值，是善于变通的条件之一的话，那么另一项条件即是从他人身上发现并取得我们所需资源的能力。硅谷的精益创业以及印度的Jugaad文化皆鼓励这种变通能力，但在资源相对丰富的企业里，即使有"内部创业家"（intrapreneur）这种好听的说法，这种能力似乎也已萎缩。正如某家名列《财富》百大公司名单的公司的欧洲营销总监所说："如果我将营销预算削减50%，那么部门里约有半数的人就会不知道要做什么。没了这些资源，他们就没办法另寻出路，也不知道要从何着手。"

换句话说，**我们看待资源的方式，其实就是一种"路径依赖"**。我们认为只有那些提供给我们的，或是直接由我们掌控的资源，才能为我们所用。当这些资源被剥夺时，我们就会认为资源已经用尽；当它们增加时，我们便以为我们拥有更多。

但那些真正懂得变通的人则以截然不同的方式看待资源。他们认为资源不单是那些自己所掌握的，而且是所有可以取得的，如公司其他部门里的、他们的人脉网络里的、邻居拥有的（真的邻居或比喻上的邻居皆是）等。而那些他们还不认识的人，可能正拥有他

妨碍我们变通的原因为何？

许多人都有一些妨碍自己变通的态度和信念，它们犹如一种路径依赖，例如：

●我们只能利用那些可直接掌控的资源。

●都是由别人给我们资源，我们自己不会去找。

●我们接受这些资源限制方面的现实。

●我们不到自己领域以外的地方寻找丰富的新资源。

●我们看不清楚或不够了解自己拥有哪些可以换取他人丰富资源的资产和各种价值。

们所需要的庞大资源。善于变通的关键就在于看到这些丰富资源是什么，认定它们是可以取得的，并且以有创意的方式，将它们导向自己想要的方向。也就是说，善于变通的人认为自己要是缺少了什么（资金、时间、人才、想法），且缺少的正是让他们受限的东西，那么就会从别处取得资源。对那些想转化限制的人来说，这很快就会变成他们必备的能力之一。

说到这里，我想我们必须要清楚说明这里所谓"变通"的意思。由于它有可能会被误解为"无论如何都能达到目的"，为了能正确使用这个概念，我们在此先将它定义为："能够从任何地方，发现并取得我们想要而且可以利用的资源。"

虽然一开始我们需要一套工具，帮助我们不论是从内部还是外部寻找并取得这些资源时，需要更懂得运用方法。但最终这会变成一种完全自然的思考、看法以及行为方式。我们称这个过程为"开创丰富资源"，因为它的本质其实是一种创意行为：**有创意地寻找资源的各项来源；有创意地重新规划手边的资源，以便向他人提供最大价值；并以有创意的方式交换这项价值，好让我们能取得所需**的资源。

接着我们将探讨下面这些在开创丰富资源上彼此相关的部分：

● 发现身边潜在的资源来源。
● 重新思考我们看待自有资源的方式，并创造新的交换价值。
● 如何分享并交换我们的资源以取得所需。
● 互惠合作，资源倍增。

发现身边潜在的资源来源

我们接着要探讨四种不同的资源来源。其中有些是我们已经知道，但并未将它们视为资源的资源，因此我们必须以全新的角度来发掘它们的可能性。而有些则从未被当作有价值的资源。

利益关系人

我们的同事、董事、主管以及投资人，还有最热情忠诚的支持者和用户，这些是我们目前关系最密切的一群人，他们对我们的财富会产生影响。

在前面的章节里，我们已讨论过利用这项资源而产生绝佳效果的例子：奇宏策略开发了一种叫作Source的平台，让客户能接触到之前无法取得的资源。在第三章中，我们看到网络家具公司Made.com在正视了自己的挑战性问题："我们要如何参加全球最负盛名的米兰家具展，却不用负担展场的费用？"之后，就设法提出对策。网络家具公司Made.com借用四位热心顾客的米兰公寓展出，每家展出四天，在这段时期，接待了上千名参观者。Made.com公司不但得到积极热心的宣传，而且因为他们的想法新奇又有创意，他们的品牌声誉也跟着提升。在每个例子中，这些潜在资源原本就唾手可得，只要他们发现这个潜在机会，并以正确的方式利用即可。同样地，Timbuk 2这个生产邮差包的品牌借由用心观察使用者定做包箱的方式而得到研发产品的灵感——这就是一个从顾客身上，取得创新资源的例子。

当我们缺乏资源时，深入挖掘我们的各种利益关系，将会是寻觅丰富资源的起点。

外部伙伴

这项资源来自跟我们有关系的伙伴，但这些伙伴在情感上或日常工作上的涉入程度不同于我们的策略伙伴、广大的使用者和顾客，甚至是我们的友人等利益关系人。

例如，我们看到了布罗德斯基向他最大的顾客寻求资金，以及吕伯从SAB的大麦农夫身上，得到省水灌溉的灵感等。

由于各种社交网络盛行，我们从外部友人和同事网络中寻找资源的能力已大为增强。一如知名营销专家盖儿（Porter Gale）所说："你的人际网络就是你的人际价值。"[3]这一组资源通常是因慷慨待人而来。真正懂得变通的人都明白如何投资自己的人际网络，借由付出时间、人脉以及知识来累积资本，因而一旦缺乏资源时，就能动用这项资本。[4]有时我们必须暂时跳脱现有的关系，并以崭新的角度看待人脉，以便发掘更多可能。这些人际网络还能提供给我们什么？而我们又还能提供给他们什么呢？

资源拥有者

这是一群虽然跟我们没有什么关系，但却拥有许多我们所需的某种资源的人或公司。例如，他们也许拥有某项专长，或是进入市场的完善管道等。非政府组织ColaLife就利用可口可乐公司在非洲的通路，运送罹患腹泻的儿童所需的补液盐。ColaLife以其善举来交换可口可乐公司的配销网络。他们设计了一种包装，能刚好放进可乐箱中瓶颈间的空隙，随着可乐送达各地。

当宜家家居的创办人英格瓦·坎普拉德（Ingvar Kamprad）站在中国的一座市场里，看着一排排拔光了毛的鸡肉时，他想到的并不是晚餐，而是纳闷拔下来的鸡毛去了哪里。坎普拉德说服农民不要将鸡毛烧毁，改以贱价贩卖给他，以用来填充便宜的棉被。这么一来，农民便可利用大量的废弃物赚钱，而坎普拉德则解决了鹅毛成本上的限制。从他人眼中的废物里，发掘出能为自己所用的资源与机会，正是坎普拉德最擅长的事。

这组资源拥有无限的可能性。我们所能想到的每一家公司、组织以及体系，都可能会是一项丰富的资源，而要真正发现可能的资源来源，就得仰赖坎普拉德那种放眼世界的态度——对所有可能敞开心胸、向外寻找，随时为可能出现的机会做好准备。

我们的竞争对手

这一组资源虽然跟我们有某种关系，但我们通常会将他们排除在有潜在价值或交易的来源之外。

然而，这种情况正在改变。如我们所知，不合理的当权者所采取的一些行动，迫使福特和丰田在混合动力卡车的技术上携手合作，集中资源以创造更多可能性。Nike发现了"预先竞争领域"（pre-competitive spaces），并和竞争对手分享永续经营知识和专业，以便更迅速地让产业转往大家都必须前往的方向。例如Nike的Making应用程序，便是将此品牌在环境足迹方面上千笔的各种数据免费分享出去[5]；空中客车的"智能领空"（Smarter Skies）计划也是类似的情况，他们设法让所有航空业者分享资源和想法，以期在2050年前，达成整体产业碳足迹减半的目标。[6]

若这类资源集中对双方来说是双赢局面的话，那么英国在线购物平台Dixons.co.uk就是戴夫·特罗特（Dave Trott）所谓"掠食者思考"（predatory thinking）[7]的范例。Dixons是一家网络电子零售商，他们的商品虽然价格合理但却不太专业。他们知道许多消费者想得到更多产品的知识或建议，可是这却是他们的薄利模式所无法提供的。因此Dixons的营销方式就是鼓励人们到竞争对手的实体店面，取得所有个人所需的商品知识与建议后，再回来跟他们购买。就如同他们的标语所说："Dixons.co.uk：你最后会去的地方"，他们事实上是从竞争对手处取得所有顾客所需的资源，更因而使得网站流量增加了35%。这种迅速通过网络比较产品与价格，并从竞争对手身上得到资源的手法，正是善用竞争者资源的掠食者作风。

但撇开Dixons，甚至竞争本身不谈，当资源根本无法满足野心时，那些我们过去曾有过的遥远的、处于敌对关系的对象，就需要进一步挖掘。那么，有什么方法可以思考这类结盟关系呢？

开创丰富资源的第一步，便是分别列出上述四组中，可能有我们所需资源的各种来源。而我们的野心有多大，只需要看我们是否将过去明显的资源搁置一边，并对那些已被路径依赖锁定的旧观点保持警觉。这是对于新的可能性的探索。

重新思考我们看待自有资源的方式，并创造新的交换价值

为了取得丰富资源，一旦发现可能的来源时，我们就必须提供出他们认为有价值的东西——**我们虽然拥有的不多，但却得让他们知道，我们拥有他们想要的。**而从我们所拥有的东西中发现这类

价值，并非如列出资产清单那般简单：我们需要像思考各种关系那样，有创意地思考自己看待这些资源的方式，并将显而易见的答案丢到一边。

位于圣弗朗西斯科的维珍美国航空公司，创立于2007年，目标是要"让航空业重拾魅力"。他们的空中客车A320s机队犹如高空夜店，拥有身穿设计化制服的年轻时尚的机组员，配备皮椅、昂贵的座椅娱乐装置、各式点心、紫色情境照明、酷炫的登机音乐、无线网络，并且每张座椅上都配有电源插座。然而在将大把资金投入他们所谓的"顾客体验"后，上市预算便所剩无几，特别是在宣传上，而其他业界领军品牌每年却约有2亿美元的营销支出。[8]

当然，他们仍有一些现成的资产可用：维珍集团那位魅力十足的创办人理查德·布兰森（Richard Branson），再加上维珍本身的招牌，就已足够引起媒体报道的兴趣了。但他们在预算上的相对短缺，加上业务上的野心，使得他们负担不起媒体支出。他们必须另觅财源，并制造一些话题，以建立品牌的魅力形象，让旅客知道他们提供了哪些媒介和科技设备。特别是他们想让全世界都看到那些情境机舱的内装图片，因为他们知道这会引起人们想要尝试的兴趣。

在他们所提供的价值方面，盖尔（Porter Gale）所领导的维珍美国航空行销团队发现公司所在地就位于硅谷新创立的博客搜索引擎公司Technorati的旁边，而这正好是一项资源。毕竟，有谁会比那些成天忙于建构社交媒体平台的人，更适合分享机舱内装的讯息和照片呢？如果维珍美国航空能以机上各项科技设备引起Technorati里工程师的兴趣，并且给他们提供一些素材在推特上发布的话，就能制造足够的话题来经营品牌。

这种地缘上的紧密关系是维珍美国航空的一项隐形资产。虽然是地理位置上的无心插柳，但也得有人够聪明，看到这里有插柳的机会，才能使得柳树成荫。另一个隐形资产则是飞机本身，他们将它视为空中的一个活动场地，里面坐满了难以脱身的观众。

为了将这些想法与品牌的魅力形象联结在一起，他们与美国连锁女性服装品牌"维多利亚的秘密"合作，趁着对方的模特儿搭机前往洛杉矶参加时装秀的机会，举办了"史上首场空中睡衣派对与时装秀"。谁能忍住不将这样的景象拍下来并把照片分享出去呢？他们之后还跟HBO合作，对方提供独家内容给维珍名叫Red的机舱娱乐系统播放，并共同推出了从纽约肯尼迪机场飞往洛杉矶的"明星特等舱"*。首班不但于空中抢先播映《明星伙伴》第五季第一集，还以传统好莱坞仪式揭幕：剧中演员举办香槟派对，并举行水炮礼赞。不过，真正让维珍得其所愿的，则是这些精彩时刻的分享：让更多机舱照片得以在媒体上曝光。

维珍的下一个合作对象，则是这家注重环保、设计的清洁产品公司——美则。借由在洗手间供应包装精美的美则洗手皂，强化其顾客体验（别忘了，这可是美国国内航班的经济舱）；至于美则亦

---

* 明星特等舱的原名为Entourage Class，源自著名的HBO剧集《明星伙伴》（*Entourage*）。

从维珍这批年轻又有影响力的顾客群身上，得到无价的采样和传播经验。

在接下来的案例里，双方原本并非彼此的头号策略伙伴，但由于维珍不是从航空公司的角度，而是以圣弗朗西斯科创新公司的思维方式思考，因而也就能够与距离维珍美国基地仅二十一公里远的Google总部Googleplex交换资源。Google虽早已脱离创业阶段，但他们的新产品Chromebook需要找到一批有影响力，同时又时常搭乘维珍美国航空的创业者。在促成这次合作后，凡是搭乘维珍的乘客皆可拿起一台Chromebook试用，通过机上的无线网络分享试用感受，抵达目的地时再放回即可。

虽然创造这样的关系，并不是什么新鲜的做法。因为策略伙伴其实很常见，而且业务开发团队的例行工作便是寻找这类合作机会。但这是维珍美国航空思考自己的价值，以及"如何"并且"和谁"合作的创意手法，而这样的手法在面对资源限制时，便是很有用的变通方式。和传统策略伙伴的观念相较之下，它跟开放式创新的原则反而有更多共通点——即采取跟公司内部想法一样多的外部构想来建立商业模式，着重于创造产业中最新奇的点子，而非依赖单一想法来源，利用彼此的智慧财产以创造共同利益。

就我们的新兴模式来说，维珍美国航空堪称是善用我们四种额外资源其中三项的最佳范例：他们的利益关系人布兰森借由与《明星伙伴》的演员共享香槟来宣传上市；鼓励外部伙伴，即硅谷专家们分享并推广这项体验；以及吸引一些资源拥有者如维多利亚的秘密与Google等，将自己的资源提供给维珍美国航空，以吸引媒体报道他们最希望见报的内容并制造话题。

在这个过程中，我们也同样看到了，改变看待资产的方式对整件事有多重要，例如，把飞机当成空中展台，或是香皂的销售点，或是搜集新科技样本的方法等。这些不仅促使他们超越了一般合作伙伴的范畴（信用卡、连锁旅馆等），并且还让他们与硅谷形成重要的关系，产生了影响他人的力量。

因此，我们从维珍美国航空案例中学到的是：

● 如果我们设法发掘所有可能的资源来源，而不只着眼于显而易见的地方时，要如何从看似贫乏之处开创丰富资源。

● 限制如何促使我们寻找那些一开始并未发掘，且拥有丰富资源的新关系。这些关系可能比我们原先预期的还更有利。

● 找到新的方式来展现我们所拥有的能力，能让我们有更多机会接近拥有新型价值的新伙伴。

开创丰富资源的架构

在进一步探讨前，我们应先着手将已知的开创丰富资源的方式，利用一套架构（见图5.1）把它们规划出来。在这张图上，我们看到有四个方格，分别代表四种可能的资源来源：利益关系人、外部伙伴、资源拥有者以及竞争对手。我们接着就可为图中的每一项来源，列出全新的名单。不过，我们首先必须针对接触这些对象的最佳方式，再多做一点说明。

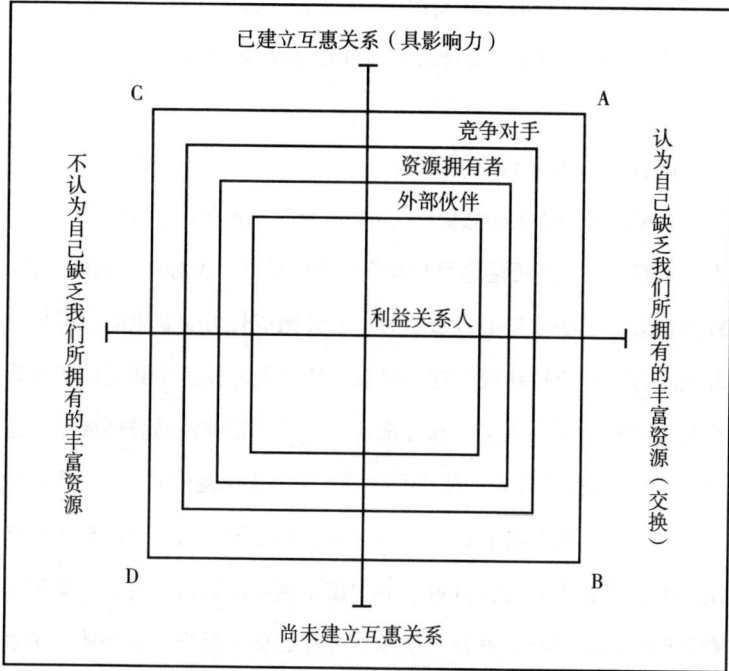

图5.1：规划潜在的丰富资源

这四种资源以两条轴线划分开来，图的上半部是那些和我们在日常业务上（有些是在目标上，有些则是在策略上）有往来，并因此会被影响的对象；而下半部则是尚未有交集的对象。我们可以稍微把注意力放在如何将目前位于下方的那些对象往上方移。

图的右半边表示那些知道我们拥有他们所需的丰富资源，因而对于跟我们交换资源持开放态度的对象。左半边则表示目前并未从我们所拥有的资源中，发现他们视为有用的资源的对象。

一旦找出了所有潜在资源，这张图表就能帮助我们决定，何种资源最易取得，以及需要什么样的策略以取得这些资源。

潜在资源的各种来源

在A象限中的对象代表了"立即机会"。这些都是我们在生意上有往来互惠，因而可能愿意与我们合作的伙伴。例如啤酒商BrewDog在经济衰退无法取得银行贷款时，一开始成长虽受到阻碍，但他们却能通过"朋克族认股"这项群众集资计划，让忠实顾客认股以换取现金（利益关系人）。双方都希望这个手工啤酒品牌能成功，这是BrewDog的长期目标，对其中一方来说，这代表了丰富的资源；对另一方而言，则是拥有这家新公司一小部分股份的机会。至于维珍美国航空则是在同样深具魅力的"维多利亚的秘密"身上，看到了合作的商机，且彼此亦互相协助对方在媒体上曝光。这类伙伴关系因而很容易建立。

B象限则代表了"缺乏动机的合作对象"。这些对象知道我们所拥有的——对他们来说具有交换价值，只是尚未发现有哪种形式的合作机会罢了，因为他们通常有许多潜在的合作伙伴也能提供类似的价值。因此可能需要说服他们，双方也能互相合作彼此互惠。

例如，ColaLife在2008年时还只不过构想借用可口可乐公司在非洲的销售管道罢了。可口可乐发现ColaLife这个草创的义举——将救命药送往非洲偏远的地区——有助于提升公司的声望，特别是当时可口可乐正面临导致肥胖的争议。

但在许多其他计划和先后来到的竞争下，ColaLife一开始并未让这个资源拥有者注意到自己。因此他们必须让可口可乐了解，彼此所合作的事项有多么重要，好让可口可乐愿意为他们打开配销管道之门。

C象限则属于"自愿性结盟"。双方可能拥有一项合作机会，但却不需要交换任何东西，便能建立互惠关系。只要双方愿意共同付出，即可为许多人开创丰富资源，包括他们自己在内。如Nike和多芬就一起发现了这个大好机会，我们在后面会加以说明。

D象限内的资源则"既遥远又无谓"。此象限中的对象不但不存在显著的合作机会，也没有任何共同价值可交换。有时我们不必得到对方的允许，就能使用他们的资源，例如，我们对窃取对方公开的见解与想法而感到自豪，而这种技巧被称为挪用。倘若我们的确需要取得对方首肯的话，那么他们就绝对会是那种要尽最大创意与韧性来开发的潜在资源类型。若这类资源对我们来说相当重要的话，也并非不可能达成合作。我们后面将会探讨在线租衣平台Rent the Runway是怎么办到的。

因此，第一步就是发现并了解资源的可能来源有哪些。下一步则是要认清我们拥有哪些资源，以及找出这些资产对那些可能的资源有多少价值。我们需要列出自己所拥有的全部资源，一一检视可能的交换或分享机会。但我们也必须重新审视其中某些资源，以便重新界定其价值，例如，维珍美国航空便将"飞机"列出来，并重新定义为"空中展台"。

第143页的表5.1提供我们"规划过程"的方式：尽可能将你所想到的资源列在标有"资源"的字段中，然后以崭新的方式重新规划这些资产，并归入它右边的字段中。在后面我们介绍了嘉信投资经纪公司（Charles Schwab Investment Management）开发并重新规划资产，以创造新价值类型的方法。

如何分享并交换我们的资源以取得所需

在传统的策略伙伴关系中，双方所能获得的东西从一开始就显而易见，这也正是为何我们轻易就能列举出可能的合作对象，并且对象很有限的原因。我们也发现，若以聪明有创意的方式，重新规划各类资产的价值，就能创造出新资源以赢得新伙伴。但有时这些价值一开始并不明显，因而必须费点工夫来说服伙伴跟我们合作。

像是前面提到的ColaLife，最初不过是有一个跟可口可乐公司的配销伙伴合作的构想罢了。由于他们无法让可口可乐注意到自己，因此必须要采取非常手段，让可口可乐了解双方都有极为重要的需求可以互相协助，并让这家跨国企业提供公路上的资源。

图5.2：ColaLife药品随可乐箱一起配送

ColaLife动员了社群网站上一万名群众，引起了BBC的注意并被邀请上电台节目参与讨论，最后终于迫使可口可乐出面，并且说服他们接受双方的合作案。而可口可乐也很快便同意以公路资源来交换他们的善行。我们有时的确有必要施加一点压力，让双方能坐下来谈，使意愿不高的一方同意交换资源，以将他们从B象限移到A象限。

2009年初，当在线租衣平台Rent the Runway刚开始接触二十位时装设计师时，这些设计师都对这种合作方式持保留态度。设计师们担心这会影响自己的生意，毕竟若可以跟租衣平台租衣，谁还愿意跟设计师购买服饰呢？虽然创办人不缺资金，但他们知道，要是没有设计师提供高级服饰的话，这一切也就白费了。此时Rent the Runway所接触的设计师正好处于D象限。当初他们不清楚自己拥有

嘉信投资经纪公司如何开创丰富资源

嘉信投资经纪公司（CSIM）是嘉信基金（Schwab Funds）、Laudus基金和嘉信交易所买卖基金（Schwab ETFs）的经纪公司。他们位于圣弗朗西斯科的总部管理的资产超过2500亿美元，而且还在迅速成长并积极扩大业务。我们请他们思考CSIM所拥有的资产，以发掘可利用或交换资源的新来源。当大家环顾屋内时，看到的是什么呢？

当然，是我们的同事，尤其是拥有博士学位并受过良好教育的那些。他们对宣传以及经营一家投资经纪公司来说，是否可视为一项资产？我们要如何利用这项资产，让CSIM在人才竞争激烈的城市中，显得更有风格？我们的博士人数是否比街上的推客还多？这些博士都是哪里来的呢？他们的母校会是策略伙伴和配销资源的来源之一吗？

此处我们有什么可拿来交换的？那些成千上万、经年累月的当日事务数据如何？我们坐拥了大量未经处理的数据——如果我们是Google的话，就会以匿名的方式处理那些数据、找出它们的模式并加以深入分析。而那些数以百计与公司有生意往来的商家以及成千上万有兴趣跟他们其中一位大客户聊聊的员工呢？而这座雄伟的大楼以及那个从高速公路上就能看到的塔楼，难道不是登广告的好位置吗？还有公司内外许多盯着CSIM公文的眼睛……这些地方可供交换吗？

在短短一个小时内，我们就已将所有平常看不见的各类型资源列成一张表了。

什么东西是设计师需要的，也不知道双方有何交集。因此，Rent the Runway便往后退一步，谨慎思考接下来应该要怎么做。当各大时装零售业者如Zara和H&M，纷纷销售仿设计师品牌的服饰时，Rent the Runway则重新定位自己的商业价值。他们借由在设计师与消费者之间建立直接的联结，扭转产业趋势，朝向便利性发展，而不只是将买衣者变成租衣客而已。事实上，设计师也因此得以接触到比他们往常的顾客要年轻的客户群体，其中许多人甚至在试穿过后，反而想把它们买下来。而且，更重要的是，设计师还能从中得到关于最受这个族群青睐的款式、尺寸、颜色和质料等的信息。至于Rent the Runway则能享有顶尖设计师提供给他们最新服饰的批发价格、量贩折扣，以及从零到十二（美国服装标准尺寸。——编者注）的全套尺寸。如此一来，Rent the Runway就能将服装设计师从D象限移到A象限了。他们创造了双方在需求上的互惠条件，以对抗Zara和H&M，并为自己开发了新的丰富资源——即一套强大的未来顾客群的意见数据库——以赢得设计师的信赖，并取得生意成功所需的资源。[9]

以上是两种创造互惠关系方式的极佳范例，例如像Rent the Runway了解时装设计师一样，去了解并满足合作伙伴的需求；并且像ColaLife一样懂得善用舆论压力。而一个真正具有启发性和重要性的目标，则会成为其他想要达成同样目标的人携手合作开创资源的一项有利途径。

因此，在找寻新伙伴时，我们必须先从评估这个伙伴的合作意愿开始，接着就需要以有创意的"如果……就能……"方式来思考，要是对方一开始不如我们那般积极时，要怎么促成这项合作。

互惠合作，资源倍增

价值交换并非取得资源的唯一方式，也并非是我们唯一能提供的价值形态。在图5.1左上方的C象限，即是与价值分享或共同目标有关。比方说，"世界女童军协会"（WAGGGS）之所以将他们的社群、传播与通路的资源提供给多芬，是因为他们认为多芬的目标——在2015年前要让高达一千五百万名年轻女性参与其公司的一项建立自信计划——正是他们想帮忙达成的。多芬并未以任何不同资源类型的价值作为交换，而是提供一个机会，以达成双方都认为重要的目标。**强而有力的目标能让这类盟友一拍即合。**

Nike之所以推出应用程序Making，并将自己的智慧财产分享给其他竞争者的原因，就在于他们知道，光凭一己之力是无法推动整个市场的。此处并无策略伙伴间的直接价值交换，因为Nike相信这会是大家共同的理念。

Nike目前着眼于各种预先竞争的领域，像是不用水的染色技术，就是一项很棒的共同需求，这让他们得以跟任何人合作，包括竞争对手在内。这项做法在药品业来说是很普遍的，各家药局都会分摊基本的研发费用。**若某项产业资源严重短缺，以致从业者难以独立解决问题时，相信在未来数年内，就会有愈来愈多竞争对手互**

相合作的案例出现。这种个别企业难以负担将资源集中在某项共同目标的情况愈多，出现在C象限中由竞争者所形成的伙伴关系也就会愈多。

如何善用此架构

让我们回顾一下使用此架构的方式，以协助我们发现所有开创丰富资源的方法：

首先，我们必须清楚自己在这项练习中要寻找的是哪种资源，以及我们要用这项资源做些什么。

各项资产 （我们拥有什么丰富资源？ 能拿什么跟人交换？）	重新规划 （我们要如何重新规划这些资产， 让它们对其他人而言更具关联性与价值？）

表5.1：确认并重新规划我们的各项资产

接着，我们需要练习如何运用由各同心方格所代表的四种资源，愈接近图中央的，则是我们目前愈熟悉的。

借由进一步考虑某个潜在关系的两个层面，将这四类关系一一归入各象限中：我们跟其他对象互惠，或可能互惠到什么样的程

度（"影响"轴），以及我们能提供给他们的附加价值有多明确
（"交换"轴）。我们若将所有象限中的潜在目标加以分类，就能
对哪些资源类型是最易取得的建立初步的概念，例如，A象限中的显
然要比D象限的容易取得。

我们必须要以创新的角度，思考自己能提供何种价值，并以不
同方式重新规划它，以满足合作伙伴的需求。表5.1有助于我们着手
进行这项步骤。

此外，我们同样也要以有创意的方式，游说合作伙伴加入我
们的行列。因此，我们不但要知道伙伴重视的是什么（即他们关切
的议题与目标为何），同时也要了解他们如何看待跟我们的合作
关系。

如何喂养蓝色小鸡？

且让我们用最后一篇故事来结尾，因为它正好体现了本章所探
讨的一切。这个故事跟位于肯尼亚乡间纳库鲁（Nakuru）地区的鸡
农有关。

如果你是在纳库鲁养鸡的一位佃农，那么你会知道前十周的孵
育期是风险最高的时期，因为此时有两件事对小鸡来说相当危险，
一个是疾病，不过这是可预防的，因为替一只小鸡注射疫苗只需花

费5肯尼亚先令*。另外一个则是空中的掠食者——纳库鲁地区的各类鹰隼相当有名。正是这第二个威胁，使鸡农不再费事预防第一个威胁。因为在你把小鸡养肥之后，却于六个礼拜内就被老鹰给吃了，那么花再多钱增强小鸡的免疫力又有什么用呢？

保罗·苏厄德（Paul Seward）创办了一家名为"非洲农场资源投入推广计划"（FIPS-Africa）的非政府组织，致力于增加当地小农的收入，这些小农中有许多人只拥有0.25英亩**的土地。苏厄德发现，要是把小鸡染成蓝色，老鹰就不认得它们，因而也就不会把它们吃掉。至于他们所使用的可生物分解的染料，在十周后就能洗掉，届时这些小鸡们也早就知道当头顶有阴影盘旋的时候必须赶紧就地找掩护了。

由于这些小农损失的小鸡比以前少，因此为小鸡接种疫苗也就比较划得来了。

在采取了这两项措施后，小鸡存活率便从20%大幅提高到85%左右。由于这些小农拥有比以前更多的鸡，因此自己也开始食用更多鸡肉，而当营养变得更丰富后，家庭的健康状况也就跟着改善。再加上现在养鸡生意变好，因此也就有更多人愿意投入养鸡的行列。不仅如此，这个想法后来还催生了一门新兴行业——"小鸡染色师"，染一只小鸡收费3肯尼亚先令。而这正是一个简单构想为整体生态带来一连串利益的绝佳范例。

---

* 1肯尼亚先令约合人民币0.06元。——编者注
** 1英亩约合4047平方米。——编者注

然而，较高的鸡存活率也为他们带来了一项新挑战——要怎么养活所有的鸡。此地的小鸡天然放养，但随着鸡数量增加，鸡舍附近的食物也就相对减少，它们就必须到更远的地方觅食。当它们跑得愈远，就愈容易被陆地上的掠食动物，如猫鼬等抓走当早餐，因为这些掠食者可不在乎小鸡是什么颜色的。

此时问题就变成了：我们要如何在鸡舍附近喂养小鸡？有可能不花一毛钱吗？这些小农可负担不起鸡饲料的成本。

苏厄德明白，昆虫或许会是很好的饲料来源，尤其是白蚁。当地每英亩土壤中约有上吨白蚁。但这又会衍生出一个问题：这些白蚁生长在土壤里，他们要如何教这些小农一个简单的能捕捉白蚁的方法？

苏厄德认为他不用自己想办法，只要找到懂得此道的人就可以了。因此他前往肯尼亚某处居民用白蚁的地区，学习当地人如何利用稻秆浸入水中来抓白蚁。他将这个方法带回纳库鲁后，农民就有了丰富的饲料来源，能让饲养蓝色小鸡的数量倍增。

苏厄德从周遭白蚁穴中看到了潜在的丰富资源，虽然一开始无法取得，但他的变通能力使他懂得善用旁人知识，以便为这些养鸡小农开创丰富资源。[10]

变通之道与互惠的交易手法

当资源有限时，我们就必须用更为创新的方式取得更多资源，

并且重新界定"善于变通"的含义。

不论是努力寻求资金以开设额外实验班级的学校教师，还是大企业中缺乏人手以完成项目的经理人员，倘若我们对可利用的资源保持开放态度，就会取得更多超乎想象的资源。因此，不妨先停下来试着以崭新的视角到那些我们习以为常以外的地方看看，并且重新思考我们能提供的东西以及我们因此可能换得的东西。如此一来，你也许就会惊喜地发现近在咫尺的丰富资源。本章所介绍的架构和方法有助于克服各种路径依赖行为，避免阻碍我们看见新契机。

致力于此类创新，能让我们超越过去"同类型价值"的关系，朝向21世纪更大胆、迫切且互惠的交易手段迈进，同时利用各式各样新型的手法，如Nike的应用程序Making以及在线租衣平台Rent the Runway的数据库来交换新的价值。只要懂得善用专业的社群网络工具，就能轻易取得比以往更丰富的资源。这类技能不再专属于某个部门，而是任何在极度竞争且资源有限的环境下想达到目标的团队所必须具备的能力。虚拟现实头盔公司Oculus Rift，自2012年通过集资平台Kickstarter筹资创立开始，到两年后在脸书销售的业绩增长了20亿美元，即重新评估（不论好坏）群众募资潜在价值的最佳典范。

一些成功企业诸如拥有开放式创新的宝洁公司以及拥有开放资源的火狐浏览器等，都已展现出对外开放的价值。不过，在我们的经验里，许多非政府组织以外的企业和品牌，似乎有栽在下面两个方面的倾向：他们要不是仍旧封闭在一种全靠自己埋头苦干的系统中（除了由被称为"策略关系"的部门内的某个人所掌管的一两个长期密切的策略伙伴关系外），就是凡事依赖群众智慧。那或许是其中一种取得资源的方式，但绝非唯一的一种。

倘若我们真的想左右逢源的话，就必须在寻找并取得丰富资源的方式上，变得更有技巧和创意。

本章摘要：开创丰富资源

●我们所能取得的资源，似乎总是比自己一开始想象的要多。

●我们在资源上的惯性思维，让自己看不到近在咫尺的机会。如果我们懂得放眼周遭，寻找机会的话，就会发现资源到处都是。关键在于不要认为只有那些我们所能掌握的才是资源，而是要开始把所有能取得的都视为资源。

●我们取得资源的来源共有四种：利益关系人（这些人通常拥有的资源比以往提供给我们的还要多）、外部伙伴、资源拥有者（拥有许多我们所需资源的对象或企业，且我们所拥有的可能也正是他们所需要的），甚至是我们的竞争对手。

●一旦我们发现了可取得的潜在资源，就必须重新审视我们的资源，并重新规划我们所拥有的，以创造可与他人交换的新型价值。

●同时我们还必须界定与资源拥有者互惠的需求，以便在共同利益下结合双方资源。

●本章介绍了更为互惠的交易手法，亦即协助各种企业如维珍美国航空、在线租衣平台Rent the Runway以及ColaLife增加数倍资源的方法。

●重新定义变通之道：即不论在何种状态下，达成目标的能力不甚重要，重要的是从什么地方找到并获取我们所需的资源。

6.

启动情绪

如何注入坚持到底的能量

How to fuel tenacity on the journey

本章重点：

1. 为何单靠心态和方
法不足以成功转化
限制？

2. 为何情绪在激发动
力上如此重要，而
它们又能产生什么
作用？

3. 人们普遍用来转化
限制的情绪有哪些，
以及这些情绪的力量
和效果有何不同？

　　特种作战是由几组精英部队执行的特殊作战任务。有别于传统的规模较大的作战部队，这些部队除了规模小（美国海豹突击队由十六名士兵组成，以八人为一小队，或四人为一火力小组），还必须在极度紧迫的情况下执行勤务，例如，要在极短的时间内完成任务，远离基地，并且没有任何支持。

　　美国特战司令部指挥官麦克雷文（William McRaven）上将指挥过各式各样的美国特种作战计划，其中包括了刺杀本·拉登的"海王星之矛行动"（Operation Neptune Spear）。他在美国海军研究院完成的论文《特种作战理论》（*The Theory of Special Operations*）后来被编纂成一本名为《特战》（*Spec Ops*）[1]的书籍。书中他从成功的特种作战行动中归纳出六大原则，并以案例研讨的方式予以说明，从Tirpitz号战舰的沉没到意大利格兰萨索山顶旅馆营救墨索里尼的行动等，都是他研讨的素材。

　　这六大原则的其中一项，就是"目标概念"（别忘了早在这个名词流行于商界前，麦克雷文就已将它撰写出来了）。他以自己的专业背景为这个名词下了一个特殊的定义。就麦克雷文而言，特种作战的目标有两个层次：第一是对目标有清楚明确的认知，如"将船击沉";第二则是对人员使命必达的明确要求。

传达清楚目标认知以及提振团队的士气,是指挥官的两大职责。就拿第六游骑兵部队穆奇(Henry Mucci)中校在营救菲律宾战俘的特种作战行动中,那令人瞠目结舌、直截了当的命令为例:

> 你们最好给我跪下祷告!该死……别装了!我说……"祷告"。还有我要你们在上帝面前发誓……发誓你们宁可战死,也不让这些战俘受伤![2]

我们也许会认为,这些精锐部队若跟专业人士一样冷静的话,表现会更出色。但麦克雷文却认为,情绪非但不会阻碍他们,反而是任务成功的必要条件:"在高科技和绝地武士的时代,我们常常忽略了人员投入情感的需求,这样一来我们就得承担风险。"我们都了解企业目标的价值——盖洛普调查已证实赋予人们工作意义的价值。[3] 如麦克雷文所说,**情感投入除了对公司与企业目标有意义外,对于应付当下的挑战其实也特别有用**。在为"一个孩子一台笔记本电脑"计划研发商品的过程中,贝哈尔回想,当初究竟是什么让他的团队能够坚持下去:"这类项目的现实之处在于,你会遇到成千上万的阻碍,同时也会有成千上万的人告诉你这样行不通。每当你面对这些挑战时,你拒绝妥协。你回头寻找伟大创意。你找回信念。你回到一开始让自己投入这项工作的初衷。"[4]

在本章中,我们首先会探讨在转化限制时,情感投入的重要性和好处。接着讨论哪些情绪类型特别有用，以及它们跟整体目标的关联性。最后则是提升自己与团队间情感的方式。

情感投入的价值

安杰拉·李·达克沃思（Angela Lee Duckworth）发现她所谓的"坚持"——即尽管有诸多阻碍、逆境或失败，仍能持续达成目标的能力（而非智商）才是人生成功的最大因素，并因此荣获"麦克阿瑟天才奖"（MacArthur Genius grant）。绝不放弃的精神不只重要，而且还可能是最重要的事。达克沃思目前正在进行儿童是否能学习"坚持"精神的研究，以便增进孩子们在课业上的表现。虽然这项研究尚未结束，但她的出发点是"坚持"精神的确是可以教的。而我们则能学会坚持的方法。[5]

若转化限制的过程本身就是一种挑战的话，那么坚持就会是它最重要的作战伙伴了。但玛古在阿姆斯特丹大学的研究以及本书中所讨论的诸多实例都显示，这种特别形态的坚持对我们来说很重要。如我们在第四章所讨论的，玛古在针对限制对创意影响的研究中发现[6]，人们在面对当下不知该如何处理的重大限制时，通常会先后退一步，以重新思索前进的方法。他们的认知处理会从局部，像是针对特定项目或细节转变到整体，如考虑所有可行的选项以寻找不同的前进方式。**坚持克服限制并非光靠一次次撞墙就能办到，而是体现在顽强的适应能力、持续后退并找出新的前进方式上。**玛古发现，这类坚持的关键在于情感投入的程度以及追踪特定问题的动机。若参与者对问题根本不在乎，就不太可能解决它。虽然她原本希望坚持的态度主要跟天性和性格有关——不论受测者是不是那种会在人生其他方面皆有始有终完成计划的人——但实际上，情感联结的程度才是关键。

接下来我们要探讨的一则实例，绝对会是我们所讨论过的案例中最具挑战性的一组限制。

扭转阿拉斯加原住民健康状况

中南部基金会（SCF）是一家为五万五千名阿拉斯加原住民提供医疗服务的机构。1987年当年仅二十二岁的卡特琳·戈特利布（Katherine Gottlieb）走进简陋的办公室，准备任职柜台接待员时，它已成立四周年了。她说："我做的第一件事，就是把哐当作响的老旧金属柜台换成木桌，而且开始注重打扮。"她觉得，是时候尊重前来就诊的人了。在此之前，这些民众并未被好好对待。[7]

戈特利布拥有一半阿留申血统。她所在的小区正面临各类文化融合所产生的问题。传统生活方式的式微，包括武士传统以及捕鱼为生等原住民文化都遭受某种程度的干扰，而各部落间也普遍遭受严重忧郁和压力的侵袭，肥胖、酗酒、糖尿病以及虐待妇女等问题持续增加，且几乎很难有所改善。戈特利布语带保留地说，当时的情况真是惨不忍睹。

　　她一面工作，一面了解基金会运作的各个层面，了不起的是，她在短短四年间就成为董事长暨首席执行官，还设定了一个远大的目标。在跟政府达成的一项新的协议中，SCF同意承担更多医疗方面的责任，并从单次就诊收费制改为每人固定收费制。这项协议让SCF拥有创新的动力与自由，同时也带来改变的压力：一方面全美各地医疗成本正节节上升，另一方面地方人口却不断增加。戈特利布必须得胸怀大志，才能应付那些重大限制。她的挑战性问题同样不好解决："在这个权益遭到剥夺的地方，我们要如何大幅改善居民们的健康状况？"她想帮助的这批人，也正是她必须要面对的限制来源。

　　一开始，她花了六个月时间认真倾听人们的心声，并领悟到SCF一直在治疗症状，而非民众本身。就他们所知，75%至85%的医疗支出都源自病患长期的生活因素。倘若SCF想改善民众的健康状况，就必须针对民众目前的生活形态与文化上的整体限制来着手。

　　而第一个"如果……就能……"问题就聚焦在这项转变上。他们打算从个人整体上对"和他们混乱的、先天的、过往的、个人的、信任的、已知的、尊重的以及负责的关系"[8]重新规划。他们称呼这套系统为Nuka*关怀系统，并且针对导致疾病的生活形态与文化诱因来着手。这可是一项野心极大的任务，需要花上十年的时间来实施各种计划才行。

---

* Nuka即当地原住民语的"强韧事物"之意。

一开始，戈特利布的团队就面临了诸多难以跨越的障碍。比如他们难以承担治疗一个人整体所需的时间和精力，缺乏专业人士以及让心怀抗拒的当地居民接受他们。对戈特利布和她的团队来说，要面对并打破各种质疑，这无疑需要极大的毅力。

第二个"如果……就能……"问题，则跟SCF和病患之间关系的本质，以及用来描述这项关系的字眼有关——Nuka系统将病患的称谓改成了"顾客-负责人"。当身为顾客时，居民就会要求员工提供高质量且负责任的服务；而身为负责人时，人们就得为自己的健康和系统本身负责，并重新规划系统以符合自己的需求。这项用词上的转变及其隐含的关系，同时改善了医疗系统的服务与人们自身的行为。当医疗人员提出预防和治疗的各种方式时，"顾客-负责人"就要负责选择对自己最有利的方式，学着不将自己视为某种强制体系下的受害者，而是能掌握自身未来的人。借由这种做法，就能**改变他们看待自己能力的方式，进而改变自身的处境**。

下一个"如果……就能……"对策则是用于整合看护团队以给病患提供整体治疗。他们将社区医师、古法医师、针灸师、按摩师以及心理医师统统首度与正规医疗人员整合在一起，这种做法本身即是一项壮举。接着再以截然不同的楼面规划与运作程序，来打造全新的医院大楼。每位医护人员都必须放弃属于自己的办公室以营造出集体工作空间和供给"顾客-负责人"与医疗团队会晤的会谈室。而这一切都由一位护士居中协调，"顾客-负责人"亦能直接向这位护士寻求帮助。借由移除空间、态度、语言以及时间上的障碍，加上八成就诊民众都能当天进出，让他们得以在SCF与"顾客-负责人"之间建立起真正的互信关系。功能完备的系统已就绪，员工也已重新接受培训，各项绩效数据亦广泛地分享出去，整套系统的责任制也就跟着建立起来。

除了这些都不易规划实施的措施外，戈特利布还必须拿出最大的创意与毅力深入小区，处理影响医疗服务的高敏感度文化议题。例如，她一开始无法说服原住民长老支持处理儿童性虐待问题的计划，他们甚至连谈都不愿意谈。但到了最后，戈特利布所采取的有效的"如果……就能……"对策，不但重新建构了原住民文化中的战士角色，还因此催生了她最喜爱的"家庭健康勇士计划"（Family Wellness Warriors Initiative）。

> 这一次，我说："我需要你们像以前那些愿意为妻儿冒生命危险，挺身而出，捍卫我们部落的男性一样。"而你当时就能感觉到，一切变得不同了。他们说："你们想要怎么做？"[9]

接受这项限制——小区的权益被剥夺，以及人们缺乏掌控自身命运的意愿与认知——并且拒绝只做小小的改变，而把它当成一连串改革的动力，最后因此获得不凡的成果。"顾客-负责人"的满意度高达91%，等候就诊名单从一千三百位降到几乎为零，紧急医疗与急诊室人数亦因采用当日进出系统而降到40%，并节省了上百万的支出。医疗质量确实提升了，且第三方评估数据显示，员工工作愉快并明白自己正在创造历史。至此中南部地区每年只需增加2%的预算就能达成这些目标，而"顾客-负责人"的人数每年更是达到7%的增长率。2011年，美国商务部将声誉卓著的"国家质量奖"（Baldridge Award）颁给中南部地区，以表扬他们的功绩。

虽然年轻，但戈特利布却努力让自己具备应付SCF各项挑战的能力。她在任职首席执行官初期不但抽空就读MBA，并将现代管理工具妥善运用于创造让原住民感到舒适的环境上。她一丝不苟地钻研调查数据以及负责任的态度让人全然信服，此外她完全透明化的作风也让表现不佳的人员有自知之明，知道自己必须要在多久时间内迎头赶上。

不过，这并非故事的全貌。戈特利布长达二十五年的全心投入，有一部分是源自她的背景。身为半个阿留申人，她族人的际遇就等于是她个人的际遇。她的母亲有酗酒问题，她在十六岁那年便怀孕，曾逃离对她家暴的第一任丈夫，之后还陆续遭遇了一些困境。但若因此就将"良性困难"（desirable difficulties，即劣势之中也可能存在优势）[10] 视为戈特利布或任何一位战胜困境者成功的原因，未免太过轻率。不过，戈特利布的力争上游确实造就了今日的她。她将所有的情绪压力和所需韧性，一并转化为设定高标准、寻找限制的对策，并在其他人惊讶之余，将对策付诸实践。

假如强烈的情感联结对成功来说如此重要的话，那么是否有某种情感显得特别重要呢？要是有的话，我们要如何发掘它们并从中得到力量？

公立领导学校所需的惊人毅力和情感投入

瑞夫斯兰（Scot Refsland）是我们在第二章所讨论的公立领导学校的兼职信息主管，在达成目标的过程中，亦展现了过人的毅力，虽然不至于需要25年那么长的时间，但时间却是他的限制之一：他只有几个月可以执行低预算、高风险、一次定生死的试误计划，让"课堂实时评量反馈系统"发挥应有功能。他必须利用学校那糟糕的无线网络创造可用的产品，跟印度方面来回为了程序代码熬通宵，深夜（使用iPod）在购物平台eBay搜猎新工具。要不是他的创意与坚持，"课堂实时评量反馈系统"就不会成功。

瑞夫斯兰拥有机器人学的博士学位并出身硅谷，相较于坐在破旧教室的后方，处理那些适用于课堂测验的表决器程序，他本来可以从事更光鲜的工作。但，是什么让他选择做对的事？瑞夫斯兰形容自己是"一个解决问题的家伙"，一心只想找出克服这些挑战的方法，还说瓦特博士跟他母亲很像，而且他们两人真的缘分匪浅。尤其是，帮助这些学生改写自身命运，对他来说变得很重要。跟这些学生关系如此密切，看着他们对"课堂实时评量反馈系统"的良好反应，比起在某个远程办公室里写程序，更让他想要投入。除了以制作"课堂实时评量反馈系统"感到自豪外，置身于这些孩子们之中，跟他们一起生活和学习，让他更甘心为这些学生以及瓦特博士付出。[11]

在尼尔曼和理财工具Juntos Finanzas的案例中，我们看到对终端使用者深厚的同理心（彼此互有关联时）能确保情感的高度投入，而这也正是在设计思维中这一点如此受重视的原因。

当强烈情感遇上挑战性问题时

我们已然看到，若要让限制成为美好的事，就需要不断地向后退一步、重新思考，并且以新的角度重新出发，一如戈特利布在规划"家庭健康勇士计划"的过程一般。我们需要某种坚持——创意性的坚持，愿意做各种尝试。光靠天分与能力无法保证在各种限制下获得成功，就算拥有过人的智力也仍然是不够的。**而强烈的情感联结才是解决问题的根本要素**。在某些案例中，拥有目标虽然可以让人的情感有所联结，但这项目标必须是真正有意义、有价值的才行，不能只是某种权宜之计。

然而，若要激发我们所需的各种情绪，光靠拥有目标是不太可能办到的。虽然拥有目标是我们人生中很重要的一部分，但却无法充分说明我们是什么样的人，以及什么样的事可以激励我们。身为一个独立个体，我们被各式各样的情绪驱使前进或退缩，而单由正面情绪产生的典型目标（如想要以某种方式改善世界、带给人们欢乐、和人们产生联结等）相对较为狭隘。而正是人类各种广泛的情绪，不论光明面或阴暗面，才能促使人们从各种限制中发现契机。

　　以南非的第一国家银行（FNB）为例，它被公认是全世界最具创新性的银行，不但发行了自己的在线货币（ebucks），设计了该国第一个金融应用程序，推出了Telco电信服务，向银行客户提供免费宽带，同时还成为南非最大的iPad零售商——这一切发生在多数金融客户认为不太可能有创新的领域中。但他们是如何办到的？他们营造出一种促成文化（enabling culture），同时提供丰厚的奖金给公司里每一个提供创新想法，且该想法产生市场效益的人员：如2004年提供的年度奖金从10万美元起跳，至今已成长了七倍之多。当时的首席执行官迈克尔·约尔丹（Michael Jordaan）负责这项企业内部的文化革新以及创新计划。当我们询问他认为驱动创新最重要的情感因素为何时，他回答："恐惧、怠惰以及贪婪。"[12]

　　而这些在大多数的现代目标宣言中，都很难看到。在赞扬内在而非外在动机的文献中，也很难见到贪婪。[13]然而，FNB财务奖励的成效不容我们置疑，且戈特利布的经验亦支持约尔丹对恐惧动机的见解。当我们请教她一开始改造SCF的动机时，她说："想象你准备要接手了——你，马上，就是你自己——现在你得为人们的生死负责。"她强调，这样的事"让人害怕极了"。

　　像韦登就很喜欢焦虑的力量。它虽不如恐惧那么强，但却会让人上瘾："危机感对神经重组很有效……焦虑感会让你上瘾，因为它真的很有用。如果你能一直怀有不安全感，而非乐观心态的话，就很有可能改变世界。"[14]

对我们访谈过的变革者而言，这类情绪很接近生气的状态。当马丁（Tim Martin）于1979年在英国开连锁酒吧时，他把这家刚起步的公司取名为J D Wetherspoon。前面名字缩写的部分对他有着特殊意义，因为那是他以前一位老师的名字。这位老师曾告诉他，他永远不会成为成功的生意人，但目前全英国共有九百家酒吧挂着这位老师的名字。

卖座电影《四十岁的老处男》（*The 40 Year-Old Virgin*）以及《一夜大肚》（*Knocked Up*）的导演兼编剧贾德·阿帕图（Judd Apatow）说，怨恨使他成功。在2000年电视剧《怪胎与书呆》（*Freaks and Geeks*）被美国国家广播公司腰斩后，阿帕图深深地陷入了恐慌，并企图将心中的怨恨变成复仇计划。为了证明他们对这部电视剧和该剧团队成员的看法是错的，他之后的片子便全都采用原班人马来制作。结果不但每部电影票房收入皆超过1亿美元，还一路捧红了演员塞斯·罗根（Seth Rogen）。[15]

许多挑战者都是对他们所在领域深感不满的人。由于BrewDog对主流的低层发酵窖藏啤酒（lager）相当不认同，因而连用了七个轻蔑的形容词来表达他们的厌恶。他们要让全世界知道，在主导市场的那些"主流的、工业的、单调的、枯燥的、平淡的、无味的、冷漠的"啤酒之外，还有另一项选择。

不满的另一种形态便是"沮丧"。公立领导学校瓦特博士提及，她在整个职涯中最感到沮丧的事就是没能解决各项困扰因素，以建立有效的教育方式。正是这份沮丧感，让她接下了LPS的聘书，并为它设定了远大的目标。而一种名为"万能黏土"的可塑形黏土是为了帮人们修理重要器物而设计的，当初推出这项产品的设计师之所以有这个构想，就是因为对于这个世界总是迎合人们不断要求新鲜事物的现象感到沮丧。另外，citizenM旅馆之所以诞生，也正是由于他们对这个产业的运作方式感到沮丧：为何人们在长途跋涉后，还要搞这么久才能入住？为何早餐只供应到11点？为何我在房价之外，还要负担无线网络的费用？

然而驱使人们行动的，除了负面的情绪因素之外，还存在有更多常见的正面因素。SAB的吕伯想要在改进当地大麦农民的生活的同时，一并达成SAB的企业目标。倘若这项计划能让他们获得更多利润并永续经营，就能促进整体大麦产业以及SAB的永续发展。

清洁剂品牌Surf团队的目标则是希望让用户拥有愉快的一天。他们认为"了解"使用者跟"喜欢"他们是两回事，产品知识虽然有用，但发自真心地喜爱使用者到了为他们的利益着想的程度，则是他们成功的因素之一。而这种亲近消费者的做法，也有助于更好的包装设计、香味创新、草根营销以及销售点的陈列。

有时这些正面情绪是来自一个崇高的目标，例如联合利华的"永续生活计划"即是。而有时它们就只是一种简单的愉悦感和兴奋的情绪罢了。推特的创办人之一比兹·斯通（Biz Stone）就如此形容产品的迷人之处："即使还只是原型，推特就已经让我觉得很开心，也让我明白自己一定得完成它。"[16]

焦虑、恐惧、贪婪、愤怒、防卫、厌恶、沮丧、渴望、兴奋、愉悦……涵盖了人类的各种情绪。若将前几种归类为负面情绪，恐怕会有误导之嫌，因此我们建议将它们视为"消极情绪"。事实上，它们可以是非常有用和重要的情感投入来源。一份2010年的研究证实了正、负面情绪的价值，**负面情绪能帮助人们坚持、投入以及专注；正面情绪则有助于刺激认知上的弹性与能力，以发现新的情感联结方式。**现在不妨想象一下，我们能利用它们做些什么吧。

正面与负面情绪的力量

2010年，一些学者研究了两种不同的创意路径：一个是"弹性路径"，采用了广泛的刺激，如在《如果……就能……》章节中讨论的解决问题的起始点；另一个则是"坚持路径"，该路径由较少的刺激组成，稳定不变。他们发现最能成功解决问题的人，则是能在两者间来回变换。

这份研究同时也探讨了各种情绪在迫使人们采取这些路径上的价值。正面情绪如快乐和兴高采烈等，能增加认知上的弹性，并释放神经传导物质，如多巴胺和去甲肾上腺素，以增进脑中信息的流通，并将不同的讯息联结在一起。这类相同的情绪能提升对问题的安全感和自由度，让我们得以更积极地探索新的可能性。

> 　　然而，他们同样也从所谓的负面情绪中发现价值。特别是愤怒与恐惧，能驱使受测者认真工作，做更多工作直到完成为止。其他研究则发现愤怒能使人盲目，让我们只专注于赢得奖励；至于焦虑则是很好的着力点，能充分激发我们采取行动，而不是让恐惧造成瘫痪。[17]

正负情绪并存的力量：心理反差的科学

　　推特共同创办人与电子支付系统Square的创办人杰克·多西（Jack Dorsey），谈到了紧绷情绪对他在创办两家公司上有何帮助。推特是他在害怕网络播客Odeo快倒闭时创立的；而Square则是他在2008年金融危机时创办的。他和另一位创办人斯通，在创办推特时的情绪差异是很有趣的。

> 　　我在紧张的时候反而会有好表现。如果我处在一种一切都很好，从不争辩或争吵的关系中，我想我们大概就不会成长了。[18]

　　厄廷亨教授（Gabriele Oettingen）虽生于德国，但现在"几乎像个土生土长的纽约客"，目前是纽约大学动机研究室（Motivation Lab）的负责人。她大致同意多西的看法，但理由倒不是出于她不相信那种心灵成长类书籍中盲目的乐观能让我们得到想要的，而是希望将研究室所建立的，并在真实情境下测试得出的"真实"动机观点带给大家。[19]

她的研究指出，驱动人们的最佳着力点，就是正面和负面情绪间的紧绷状态。当一个人必须设法解决这种状态时，就会产生改变行为的力量。厄廷亨所发展出的策略被称为"心理反差"（mental contrasting），在人们从事需要相当大毅力才能办到的事情，如试图减重、戒瘾或改善学习成绩时，被证实是最有效的策略。

厄廷亨区分出三种达成期望的方式。第一种是"耽溺"（indulging），即想象未来达成目标时的生动画面的一种心理状态。多数人经常进入这种幻想状态，因为画面实在太吸引人了。但人们却很容易陷入这种方式不可自拔，部分原因是我们的脑袋不太能分辨想象与现实。想象提供了我们以为目标已达成的某种心理报酬，因而采取行动的动机也就降低了。

第二种方式则被称为"沉沦"（dwelling），当事人会在整个过程中，创造出每件事都会搞砸的同样强烈且真实的画面。若你本身就比较悲观的话，这种状态也会很吸引你，因为它让你觉得这整件事真的没什么意义。它会让人难以从沉沦的深渊中抽身出来做些改变。而这也正是受限者所在的状态。

第三种较有效的方式，则是耽溺与沉沦的反差——在两者间反复来回，将美好未来与今日的各种限制和威胁绑在一起。这种特意制造的认知失调，刚好成为改变人们最有效的因素。正因为这种紧绷状态让人不安，所以就能刺激我们采取必要行动来解决问题。令人惊讶的是，我们大多数的访问对象，几乎都活在这种成功的希望，以及不断地跟可能导致挫折甚至失败的困难搏斗的心理反差状态中。其中一位很坦白地表示，他一方面帮助人们活得健康又长寿，但另一方面又感到厄运将至。而与此同时，他公司的规模却在十八个月内扩大了一倍。而这正是设定挑战性问题除了在策略上有用，在心理上也有用的原因。若能深入理解不因限制而退缩并达成目标的意义，就是一种面对未来最好的准备。

> **设定挑战性问题，不仅在策略上相当有用，在心理上也是。**

最终，厄廷亨证明了心理反差不过是对于即将发生的事情的一种心理准备罢了——亦即行动计划。这种紧绷情绪必须被导向行动，也就是心理学家所谓的"实践意图"（implementation intention）。针对你想做的事，拟定具体、确实的计划，然后执行，着手解决这种紧绷情绪并开始让事情动起来。成功并不容我们的耽溺或沉沦情绪占上风，但却会让两者保持在高张力的状态。利用这种状态获得成功。

我们在十五年来与挑战者合作的研究过程中，曾多次看到了心理反差在奠定挑战者文化（有时则是大众立场）上，所扮演的驱

动角色。挑战者们可能是对未来有着正面态度的任务导向型的理想
主义者，同时，又展现出要为世界除去强大敌人或邪恶文化的好
胜心。而他们的状态则经常是既对未来感到乐观，同时又在时间
紧迫，或是十万火急，或是正处于存亡关键等情况下采取次要标
准。他们在自己的品牌和企业中，创造了一种结合正负情绪的激励
效益。

南非颇负盛名的创意会议暨展览活动Design Indaba，于开普敦
首次举办后二十年来，已成为全球最大的一场创意盛会。创办人拉
维·耐杜（Ravi Naidoo）认为，当初是各种交错的情绪，驱策他开
启这一切。自南非前总统曼德拉当选后，耐杜虽感觉南非举国正充
满各种可能性，却也担忧若经济改善的脚步赶不上政治变革时，国
家将前途未卜。1995年，他对于借助南非的设计与创意（"位于双
耳之间的资源"）来转变当时国内偏狭与封闭现况的想法，感到兴
奋不已。他的愿景是要组成来自世界各地的"另类创意大军"，请
他们协助改造非洲。这场盛会在向全世界展示南非最杰出创意的同
时，亦吸引了全世界的顶尖人才和客户前来南非。这原本不过是一
个徒有雄心壮志，却缺乏资金的想法——我们将会在第七章《一无
所有的富饶》中看到，野心与限制间的张力是如何驱使耐杜创造新
的价值并付诸实现的。当他述说自己的远大梦想和其意义时，充满
了复杂的情绪。即使过了二十年，他仍然满怀热情地谈论所有的沮
丧和兴奋、启发与恐惧等。这正是一则全心投入、受情感驱使的故
事，其中充满了强烈的心理反差。[20]

　　同样地，本章之前提到过的BrewDog共同创办人瓦特对工业量产啤酒的强烈鄙视，不过是驱使他们前进的一部分罢了，另一部分则是"让其他人像我们一样热爱精酿的手工啤酒"。他说，他们有"朋克精神……我们想让自家的啤酒，秉持当初朋克族看待流行文化的态度，来对待啤酒市场的现有产品。"也就是说，驱策瓦特及其团队的，是各种情绪的总和，有光明面也有阴暗面。[21]

　　正负情绪并存之所以如此有效，是因为它能随个人状况而调整——每个人都能选择对自己最有效的方式，以确保整体团队处于最佳状态并能持续下去。因为每当其中一种情绪稍微减弱时，就会有其他情绪浮现出来，让坚持下去的毅力不会就此消失。

　　不过，厄廷亨的发现也跟潜在成果中的限制因素有关。我们必须将"动机"与"成果"一起放进挑战性问题的脉络中。如果需要是发明之母，那么它绝对不会是单亲状态。我们需要将挑战本身，和我们自己所真实产生的各种丰富且冲突的情绪融合在一起，并且要在梳理情绪脉络的过程中贴近它们，让它们保持生动鲜明。这便是我们利用并强化情感投入的方式，因为我们必须将不断变通、后退一步以不同角度审视的创意性坚持给激发出来，好让我们获得成功。

创造情绪脉络

　　在面对较小限制时，可以不需要情绪脉络，但要是限制较大时，我们就需要更多动机，好让我们穿越每道必经的探索关卡，以及最初阶段的失败之路，继续前进。IBM的资深科学家与工程师们，必须学习各种叙事技巧，以协助他们融入公司内跟某项计划价值有关的团体中，而我们也需要采取类似做法。此处我们提供的并非某种叙事架构，而是一个刺激因素，协助你思考如何创造适当的情感内容。工作目标也许有点帮助，但却很可能相对较局限在正面的情绪上。若你采用以下建议的话，至少有机会以比较丰富、包含个人背景在内的故事来弥补不足。

你目前处于什么位置？

下一页图6.1是取材自美国心理学家罗伯特·普拉切克（Robert Plutchik）的著作《情绪的心理演化理论》（*Theory of Basic Emotions*）。这里的版本不过是本章或本书中所讨论的各类情绪的汇整，仅供参考，而非严谨的科学产物。

这张图的外圈为八种主要情绪，内圈为每种情绪在向中央移动时的不同程度。如沮丧的情绪在逐步增强后，变为生气再变为愤怒；同情在增强后成为关心再变成喜爱，依次类推。如上所述，此处将某些情绪分类为正面或负面是没什么帮助的。它们虽然分别来自情绪光谱的不同部位，但对不同方式而言都很有用。[22]

请想一下你所面对的挑战性问题，以及其中你想转化的限制。为何它对你而言特别重要？请分别从图中每一个部位着手。并非要你无中生有，而是利用这张图来反映并展现你的情绪关系，以及这项挑战的本质与结果的各种面向。请尽量使用到熟练为止，从哪里

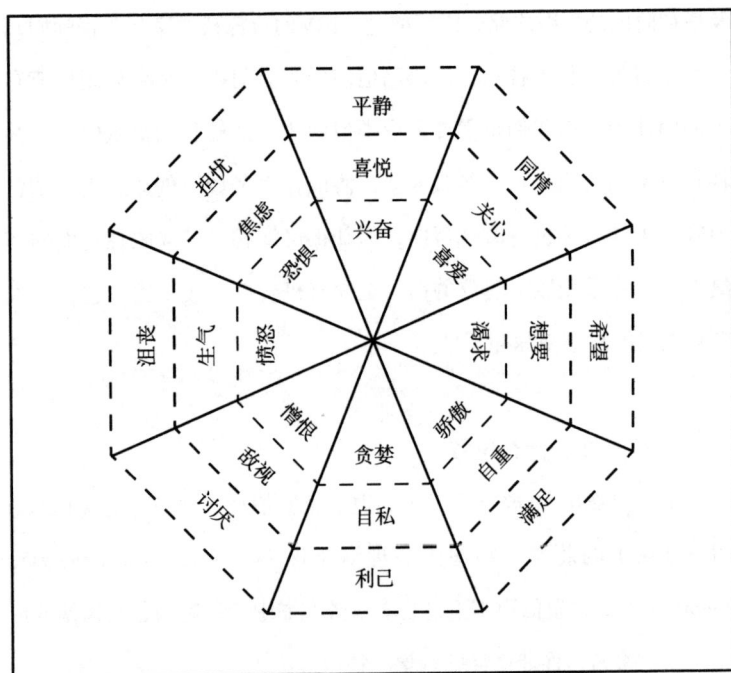

图6.1：八种情绪动机（向普拉切克致以敬意）

开始皆可。例如，它让你觉得兴奋的地方是什么？它有哪些地方可能会让你感到兴奋？请尝试三种不同的问法。哪一种最接近你的感觉？接着进入下一步：若尝试不成功的话，你会担心什么事？什么事是我们所有人都应该担心的？针对这些问题，也请尝试三种不同的问法，并依次类推。

然后把它们晾在一旁，一整晚都不去管。第二天早上起来后，看看哪三个是你最有感觉的，为什么？

选择各种情绪及反差

建立你自己的三个情绪联结区，确保其中一个属于正面的情绪，一个属于负面情绪。当你将它们放在一起后，产生了什么样的情绪脉络，使得解决重大限制变得如此重要？是什么样的背景、人员或组织，能反映你的感受，并赋予你想强调的情绪所需的空间与角色？请从你的团队中挑选三名组员：你觉得他们三位在什么地方跟这个情绪脉络最有关联？这些情绪在以不同方式联结不同的对象上，有什么样的用处？对你而言最难处理的情绪，对他们来说却未必是。

你也不妨尝试一下心理反差的方式。比如让自己耽溺在对成功的幻想中，并记下此时所产生的各种感受；然后也试着让自己沉沦在对失败的恐惧中，同时也将这些情绪记录下来。在你开始之前，先排练一下你内心的小剧场会很有用。你要如何增强情绪，并往情绪轮盘的中央移动？身为领导者，我们要懂得运用厄廷亨所说的方式——将对未来的目标与今日的威胁绑在一起——在团队试图达成的目标上，创造情绪张力，把它变成我们真正的动机。

保持鲜明的情绪

在整个过程中，每个人都要设法让这些情绪愈真实愈好。韦登将奥运长跑好手拉塞·维伦的照片贴在书桌前，借此提醒自己耐特的要求，以及这家新公司所下的赌注有多大。尼尔曼在领悟到自己有能力瞬间改变清洁工脸上的表情后，便成立了Juntos Finanzas。瑞夫斯兰只要坐在教室里，就会跟他的各种情绪正面交锋，因为他经常这么做。另外像是耐杜等人士以及宜家等企业，都是随时就能展现最强烈情绪的写照。

d.school驾驭情绪之范例

由斯坦福大学Hasso Plattner设计学院（即d.school）所提供的"超低廉设计"，是一门为期两季相当受欢迎的课程，以跨领域的项目小组方式进行，项目小组须为改善世界上穷苦人家的生活而设计产品和服务。其中有许多充满限制的问题，有时间上的（课程只有两季）、知识上的（学生们虽然在自己的领域里都是大师，但却非这门学科的专家）以及预算上的限制——从课程名称就知道，设计目标是必须提出各种极低廉的解决方案。而且每组只有四名学生。

但该门课程其中一位教职员，本身亦是d.school讲师与经验丰富的创业家的斯图尔特·库尔森（Stuart Coulson）指出，人数少的小组有其价值，"我认为，（人才）资源限制是件好事。看起来像限制的实则未必是，（在人少的小组中）不会有官僚、没有层层决策、没有权谋。这是全然自由的形态。"[23]

课程中某些作业，是与当地人并肩做出来的。他们亲身体验问题所在，并利用设计思维的原则来解决。在诸多成功作品中，有一个名为"抱抱"（Embrace）的婴儿保温袋，外表有如睡袋，乃专为电力短缺地区所设计。相较于传统的保温箱，它能以极少的成本达到降低婴儿死亡率的目标。令人印象深刻的是，这门课程的学生似乎已很习惯将限制转化为对策了。

这门课程教学方式的其中一个层面，就如同课程负责人之一的吉姆·帕特尔教授（Jim Patell）所说："……要从合作伙伴对解决方法应该是如何的预设立场中抽离……也许他们的方法值得一试，但请先别做这样的假设。"[24]在抱抱婴儿保温袋的例子中，合作伙伴原本想要一种更好的医院等级的保温箱，但当学生到了尼泊尔后，却发现绝大多数的早产儿并不是在医院出生的，也永远到不了医院，因此解决之道就必须从医院之外的乡下地方来着手。他们对合作伙伴的其中一项根本假设提出质疑，并问了一个很不一样的问题——不是"我们要如何设计出廉价的保温箱？"而是"我们要如何提高早产儿的存活率？"从这个问题出发，让他们走上了一条迥异的路径，并找到了更有效也更为低廉的方法。除了他们的某些创意对策外，在我们与领导团队的对话中最有趣的层面之一，就是学生在课堂中的心理状态。

斯坦福大学是地球上最难进的学府之一，申请者中只有6%的人能获准入学，学生个个都聪明绝顶。但聪明到能进斯坦福的人，却不一定都能上得了这门设计课。登记选择这门课程的人数不但爆满，而且学生多半得要天资聪颖才能入选。学校要的是**有自觉、能与人合作愉快的队友，要热情、富有冒险精神，并且足智多谋**（他们将之定义为"能从限制中得到启发，而不是挫折"）。这些聪明的家伙甚至可能不适合当学生，因为他们很难善加利用那些不可避免的失败。[25]

同组学生彼此间相处的方式，是成功解决困难简报的基本要素：大家都是第一次合作，而且是在压力和情绪紧绷的环境下共事——就像位于印度的所有乡下医院一样，解决的通常是生与死的问题——压力之大可见一斑。

"我们处理的那些问题会让人想哭，"帕特尔教授说，这类情况以设计思维其中的一项原则来形容会更精确——与使用者建立深厚的情谊。帕夫科夫（Pamela Pavkov）是为罹患肺炎的婴儿设计便宜呼吸器的学生之一。她谈到了自己在孟加拉国医院和病童及其母亲相处的第一手经验：

> 我会说"那一刻"给了我相当大的震撼。界线完全瓦解了，他们给了我做事的动力。我不在乎自己饿不饿，舒不舒服，是否疲倦、孤独——我要到那里去，我要继续工作。[26]

能够控制并有效调整对项目产生的所有强烈情绪，是d.school在挑选学生时看重的另一项特质。他们将"压力下保持冷静"的这项标准定义为："你能将压力与情绪导向事情的重点与进展上"。在课程开始时，他们教导学生在设计过程中，如何跟彼此进行困难的对话，以及如何把跟使用者培养出来的情谊导向有效的程序中。帕特尔教授说："留意各小组的情绪状态是非常有用的。"

因此，斯坦福的设计师们实地所做的工作，对我们其他人来说却是一项严峻的考验：一群行为高尚的聪明人在高度受限的环境中反复工作，且必须承担立即产生的影响深远、亲身体验过且清楚可见的后果。要知道，他们可以很有效地培养成功所需的毅力， 而非一味压抑过程当中所产生的负面情绪。**我们必须学习如何驾驭各种情绪以达成目标，而且必须找到适合自己的方式。**

本章摘要：启动情绪

●在接到真的很不合理的简报任务时，我们也许会尝试不同方法，发现层层限制，并且常常失败。光是其中所需的毅力，恐怕就会让专业人才筋疲力尽。这时我们就需要个别的激励。

●科学家们发现，在"成功克服障碍"与"对目标的情感联结"之间，有很强的关联性。若要转化限制，我们就必须找出能激发创意性坚持的各种情绪。

●企业目标可提供某些情感联结，但我们会需要在目标以外的地方，寻找属于个人的情感，而且最好是各种情绪都有：恐惧、贪婪和沮丧，以及兴奋、喜爱和欲望。我们希望每个人都能找到跟计划相关的各种正负面情绪。

●情绪在形成反差的时候最有效。实验证明，我们不仅要耽溺在成功的幻想，还要沉沦在失败的感觉里——两者间的紧绷情绪要比光是正面思考时，更能促使我们拟定计划并采取行动。

●一旦团队成员找到自己对简报任务的情绪联结，团队领导者就能针对这些队员，建立一套情绪动机脉络，以便在必要时激励团队士气。

●在转化限制时，动机即是方法。当挑战性问题遇上强烈情绪时，就会有所突破。若未能启动适当情绪的话，就会很容易退回到受限者心态。

7.

一无所有的富饶

向从零开始，成功的人学习

Learning from people who succeeded with next to nothing

本 章 重 点 ：

1. 我们能从受限于缺乏主要资源的人身上学到什么？

2. 而我们又需要具备什么样的崭新技能与思考方式？

> 贾格尔……是天生的好手，他能在如此狭小的空间中又唱又跳，让人深感佩服……看他表演并跟他一起演出，是很棒的事……那旋转、舞步……虽然我觉得在大舞台上反而发挥不出来，但他还是很棒。在某些地方……他显得有些不自在，他忘了自己在那个狭小的场地上，表现得有多好。
>
> ——滚石乐队吉他手基思·理查兹[1]

资源诅咒（Resource Curse）一词是由经济学家理查德·奥蒂（Richard Auty）所创，是形容天然资源丰富国家的经济状况，有时反较资源贫瘠的国家更糟。虽然这种现象并非不可避免，像是做事谨慎的挪威人就能办到。但事实上，坐拥丰富资源，反而常常会导致在政治与经济上，限制了国家永续成长的潜力，而非加速成长。[2]

财富较少但经济表现却反倒较出色的这种明显违反直觉的想法，可在2005年欧盟禁止烟草商赞助后，麦拉伦一级方程式赛车队（McLaren Formula One）的成功事迹上看到。过去这项产业以及十一家车队所享有的奢华生活，如以私人飞机接送赛车手参赛、住最好的饭店、享有各式丰富的资源等，皆来自烟草商所提供的赞助。随之而来的，在F1赛事中常见的心态，便是金钱能买到成绩。

因而当禁止赞助的法令一颁布，对许多业界的人来说，便犹如敲响丧钟一般。他们要拿什么来替代这份收入？他们猜想，就算F1赛事还能办下去，规模应该也会大幅缩水，车队数量也会减少。但领导麦拉伦车队的罗恩·丹尼斯（Ron Dennis）则有不同看法。他要求整个车队一一检视他们所做的每件事，想想他们能如何改进。他们眼前的目标就是要让赛车跑得更快，以及尽可能提升团队战力以吸引新的赞助商。其他的都不重要。该删减的就删，同时改变做法并投资新的人力、技术与实务，力求提升表现以达成这两项目标。

当时，许多队里的赛车手一开始的反应都是，各项删减只会让赛车跑得更慢罢了（即第一章所说的最初阶段的受限者心态）。但到了最后，当时的首席技师马克·普里斯特利（Marc Priestley）却发现，这样反而让麦拉伦车队在各方面都有大幅转变。例如，在营销方面的蜕变：他们必须利用新型的体验来吸引赞助商，像是在车库的观看空间中，赛车手坐进赛车并驶离的位置旁边就有赞助商的标志。而赛车手也有新的做法，例如，他们在台上接受采访时，一定会穿戴清楚印有赞助商标志的服装、帽子以及手表，并与电信业者Vodafone建立长期赞助关系，让车队能够稳健经营。

此外，麦拉伦车队在绩效上也有所蜕变：例如，架设摄影机以观看并分析二十位加油站队员，评估每一位在时间上该如何改进，

图7.1：麦拉伦F1赛车加油站

然后投资相关技术加以改善，好让车队将进站加油的时间从原本的4秒缩短成破纪录的2.5秒。然而，他们并不以此自满。之前他们曾对4秒的加油时间很满意，但在进一步检视自己的每一项做法后，却发现时间还可以再缩短将近一半。

至于心态上的蜕变则是：**车队中的每位队员现在都相信，促成优异表现的不是金钱，而是效率。**因此，微量分析与持续改进的做法，已成为车队文化的一部分。麦拉伦车队也因此在程序与流程方面走在时代尖端。

普里斯特利表示，F1赛车近期在规则上的改变，可以说是延续了烟商赞助禁令的精神。自2014年起，国际汽车联合会FIA（一级方程式赛车的主管单位）要求所有赛车均需使用超高效率的混合动力引擎，而这项规定也再次引发业界疑虑——采用这项技术的赛车能跑得一样快吗？

　　而这项规定，使得赛车技术首度得以直接运用到一般道路上。如此一来，对各大车队如奔驰、麦拉伦、法拉利、雷诺以及重回赛场的本田而言，是否留在F1继续参赛要比单单只有名声上的价值，更值得讨论。其次则是在每场比赛中，新型赛车在车速一样快的同时，耗油量却反而减少了35%。这类技术转移对这些企业的主要业务来说，具有重大的应用价值，不但对买车的顾客有益，最要紧的，是对环境有益。因而失去烟商赞助的财务损失，反而促成了一级方程式赛车整体生态系统的一大利多和持续蜕变。事实上，对他们业务的每个层面，及其不同的利益关系人来说亦然。[3]

零资源的限制

　　每家企业在成长和取得成功的过程中，都知道他们会失去某些最初获得成功的创业优势。那些急迫性、活力，以及把钱花在刀口上的优势都消失了，路径和对策也都建立起来了，但在这些路径对策之外的弹性和创意思考，却反而受到了局限。

　　而那些缺乏同样渴望、高风险意识，或做好承担风险准备的新时代，则走上了一条更循规蹈矩、更稳定也因而更没有创造力的途径。

　　当然，要是完全缺乏某项资源，也绝对会是一项难以克服的弱点。这样一来就会使我们成为受限者——什么东西都没有，要拿什么来转化？

本章要探讨的，就是"如何"以及"为何"即使一无所有也能拥有丰富资源。我们要将某特定领域（传播与营销）中的"零资源限制"——即完全没有（或几乎没有）某项主要资源——视为本书的一大考验。人们不必是营销专家也能有所体悟：不论我们的专业为何，人人在公司内外都必须"沟通"与"融入"。

接下来我们将聚焦在以下六大主题：

●戏剧化和惊喜：在缺乏预算以及参与观众的情况下，要如何才能在进行宣传的时间、地点上，制造更大的效果。

●打从骨子里有趣：要是我们没钱自我宣传的话，要如何利用这种方式打造一个让他人自愿帮我们宣传的品牌。

●让次要媒体成为主要平台：如果我们无法利用或负担主要的营销媒体的话，要如何利用机会以次要媒体取代之。

●联手扩大规模：如果我们无法自行负担某种规模的传播成本的话，要如何利用此法迫使我们开发新型的伙伴，并建立新的品牌关系。

●利用他人资源：我们在最需要的资源上的匮乏，是如何迫使我们从他人身上取得该项资源的。

●商业创新：为保有这些资源，我们是如何被迫在这些重要关系上，创造新的价值与传播形态的。

戏剧化和惊喜

工业剧院（industrial theatre）是一种被南非采矿业用来宣传重大讯息的剧院形式。管理阶层必须通知并教育矿工们各种主题，从生死议题（安全程序）到相当严肃的主题（财务管理）都有，但在执行的同时，却也面临各种重大限制。例如，语言在此处就是一项不太可靠的传播工具，因为这些矿工分别来自九个使用不同语言的种族，而且还不包括外籍矿工。另外，这批由工会组成的观众也并非自愿来到这里，而是由公交车统一载他们来这里听老板说话，通常还一边入座一边嘲讽随后要听的内容。

为处理这些限制，他们便将工业剧院发展成一种有效且积极的媒体，以让这类观众乐意参与其中。例如，它具备许多一般信息式影片所没有的优点，像是让观众用心而非用脑来了解这些议题，让他们看见同僚参与并准备进入其中一个角色和主题，借由刺激他们的想象去完成舞台上只有姿势和声音的半套情境，以有效地让观众自愿参与。

尼克·华伦（Nick Warren）是南非工业剧院的创始人之一。之前在担任儿童节目《芝麻街》的创作者时，他发现自己面对的都是些棘手的问题，像是如何利用节目处理虐待儿童的议题等。他发现，要让工业剧院成功运作的话，就需要遵循一些基本规则。你必须要尽快让场子热起来；把它变成肢体表演以减少语言的使用；要绝对诚实与真实；让观众用想象力来完成故事，且必须出乎他们的意料。他淡淡地说，当你要沟通的是生死议题时，就不能让观众觉得无聊。[4]

工业剧院最受人瞩目的地方，不光是将显而易见的限制，转化成一种有力的沟通形式而已。在许多方面，它的运作逻辑也正是我们在企业中的思维：我们必须参与各重要面向的沟通（若我们得待在这行的话），而听众要不是大肆嘲讽，要不就是不感兴趣。即使说着跟我们一样的语言，也通常不太专心听。这样一想，**我们多数人就跟从事工业剧院这行没两样——对那些有重大讯息要沟通，但沟通对象却很少的人而言，戏剧效果就显得特别重要。**

在之前的章节中，我们介绍过BrewDog这家肩负使命的啤酒商，怀抱强烈的野心要改变人们对啤酒的认知，并推翻那些他们认为乏味的主流啤酒业者。他们采取的主要策略就是"戏剧效果"，在他们产品的本质、名字以及包装等所有东西上都看得到。在品牌推出后的五年内，除了日常销售的产品，他们也酿造、贩卖当时世上最烈的啤酒，并取名为"战术核弹企鹅"（Tactical Nuclear Penguin）；或将酒瓶装进路上被压死的动物标本里且命名为"历史终结"（the End of History）；甚至是推出以2012年伦敦奥运会禁药为主题所制作的纪念啤酒——"别管合成类固醇"（Never Mind The Anabolics）。

图7.2：BrewDog所推出的名为"别管合成类固醇"的限量啤酒

　　问及他们为何如此夸张，共同创办人瓦特说，因为他们创业既无资金也无预算。由于啤酒业者传统上都是利用打广告，以及尽可能在一般通路上砸钱来营销，而他们并不想在这方面硬碰硬。实际上也没办法硬碰硬，因为他们根本就口袋空空。[5]

　　预算上的限制迫使他们转向免费但密集的社交媒体和在线平台等管道。瓦特说，在那里，传播运用的不是金钱，而是通过聪明又能真正参与的内容，以产生联结的能力。这一系列产品上市时的戏剧效果，就它们自己的风格而言，或许就是一种工业剧院，提供出人意表且置身其中的想象。这些夸张的产品概念所搭配的视觉元素，亦可从两位创办人影音网志上的企鹅装，"跳Tone"到海底啤酒坦克跟海盗旗浮标图片上窥见。

　　一家毫无营销预算的厂商能玩出如此夸张的聪明策略，而不只是利用搞笑天分来小小表达愤怒并自我宣传，所凭借的正是戏剧效果与一般宣传间的差异。

戏剧效果能引人注意

　　若你负担不起引起他人注意的宣传手法，那么最好的策略之一，就是以引起他人注意的方式来行动。戏剧效果，特别是比周遭的人在某件重要的事情上表现得更为夸张，就是将焦点集中在自己身上最有效的方法。

戏剧效果能引发情绪并刺激反应

　　戏剧通常先是引发我们的各种情绪——因为戏剧的本质就是从激发人们情绪性的反应开始，接下来便是较为理性的反应。情绪性反应不容我们不为所动，而我们也必定会以某种角度来回应。

戏剧效果引发话题

人类对戏剧上瘾。在我们日常生活中上演的大大小小戏码，以及我们对它们的反应，都是我们平时八卦的素材。尽管制造话题就对了。

戏剧效果创造记忆与联想

戏剧的短暂张力能让人们记得并产生联想。品牌以及任何影响久远的事物，都是借由记忆和联想而获得成功的。

因此戏剧效果并不等于那些囊中羞涩的品牌的媒体预算，它其实是一种更有效的策略。但那些中了"资源诅咒"的企业，却鲜少懂得善加运用。

当然，戏剧效果得视个别情况而定，并不是每个人都得把啤酒瓶塞到动物尸体中，才能制造戏剧效果。网络摄影器材行Photojojo那热情如火的个性，正是让品牌与众不同的特质之一。他们将这种热情传送到每位使用者的联络内容中，像是："我们的第一张收据上面有六个兴奋的惊叹号，目前还没有其他人给我们的收据有惊叹号的，甚至一个都没有。"即使只是小小的夸大，都能让人对一张收据印象深刻，并成为品牌跟顾客的接触点。

和戏剧效果紧密相关的，是"惊喜"。这两者其实不太一样：小惊喜并不会夸张，而再看一次时，则未必让人仍旧感到惊喜。例如，我们若重复看新西兰航空的机舱安全影片，虽然可能不再感到惊喜，但依然会觉得相当有戏剧效果。让人惊喜，就像戏剧一样，是利用较少资源创造较大效果的有效手法。

在营销的惊喜效果方面已有许多研究。整体而言，它有放大情绪的效果：**出人意料的要比预期中的更让人惊喜**（例如，在你向Photojojo订购了一个智能型手机照相镜头后，他们会附送你一只小塑料恐龙，让你马上就可以拍着玩），**预料之外的损失会比预期中的还要让人难过**（也许像是一些超收的手机费用之类的）。得到惊喜的人们要比没有得到惊喜时，对商品功能的评价更为正面。惊喜能吸引人们注意并加深记忆，能强化顾客忠诚度并得到好口碑。[6]

网络眼镜业者Warby Parker的创办人尼尔·布鲁门撒尔（Neil Blumenthal）一开始跟所有创业者一样，没什么钱做宣传。当提到他们是怎么将惊喜元素放进年报里，把年报变成眼镜公司最有效的营销素材之一时，他说：

> 我们推出了一份交互式年报——你大概会说"谁会想看年报啊？"嗯，不同于无聊的财务报表，我们报告的是公司内部的作业情形。像是一天之中什么时段接到最多电话？最常拼错的关键词有哪些？我们在优惠时段喝的是哪种啤酒？我们让顾客一窥幕后花絮，以及在Warby Parker工作是什么样子的。我们原本以为这不过是一种很单纯地跟顾客互动的方式，没想到却变成很棒的营销工具。因为它被人们分享出去，而且商品还连续三天大卖。[7]

我们知道的是：我们至今已售出574副单片眼镜了。

我们不知道的是：万圣节到底有多少人像品牌吉祥物花生先生、马克思、英国政治家约瑟夫·张伯伦，或是电影《希德姊妹帮》（*Heathers*）中的薇诺娜·瑞德那样，戴上单片眼镜来搭配装扮。

而我们非常确定的是——狗狗配上单片眼镜，就跟意大利面配上肉丸一样搭。

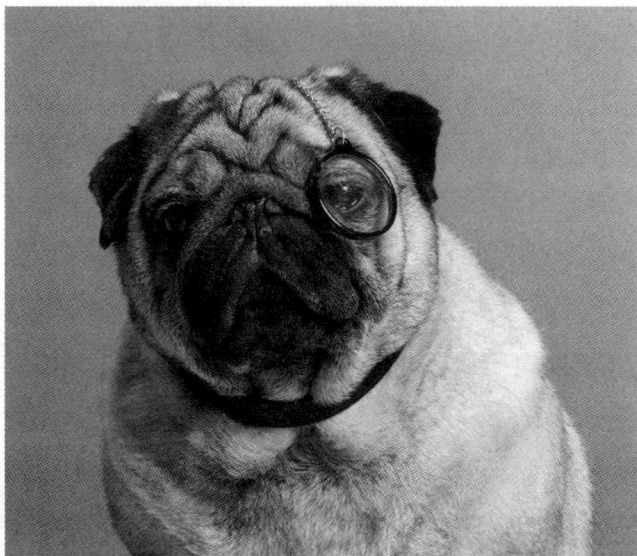

图7.3：Warby Parker一篇报道

我们可从海姆（André Geim）教授的例子中，同时看到戏剧和惊喜的元素。海姆教授最广为人知的，恐怕就是他在石墨烯

（graphene）上的突破了。在他早年的职业生涯中，这位诺贝尔奖与搞笑诺贝尔奖双料得主发现，科学界对他在电磁的一项意想不到的效应上的发现不感兴趣：在特定条件下，这项效应能让水滴飘浮在空中。由于同侪冷淡的反应让他感到沮丧，海姆认为他必须要做点什么夸张惊人的事才行，例如，让某个活的东西飘在空中之类的。直到他把一只小青蛙升到空中后，才终于如他所愿地得到了同侪的注意。海姆表示，即便在科学界，你也需要运用某个让人惊喜的元素。[8]

Photojojo、新西兰航空以及海姆都以各自的方式，设法让人们感到惊喜。大胆的企图加上零资源的限制，驱使他们采取各种行动，以制造出比利用传统资源所能产生的更大的效果。

打从骨子里有趣

杰瑞水手朗姆酒是世界上最热门的烈酒品牌之一。酒商是直到每年销售量超过百万箱后，才开始打广告。其制造者史蒂文·格拉斯（Steven Grasse）打造了许多从零开始的品牌，除了杰瑞水手外，他还替威廉格兰（William Grant）制造亨利爵士金酒（Hendricks Gin），推出一款名为Spodee的酒，并重新上市了一款啤酒（Narragansett），以及一款公然挑战所有传统烈酒的产品，并取名为"机械复制时代的艺术"（Art in the Age of Mechanical Reproduction）。跟南非工业剧院的华伦一样，格拉斯也强调，贴近目标群众去了解并理解他们，且展现真实的自己是很重要的。

格拉斯的公司Quaker Mercantile原本是家服务其他客户的广告代理商。与生俱来的创业才能，加上对客户不太接受建议的情况感到沮丧，使得格拉斯决定自创品牌，并用一种不太需要传统广告的清晰观点来营销，即使已销售成千上万箱酒后仍然如此。格拉斯是第一个体认到，想在竞争激烈的酒类市场中建立品牌，本来是不太可能不打广告的。他表示："杰瑞水手本来是行不通的，你根本不太可能不花一毛钱打广告便想击败'摩根船长'。但我们做到了。"9

因此，你要如何在一个广告导向的产业中，以没有广告预算的方式来达成一年一百万箱酒的销售量？杰瑞水手的限制在Quaker Mercantile及其经销商之间，原本是死路一条：后者不能打广告，因为格拉斯坚持要掌控所有的创意产出。所以，本来是朗姆酒要促销杰瑞水手的服饰品牌，后来反倒由这个生活风格品牌来促销朗姆酒，还获得跟品牌精神志同道合的一些朋克乐队的鼎力支持。"我本来不知道朗姆酒就该是特立独行的，"格拉斯说，"所以我决定要更'杰克丹尼尔'一点。"而他是直到威廉格兰告诉自己，因为杰瑞水手已成为格兰洋酒公司最大的品牌，除非他们买下它，否则便不打算再继续经销时，才发现自己的品牌有多大。

格拉斯强调要"打从骨子里有趣"。如果你没有预算向他人推销自己，就必须让他人来帮你宣传。这就表示你必须要让你推销的东西，从里到外各方面都要有趣才行。

当我们打造一个品牌时，它的内涵必须要跟外表一样有趣才行，这样人们才有许多可写的……因此，当你看到Hendricks时，它的瓶身很有趣、里面的酒也很有趣，而整个故事又加分的话，那么它就不会只是橱窗里的展示品。[10]

在格拉斯将杰瑞水手卖给威廉格兰的那一天，他想到了下一个品牌的点子，也就是"机械复制时代的艺术"，想法来自艺术品被复制得愈多，光芒也就失去得愈多。对我们来说，也是一样的道理。他认为，人类从"沃尔玛超市买的复制烂货愈多"时，失去得也就愈多。因此，他想打造一款真正原创的烈酒，不属于合法的金酒、伏特加或朗姆酒的类别，因此你必须知道到哪里找。目前格拉斯共推出了Root、Snap、大黄茶（Rhubarb Tea）以及Sage四款产品，全部都是依照美国民间配方酿制，其中大多是来自他母亲的配方：

> Root是依照某种麦根茶的配方酿造的。这种麦根茶后来还演变成了麦根沙士。Sage则是一种殖民地花园金酒，可溯及早期利用花园中的任何一种原料所制造的金酒，这是一种没有杜松子的金酒，因此严格说来也并非金酒。大黄茶则是根据富兰克林将大黄籽带来美国，并赠送给一位亦是御用植物学家的友人约翰·巴特拉姆（John Bartram）的史实而来。他们尝试制作一款药用香草茶，并称之为"大黄茶"。因此，这些产品个个都非常特别、与众不同，而且它们还比我之前所制造的其他产品，都要引起更多热议。[11]

每款产品皆无关口味，而是一则则好故事。人们谈论的不再是口味，而是它们的故事。

格拉斯表示，他的商业模式原本不会成功，更不用说是将它运用在竞争如此激烈的市场中，但他并非唯一这么做的人。

Betabrand是专门贩卖有故事的服饰的品牌，其中最著名的，就是Cordarounds这个有着横纹而非直纹的灯芯绒裤系列。将故事融入产品中，对他们的成功来说相当重要——他们的座右铭即是"九十九分故事，一分时尚"。最近，他们推出了一项"模特儿市民"计划，鼓励四万名忠实顾客，将自己穿着Betabrand服饰的照片贴出来。

其实有许多品牌也提供这类机会，但多半是为了辅助其他的营销计划罢了。但对Betabrand来说，这却是提升知名度最主要的做法。他们的对策是利用一项科技，让Betabrand得以用一组独特的网址，回复寄来照片的人，让顾客变身"一号模特儿"出现在Betabrand官网上：顾客的照片就是主要图片，顾客就是主要模特儿，而且在他们头上还有一个购买按钮。借由提升照片在那个网址上的地位，幽默地让分享照片的人成为主要模特儿。不论照片有多糟，顾客都创造了让自己能够拿来跟亲友分享的东西。

目前已有超过两万张照片上传并分享。其中许多都是照片本身的一个瞬间就成了一则故事。例如，一个在阿肯色州唱片行外拿着扩音器的男人；在办公桌上做瑜伽；或是一只打着领结的猫咪等。Betabrand规模仍然不大，且营业额虽已达600万，但顾客订单数量却往往是存货的三倍。[12]

> **重点不在于是免费的还是分享的方式——而是你必须把心力放在什么东西上面，好让人们把它分享出去。**

若是将这种策略归类为免费媒体报道，恐怕就搞错重点了。重点不在于是用什么方式把它分享出去的，而在于你必须把心力放在分享什么东西上，好让人们把它分享出去：把产品变有趣、包装变有趣、商品变有趣，以及营销方式变有趣。而且不只是有趣，还要有趣到让人们想跟亲友分享和谈论它们。

有宣传预算的品牌和企业则无须这么做，他们能花钱谈自己的商品。而且由于缺乏急迫性，高阶领导团队就不会太投入和专注在上面，因而效果也就相对不重要，这便是所谓资源诅咒的副作用。但当你无法撒钱自己宣传时，就必须花时间确保你所制造的产品是值得人们谈论的。并且你会集合公司内最资深与最有才能的人员来达成目标，就像格拉斯以及Betabrand创办人林德兰（Chris Lindland）一样，一切都是自己来。澳洲美容品牌Aesop在全世界拥有四十三家店，以及高达八千二百万美元的营业额，而且没有打广告。Aesop以引用建筑大师密斯·凡·德·罗（Mies van der Rohe）

以及加谬（Camus）的名言著称，来呈现其集智慧与美丽于一身的愿
景，并且还会竭力避免品牌给人任何不够有趣的感受。例如，他们
禁止店员跟顾客谈论天气等琐碎小事，"那类可有可无的寒暄对顾
客没什么益处，"他们认为，"如果下雨了，就是下雨了，没有进
一步讨论的必要。"[13]

就连他们的店面，似乎也要永远让自己打从骨子里有趣。

接着我们要讨论零资源限制的第三个效应——找出次要媒介的
真正潜力。因为你非得把它们变成沟通讯息与想法的主要平台不可。

让次要媒体成为主要平台

在十九世纪八十年代中期，法国通过了一项名为《埃文法》
（*Loi Evin*）的禁酒令，限制酒类广告的制播，电视或电影皆不得出
现任何一种酒类广告。至于静态媒体如平面广告或海报等，也只能
在严格条件下使用：除了品牌名称外，只能展示瓶身、酒杯、倒酒方
式以及经销的手法。除此之外其他事物，包括人物在内一律禁止。

在当时的法国，海尼根跟市场领导品牌凯旋（Kronenbourg）的
差距还很遥远，虽然海尼根比对手的售价便宜30%，但后者的规模却
是前者的十倍左右。法国营销团队对现状并不满意，因此发展出了
一套策略，希望增加两倍的成长率。虽然不能尽情打广告，也无法
使用最有效的媒体来宣传，但海尼根及其代理商还是找到了一个聪
明的办法，亦即利用附带两个把手的软木塞开瓶器，在仅存可用的

静态媒体中，有趣地呈现产品令人耳目一新的精神。例如，让软木塞开瓶器像置身游泳池一样，躺在啤酒冰桶中舒展放松。广告创意手法上的限制，反倒使得他们创作出的广告，比禁令通过之前的那些都还要令人印象深刻。

　　但或许广告禁令所造成的最有趣的效应，就是他们的包装设计。因为在此之前，这部分或许就像多数啤酒品牌的广告一样，相对无聊了点。法国海尼根公司开始重新思索他们区隔啤酒产品的方式，并且推出不同大小和形状的啤酒瓶，以满足各种饮用啤酒场合的需求。

　　在针对特定场合的酒瓶尺寸和长颈瓶之外，他们还利用实体包装来呈现各类信息与创意。而一款由伊图（Ora Ito）设计的无法重新封盖的铝制啤酒瓶，虽然尺寸和内容不变，却能带给人们全新的渴望感受。每隔两年，海尼根便会以有型、限量的铝瓶包装来推出最新产品，并只在高档店面贩卖。他们将主流等级的啤酒，以类似Absolut这种顶级品牌的形象来包装。

　　自《埃文法》颁布之后，海尼根在有限的法国市场却有高达600%的成长。甚至到了2013年，不论是在销售量还是价值上，皆取代了凯旋成为新的市场领导品牌，且在维持售价便宜30%的同时却仍能获利。

　　在这个案例里，凯旋跟海尼根一样，都在同一时期受到禁令限制，但很显然的，却没能跟海尼根一样从零开始耕耘出一片沃土。或许这个市场领导品牌只是缺乏心态与动机，未能像海尼根一样发展出如此有效的新对策，以致最后只能将自己葬送在断头台上。[14]

　　拥有营销预算的品牌，会把创意限缩在既有的框框里；那些无法负担或使用这类管道但一样也需要创新的品牌，便因而被迫另谋出路。包装结构、年报以及机舱安全影片等——限制迫使他们必须将既有资产的潜能释放出来。至于那些受到资源诅咒的，却仍然是一群只关心市场需求与公共卫生的笨蛋。

联手扩大规模

　　苏伦斯·傅利曼爵士（Sir Lawrence Freedman）是伦敦国王学院战争研究系（War Studies）的教授。在他所著的《战略史》（*Strategy: A History*）这部对于什么策略才有效的权威著作中，他通过特洛伊战争与亨利·福特，来看黑猩猩群落与编剧家罗伯特·麦基（Robert McKee），强调最核心与普遍的策略能力就是"结盟"。成吉思汗最初是在统一了各蒙古部落后才创立帝国；英国人则是和普鲁士人联手后才得以打败拿破仑；而丘吉尔成为首相的主要目标，就是要让美国加入第二次世界大战以协助同盟国。[15]

　　"协同经济"（collaborative economy）**的现代形式与名称，乃源自某种核心的策略构想，但现代企业却令人惊讶地很少加以运用，而它却是将贫瘠资源变丰饶的最重要的方法。**如果你缺乏某项很重要的资源，就需要与拥有丰富的可交换资源的对象结盟，其方法和工具我们在第五章中已探讨过。

　　在该章中，我们提到维珍美国航空严格来说并没有任何宣传资源可用。跟竞争对手西北航空年度预算高达2亿美元相较之下，可以说是相形见绌，因而他们被迫必须采取崭新的手法来接触消费者。他们跟各种出人意表的伙伴合作，从与"维多利亚的秘密"合办空中时装秀；率先于机上展示Google的Chromebook，到在经济舱洗手间内提供美则的精美产品等皆是。每一家合作厂商都乐意分享自己的资源，以换取维珍所拥有的东西——飞机与乘客。

　　走豪华路线的经济型旅舍citizenM，在刚"开幕"时预算少得可怜，毕竟建造旅馆跟买飞机一样，都需要大量资金。但自从与瑞士家具公司Vitra合作后，他们不但将大厅变成了客厅样品屋，并且还得到了免费装潢。Vitra目前在世界各地的一些时尚之都皆设有展示中心，而他们只需负担装潢成本即可。这家连锁旅馆的营销部长罗宾·查达说，像他们这样的旅馆大厅，是旅客流连小酌一番的空间。跟一般家具展示中心的感觉相当不同，人们通常只会在后者试坐个十秒钟罢了。另外与荷兰书商Mendo的合作也是，他们提供世界顶尖摄影集与时尚作品以方便房客浏览。而citizenM的每家旅馆大厅，都提供Vitra的家具目录供人取阅，让你在坐得舒舒服服之余，也会想为家中添购一张同样的椅子。

　　在《埃文法》通过后，法国海尼根团队在欠缺资源的限制下，缔结了一位另类的盟友——不是与其他业者结盟，而是跟海尼根本身位于荷兰的"中央"或称"全球总部"合作。许多公司的中央创新功能，往往有全球同步执行上的困难，各地区分公司可能不如总部那般开放、成熟或容易协调。但法国海尼根分公司却采取了一项策略，亦即若他们必须受限于电视和电影广告管道的话，那么**创新便是他们成长的首要手段，因此必须牢牢抓住中央正在进行的各项重大创新，以及与中央互相交换彼此的构想和创意。**例如，法国是海尼根在全球最先推出由中央所研发的桶装啤酒的市场，还有最近推出的BeerTender啤酒机，则是跟德国厨房电器品牌Krups合作制造的家用装置。这类密切合作对不同形态的讯息与创新产品流通来说，是非常重要的资源，能让海尼根在法国《埃文法》的限制下，成功抢夺凯旋的市占率。[16]

利用他人资源

在零资源的限制下想得到丰硕的成果，关键就在于取得他人资源的能力，以便为我们的品牌和企业宣传；提供我们所缺乏的重要技能或资源；在我们无法靠自己达到所需规模的某个关键领域，为我们完成部分或所有的工作；在我们无法靠自己以某种速度达成目标的某个关键领域，为我们完成部分或所有的工作；有助于我们向其他伙伴提供某些东西，让他们更愿意与我们合作，并提供更好、更吸引人的产品或经验。

这一切都是以公开、互惠，而非剥削的方式来进行的。我们根本不需成为受限者，就能发展出克服限制的方法，以达成光靠自己难以达成的规模或效果。

在受到零资源限制的世界里，各种人物与团队设法利用他人资源——时间、资金、工作或创意——以促成双方互惠的例子俯拾皆是。这种方式跟我们所谓的结盟大不相同。结盟纯粹就是跟另一个品牌合作，以便从对方的品牌与企业为我们的产品或服务所带来的形象、规模和名声上获取利益。换句话说，利用他人资源就等同于取得我们所需的价值，且这项来源完全无须让外界知晓。例如，美则清洁用品公司的莱恩（Eric Ryan）曾将各种产业中的创新事物拍下来，当作是他在国外的"策略远征"，并在回国后与一小组跨领域的团队一起研究。"让我们把整个世界当成是我们的研发部门"就是他对有限资源的深刻观点。"这其中每一项创新，都是其他人投下重金所证明并测试成功的概念。所有我们想要的都是现成的——我们只需将它们找出来，并思考如何有效运用到我们的市场上来。"就如同在本书其他章节所看到的，英国移动电话公司giffgaff将它的顾客视为顾客服务部门；多邻国把它的使用者当成翻译员；以及服装公司Threadless将它的社群视为创意部门和首席购买官等一样的道理。

我们在之前的章节讨论过取得他人资源的概念，以及用更有系统的方式来思考做法的工具与架构。我们发现寻求资源的创新方式，必须以说服对方让我们取得资源的创新手法来辅助。下一单元我们将探讨某种特定类型的创新与价值创造——商业创新，以及如何创造新型的共同价值。

商业创新

人们通常会认为创新是产品或体验工程师的工作，并有各种研究与营销团队的辅助。然而，在发掘、创造及巩固各种让我们取得他人资源，以及各种正式联盟或合作关系的核心，却是某种截然不同的创新形式——商业创新。

维生素水（Vitaminwater）与说唱歌手50 Cent通过创新的商业关系，让双方都获利。后者借由为品牌宣传，并容许自己的图样出现在包装上，成为品牌的大股东。而维生素水则利用他们所拥有的股票，来合法换取50 Cent的资源，如名声、群众吸引力以及宣传的声势。

在2011年，世界杯足球赛举行之前，英格兰的橄榄球总会（Rugby Football Union）为了激励队员赢得球赛，便计算出他们至少需要250万英镑，才足以分给队员以作为奖励的手段。然而，橄榄球总会并没有这笔钱，因此必须设法在商业上创新：他们在几家博彩机构下了25万英镑的赌注，赌英格兰会赢球。但这项商业创举最后却被英格兰足球队自己在比赛中的可悲表现给搞砸了，而赌金也从未进到他们的口袋里。当格拉斯将啤酒品牌卖给酒商兼经销商威廉格兰时，还附带了一项契约，就是要让自己的公司Quaker Mercantile在未来十年成为他们主要的营销伙伴。

"一个孩子一台笔记本电脑"计划中笔记本电脑的设计师贝哈尔，在2007年就任今日制造Jawbone产品和UP智能手环的公司Aliph

的创意长。贝哈尔的设计公司fuseproject曾为Aliph以按件计酬的方式设计商品多年。即便有一些成功的设计作品，Aliph却因经营不善而打算裁员。首席执行官侯赛因·拉赫曼（Hosain Rahman）此时面临了一个两难的问题：该如何在没有预算给付薪资的情况下，仍能留住明星设计师以改善商品。

解决之道即是：让fuseproject成为公司股东。而且这个办法之前已成功过好几次。[17]这类合作关系在硅谷已司空见惯，许多现金周转不灵的新创公司都用入股来吸引人才。而对贝哈尔来说，这项做法也成为一个崭新、持续的商业模式。他们跟企业客户继续以按件付费的方式合作，跟新创公司发展股东关系，并利用收益来持续资助他们那些充满各种限制的公民计划，如"一个孩子一台笔记本电脑"即是。他们最新的一项计划是，与墨西哥政府以及Augen眼镜公司合作，提供免费、有型且量身打造的眼镜给五十万名负担不起，或不戴眼镜的墨西哥学童。

不过，这方面最有意思的一个例子，则来自开普敦。我们在第六章中介绍了耐杜创办Design Indaba的动机与心情。他虽受到曼德拉当选后南非的各种可能性的启发，同时却也担忧若经济改善的脚步赶不上政治变革时，国家将前途未卜。我们看到了他的野心虽大——创造一个交流想法的环境，以转变世界跟南非的关系、以及南非跟自己的关系，但同时也是个缺乏预算的野心。而在创办初期的一项主要问题，便是要如何负担邀请全球顶尖人才前来南非的费用。这些人习惯坐国际线商务舱，即便当地货币兑换美元或英镑的汇率很低也一样。耐杜明白，还有第二个跟资金相关的挑战在等着他：如何才能以永续方式挹注资金，让他不需担心这个想法只有在刚开始的一两年迅速苗壮，之后便因缺乏资金而枯竭。

最后他采取了两种主要的商业创新方式。第一种是为每个参与的对象创造经济价值，让他们在贡献服务或资源的同时，觉得这样做会为他们带来经济上的好处。对那些创意与设计界的海外演讲者而言，则代表了在建立人脉和了解同行的动态之外，还可能会得到本地的接案机会。同时，他还提供南非最好的服务以吸引他们，例如，投宿在豪华的纳尔逊山酒店（Mount Nelson Hotel），并体验顶级的"蓝色列车"。相对地，当时正值南非开启全球观光业大门的时机，他说服当地旅游从业者免费提供旅馆客房和列车座位给全球最有影响力的意见领袖们作为回报。换句话说，**他以对双方都好的真正价值来协调，但自己和这项计划却可以不花一毛钱。**

第二种创新方式则是，将赞助体育活动的商业手法和专业，运用在赞助设计活动上。南非是热爱运动的国家，各大赞助商都了解长期赞助体育活动的策略运用，因此耐杜便从中发现了将运动赞助模式运用到设计活动上的机会。他向蓝筹（Blue Chip）赞助商提议并得到了三年的赞助，足以支付各项会议与展览费用。另外，他还借由委托开普敦大学商学院经济学系主任分析每场会议的经济影响，来强化这项策略运用的严谨态度，并使用让赞助商感到安心的话术，以形成让赞助商按时续约的良性循环。

固定在每年二月举办的为期三天的Design Indaba，目前已成为全球最大的设计会议与展览活动。即使在经济衰退时期，门票也依然销售一空，南非及其境内的创意人才亦因此一盛会而被纳入全球创意版图中。耐杜说，这项活动和南非本身，就是人类意志能解决最棘手问题的明证。[18]

一无所有的好处

本章探讨了两个问题：在完全缺乏或几乎缺乏某类资源的情况下，有可能成功吗？如果可以的话，要用什么方式才能办到呢？我们几乎已在整个企业界，以及资源相近、合作良好的团队与伙伴中寻找答案，因为那正是我们多数人的处境。而且我们特意针对某个层面——与目标族群的沟通和交流——是因为就算我们不在营销界，也还是需要跟信息太多但时间太少的群众沟通并建立关系。虽然我们明显偏向某个领域，但结果却具有较广泛的关联性。

我们从这些案例中可以看到，零资源的限制的确可以获得丰硕的成果，但唯有在团队不得不正视它的时候，才会出现转机。虽然这些案例没有工业剧院那种攸关生死的必要性，或是像麦拉伦车队那般从头到尾仔细重新检视所有程序和做法，但远大的目标加上失败的后果，就是企业存活的先决条件。这些并非是在缺乏资源下依然存活的品牌或企业，而是下定决心要成长也因而得以成长的品牌。在缺乏预算的情况下，他们是借由想要达成的目标和拥有达成目标所需资产之间的力量，来获得丰硕的成果。

> **我们没有钱，所以必须思考。**
>
> ——原子核科学之父欧内斯特·卢瑟福爵士（Sir Ernest Rutherford）[19]

有了那样的野心，这类限制就可能产生下列各种有利的影响：

● 首先便是采用更有效的宣传方式，尤其是戏剧效果和惊喜，可增加人们的注意、情绪上的联结，以及增强回响、记忆、联想和口耳相传的程度。

● 其次便是当你负担不起自我宣传的成本，或其实并非负担不起，而是像格拉斯一样，相信真诚的互动才是最好的方法时，抛开残酷游戏规则。要是想让人们谈论你的品牌，你就得让自己打从骨子里有趣。任何一件事都有可能引起人们的讨论，从裤子上纹路的走向到某种口味食材背后的故事皆是。若你能将国王御用的植物学家放进故事里，就可能有加分作用。

● 第三则是将次要的或是完全被忽略的管道（如年报）视为主要的沟通方式，找出藏在其中可用来传达讯息与想法的机会。

● 第四种效果是被迫与不同产业的伙伴结盟，利用他们的资源帮你达成所需目标。

●第五是从合资而来的互惠关系中，发展新型的共同经济价值，以巩固这类合作关系。

也许零资源限制所造成的一丝影响，也正是强迫我们完全坦诚的一线希望。在拥有大把预算的公司里，发展营销与宣传策略的过程中充满了各种小欺骗，像是"对，这是我们最好的作品"，或"没错，我想这次我们真的办到了"，或"我们认为这次的品牌促销很有力"，或是"这四点对这次会议是一大加分"等等。

但如果我们的野心很强烈，而限制又如此明确的话，就会迫使我们展现某种程度的坦诚。即使有一点不诚实，都可能导致要付出相当高的代价。

利用本章所学规划自己的蓝图

且让我们利用本章来头脑风暴一下。图7.4中的各项策略，对身在营销传播业的人来说会最有帮助。

●图中六条轴线中的每一条，各代表了本章所讨论的一个方面：以非常有限的宣传预算所激发的各种策略行为。

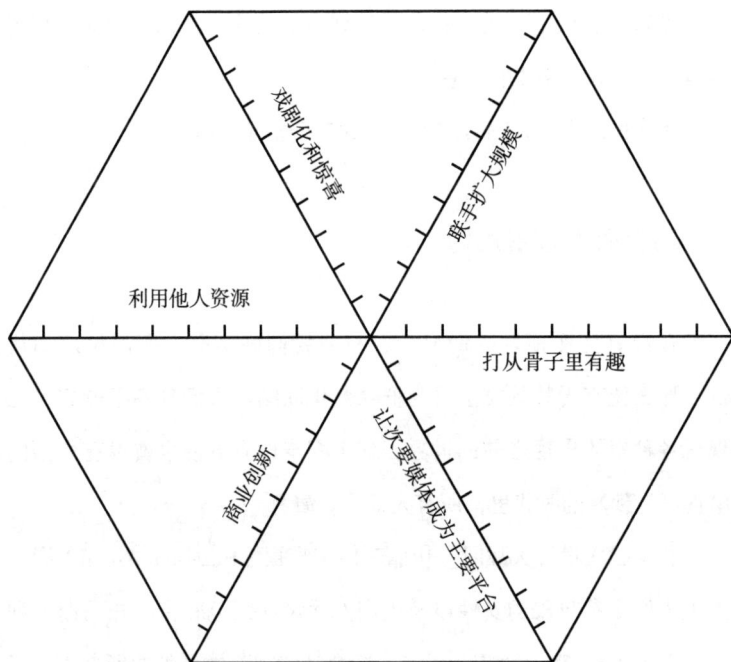

图7.4：在零预算时用来评估营销与传播行为的工具

●六条轴线中的每一条上，都有从零到十的程度之分。我们将个别策略使用在营销传播手法上的程度为何？请就每一项策略分别评分，并将各轴线的分数连起来，以将代表我们目前状态的整体形状呈现出来。

●此图上哪一个部分得分较低？为什么？

●譬如，是否是我们野心的强弱，或是目前在创新上的限制让我们退缩？

●最大的机会在哪里——以及我们需要什么样的形状才会成功？

●若将我们下一个营销传播计划中的某些或全部的面向规划得
更清楚,对我们来说有何意义?

●我们思考或行动方式最主要的三个差异为何?

当野心大过资源时

在没有传播预算的情况下,只要我们诚实面对所需付出的代
价,那么便有无数的方法可与群众产生联结。人们其实很健忘,在
现代各种媒体出现之前的世界,那个根本没有电视也就没有所谓的
电视广告预算的时代里,所有人都是表演者。

在第二次世界大战时,伊丽莎白·雅顿(Elizabeth Arden)同时
为主张妇女参政权的女性以及美国女兵设计红色唇膏。托马斯·利
普顿爵士(Sir Thomas Lipton),即今日立顿茶饮品牌的创办人,当
初是从卖杂货起家的。他曾为店面的开业庆典陈设而进口了一些大
型奶酪,有一次甚至因为体积太大,而必须由大象将奶酪从街上一
路拖到店中。Tabasco辣酱曾以一套名为"Tabasco滑稽剧场"(The
Burlesque Opera of Tabasco)的表演在美国巡回演出。1784年,布拉
玛(Joseph Bramah)——我们伦敦办公室所在的那栋大楼就是以他
的名字命名的——设计了一把没有正确钥匙便开不了的锁。他不但
将它放在自己的店面橱窗里,还提供了200畿尼(约今日38万元人民
币)的奖金给有本事开锁的人。这把锁一直要到下个世纪后半叶才
被人破解。当然,到时这把锁早已无人不知了。

　　就算一无所有，只要有动机、心态和创意，还是能开辟出一片沃土的。西吉斯蒙迪（Pier Luigi Sigismondi）提及他刚进印度斯坦联合利华公司时和普哈拉（C.K. Prahalad）共事的经验，以及这位杰出的商业策略家当着他的面，画在便条纸上的一个简单公式：

$$A >> R^*$$

　　普哈拉说，当野心远大于资源时，就会出现真正的创新。[20]

---

* A，ambition，意为"野心""抱负"；R，resoure，意为"资源""财力"。——编者注

本章摘要：一无所有的富饶

●本章提出了一项严苛的考验：在几乎没有主要资源的情况下，用什么方法才能获得成功？

●本章探讨了野心强烈但欠缺传播预算的品牌与企业的范例，以及这两项条件如何迫使他们思考与行动。

●本章说明了由零资源所激发出的六种行为与能力：

·戏剧化和惊喜。缺乏预算以及观众的参与，迫使我们在时间与地点上制造出更大效果。

·打从骨子里有趣。假如我们无法负担自我宣传的成本，就必须打造一个让大家愿意帮我们宣传的品牌。

·让次要媒体成为主要平台。倘若我们无法使用或负担不起主要的营销媒体，就必须提升次要媒体的角色——并且找出它的潜能。

·联手扩大规模。要是我们自己负担不起某种规模的传播手法，这种方法就可迫使我们拓展新型的合作关系，以及新的关系品牌。

·利用他人资源。缺乏最需要的资源能驱使我们另辟蹊径。

·商业创新。我们为保有这些资源，而被迫在这些重要关系上创造新的价值与传播形态。

我们不必是营销专家也能从中获益。不论我们的专业为何，人人在公司内外都必须沟通与融入。

8.

限制导向的文化

大型企业是如何爱上限制的

How big companies have learned to love constraints

本章重点：

1. 是否有大型企业已
将积极利用限制的
做法变成常态，而
他们以前其实很少这
么做？

2. 其他从未如此做过
的企业是否可以仿效
他们的做法？

本书既非对作风与众不同的杰出人士歌功颂德，亦非专为缺乏资金的新创公司写各种陈腔滥调，而是给各种对象——不论规模大小，包括大型公司在内——提供更上一层楼的方法。

但到目前为止，本书所探讨的多半都是一些个人或团队的案例。尽管在他们之中有些隶属于较大型的企业，但这些方法对大型企业那种较为系统性的运作，是否也行得通？特别是，一家老字号的大公司，是否真能学会企业文化的新把戏？若一家公司过去未曾以这种创新的方式运作，那么有什么证据可以证明之后他们能学会运用这些方法，并且真的奏效？

在本章中，我们所要探讨的三家大型企业，不只欣然面对各种限制，还积极寻求解决之道。他们这么做的原因，部分是因为见识到限制不断激发创新与企业优势的力量，还有就是看到了随限制而来的未来，以及改变的压力。他们看到了我们在前言所讨论的资源短缺问题，正冲击着他们的企业，而他们所需的丰富资源，则多数仰赖本身企业及其所在体系的蜕变。他们是——而且必须是——深富野心的变革媒介。

我们首先会从宜家家居公司开始。在这家企业的血液中，天生就带有渴望并欢迎限制的基因。我们会探讨这个基因是如何在七十年后依旧持续形塑其企业文化的。接着我们还会探讨Nike这家虽不断创新，但却并非总是乐意接受限制的企业，是如何从受限者转化为变革者，以至今日得以致力延续之前成果所带来的良性循环的。再来，我们将会探讨联合利华打算在2020年前扩大一倍规模的同时，减少一半环境影响的雄心壮志。他们采取的会是什么方法，又是如何达成目标的。

最后，我们将以探讨集体意志来为本章作结：我们会说明它的定义，并提供一套让公司得以善加运用的简易模型。

天生的变革者：宜家家居公司

只要是在宜家工作过的人，都知道创办人和公司的发源地。瑞典的Småland过去是一个贫瘠且岩石遍布的农业区，农民必须要能物尽其用。例如，他们会把农地上清出来的石块拿来砌成分隔墙，而这种做法使他们将贫瘠农地的限制，转化成了石墙的优势。本书在好几处都曾提到过农民：在南非荷兰语中，当事情不顺利时，Boer农民便会转换思路来解决问题；印度农民会把引擎加到牛车上，让它变成一辆卡车；原子核科学之父卢瑟福将他自己那著名的方法"我们没有钱，所以必须思考"，归功于在新西兰农场度过的贫苦童年。但Småland的农民，或许才是为全球顶尖企业文化带来启发的先驱。

对创办人英格瓦·坎普拉德而言，Småland的石墙是宜家的重要象征，在世界各地的许多店面中，都看得到大型石墙的影像。它其实对顾客没什么意义，但它的存在并不是为了顾客，而是为了提醒IKEA同人，公司做事的核心态度为何。宜家的原文名字IKEA，即是以象征企业起源的每个名词缩写而成，其中包括创办人姓氏和名字的首字母，他从小生长的农场名称的第一个字母，最后则是农场所在的小镇名的第一个字母。终其一生，英格瓦·坎普拉德在公司内都是以"探索如何物尽其用"的问题而著称的。在他二十几岁的时候曾参观锯木厂，观察最常使用的边料是什么形状的，并自问可以拿这些废弃的木料做出什么东西并加以贩卖。五十年后当他七十多岁时，他站在北京的一座露天美食市场里，看着一排排光秃无毛的鸡，问自己那些鸡毛都去了哪里——最后他将这些废弃不用的原料，作为廉价被褥的填充物。他不断告诉公司员工，制作昂贵的商品很容易，但制作便宜却耐用的东西，才是真正的挑战。而这正是宜家必须不断寻求的挑战，以达到企业为"大众"着想，设计值得拥有的良好的居家用品，以改变普罗大众生活的目标。

宜家一向以致力于突破价格限制而闻名。在前面的章节中，我们看到宜家设定了一个不可能解决的桌子售价问题，以迫使自己找到全然不同的方法和对策。他们甚至鼓励大家，以价格限制为出发点来跟消费者沟通。不过，对他们的价值观和企业来说，其他各种类型的限制也同样重要。他们之所以爱用竹纤维（从一进门时所使用的蓝色购物袋，即是以此材质制成）便是为了正视有关棉花的环保议题。而且他们跟Nike同样都是无水染色技术业者DyeCoo的投资者。[1]

也许对宜家公司的未来及其顾客同样重要的，是在大城市居住的空间限制。他们一开始先从为小房间设计家具（碗柜中的厨房）着手，但目前则尝试以不同方式来设计居住空间，包括公寓楼房等。而他们又要如何以转化空间限制为优势的方式来打造房子呢？例如，一栋公寓里要是没有用餐空间的话，那么一家共享餐厅就能为公寓释放出更多空间，同时还能解决大城市中孤立与寂寞的生活问题。宜家想帮助许多生活受到局限的人。这些人的梦想很大但资源很少，他们倚重于宜家及其创意帮助他们克服限制，达成梦想。

这是宜家的企业文化一直以来所思所为的方式，因为这就是创办人一直以来所思所为的，而他们亦悉心养成使这种方式延续下去的企业文化。他们经历的，并非是从受限者到调适者再到变革者的过程，而是从蜕变的个人，到拥有十四万名员工的蜕变的国际企业的历程。

宜家的企业文化

海伊在宜家服务的十五年中，担任过全球策略与创意方面的职务。他说，如果你是一位设计师，从面谈开始就会感受到宜家的企业文化。在面谈时，桌上会放有宜家的咖啡杯和茶匙。我们会要求设计师看着这两样东西，并讨论他们所注意到的事。例如，他们是否发现杯子下方有四道沟纹，而这些沟纹能方便叠起杯子，也使得在包装时能节省空间？他们是否对茶匙柄的设计感兴趣？匙柄并不坚硬，是由两根分开的细长的柄所构成，在使用较少塑料材料的同时还能减少热的传导。他们是否本来就喜欢利用创意来节省材料和运输成本，并设计出好用且美观的产品？

被雇用之后，公司就会向你介绍企业目标以及相关的背景故事。说故事是"宜家文化"（IKEA Way）计划重要的一部分，人人在就职时以及往后每一年，都要参加此项为期一周的计划。这些虽然都是小故事，但却颇为重要，目的是沟通并强化心态与文化。若参与一项有重大突破的项目的团队成员，受到了公司内部刊物《宜家创想》（*IKEA Ideas*）表扬的话，就会是一件光荣的事。

你在宜家待得愈久，就会愈了解在企业态度中，那些不太正式但却相当重要的特征全都根源于Småland这块土地。有一个故事是说熊蜂在理论上虽然不能飞，却还是坚持要飞。而对这家庞大的国际企业来说，这个故事象征的就是海伊所谓的"逆转"精神，也就是即便必须要抛开所有规则并找到全然不同的方式，也要坚持做他们想做的事。他们制订了一套突破路径依赖的方法，而这种寻求全新途径以获得解决之道的欲望，正是他们企业文化的一部分——"当事情不好解决时反而比较有趣"。

当事情很简单时，你就只是顺其自然，让自己进入自动导

航的模式。我们不会自我安慰,因为下一个挑战会更困难。但
我们会接受这项挑战,甚至要比之前做过类似事情的人所用的
人力和资金还要少。而且整家公司的作风皆是如此。[2]

宜家知道,这就是他们看待自己的方式,也是他们问自己的问
题。而问题的答案又再变成一则新的故事,变成这种极受鼓励且自
我强化的限制导向型创新文化的新的一页。这种企业文化使宜家在
2012年净利成长了8%达到42.9亿美元的同时,仍持续降低成本。[3]

宜家的血液里流着创新的DNA,且创办人的影响力仍无所不
在。他们的挑战是在这样大型且持续成长的企业中,要如何持续保
有这样的文化。其中最了不起的做法,便是借由不断寻求不同层次
的限制,提出没人能回答的问题,并持续探索新的解决之道, 来避
免路径依赖。宜家以接近第一章所说的变革者门槛运作,从设计塑
料茶匙到转化小型居住空间的限制,力求在每一件事上寻求突破。

但要是一家公司尚未形成这种迷恋限制的文化,那么是否也有
可能走上这条路呢?

Nike就办到了。

从受限者到变革者: Nike的蜕变之旅

Nike一直是一家创新的企业,从田径教练包尔曼(Bowerman)
首次将熔化的橡胶倒进包尔曼太太的松饼模中,想看看能否制作出

一款抓地力更强的鞋底便开始了。包尔曼所属的俄勒冈大学田径队的其中一名跑者耐特，知道自己可以利用创新来建立事业。从此，Nike便一直沉迷于了解运动员的需求并为他们打造产品，而正是这种沉迷让他们得以成功。今天，年收入将近300亿美元的Nike，已成为全世界最知名也最受欢迎的品牌之一。

但Nike和限制之间，尚未完全建立起一种有效的关系。回顾十九世纪九十年代中期，他们因为亚洲工厂的恶劣状况而成为不良示范。国际人权组织"全球交流"（Global Exchange）决定特别针对Nike这家当时最炙手可热的品牌予以抨击，以儆效尤，并借此提升大众对血汗工厂这项严重议题的认知。此举不但奏效，且随着世界各地的抗议人士呼吁抵制Nike的行动四起，公司逐渐感受到了这股冲击，品牌也开始受到损害。

一开始，首席执行官耐特相当震怒，且Nike亦公开采取防卫的态度。其1997年的年报中就出现了下面这段声明：

> 我们公司并非为了解决贫穷和饥荒问题，或是打击暴力与犯罪而创立。我们的批评者说这个世界因为Nike所以问题愈来愈严重，再次强调，我们多数的批评者并非运动员。[4]

但在持续要求改善的压力之下，加上消费者抵制且股东大会受到抗议人士的干扰后，Nike终于了解自己非得解决这项问题不可。然而这个议题的复杂程度却令人却步，东南亚制鞋工厂就犹如近东的西部荒原般，不论出现多少竞争对手，或是非政府组织有多支持，Nike想要实施任何标准都相当困难。

到了2004年，当时新上任的企业责任部门副总裁琼斯发现，要让各国上百家的工厂都能遵守新的政策标准是不太可行的事。正如本书前文所提，工人必须穿戴防护面罩，以避免在黏着鞋底时吸入黏胶气体。当有督察监看时，工人就会遵守规定，一旦没人监督时，标准就无法维持。琼斯站在一家合作工厂中，看着这些防护面罩，她突然有所体悟。

"我发现若要解决工人的权益问题，要不是必须每天24小时监督每家工厂的工人是否穿戴防护装备，要不就是干脆研发一种新式的完全无毒的黏胶，这样一来就根本用不着防护装备了。"[5]

琼斯提出了一项挑战性问题："我们要如何在无人随时监督下，让所有Nike工厂100%遵守我们的健康安全规定？"而她的"如果……就能……"思考至少回答了问题的其中一个面向：如果我们一开始就发展出不需要防护面罩的对策，事情就解决了。解决遵守规定的问题，就是让这项规定根本没有必要存在。Nike的水性黏胶使员工暴露在气体下的概率大幅减少了95%，而且新式黏胶的使用效果甚至更好。这件事对Nike来说不啻为一大启发，也就是先从调适限制着手，再将它转化为正面的结果。一个效果更好的解决之道，最终也让运动员表现得更好，而这点永远能让Nike感到振奋。

然而在制造Nike Air产品线中的一项新产品时，他们却花了较长的转化过程。1992年，Nike首次收到来自某个德国环保团体针对六氯化硫（SF6）的一封愤怒的传真，投入相当多心力在研发这项产品上的汤姆·哈特格（Tom Hartge）形容收到传真时的感觉，就像是"被人踹了一脚"。但不可否认，六氯化硫的确对环境造成了冲击。在Nike产品制造的巅峰期间，就如同路上多了一百万辆车在跑一样。它所制造的或许是市面上最轻、最耐用的气垫——而且这还是品牌最主要的差异所在——但有些问题还是必须得解决。[6]

他们原本想用氮气来取代，但由于其分子较小故会破裂渗出。六十人的研发小组花费了数年的时间钻研，不但每个新构想最终都不成功，而且还超过了预定时限，压力也跟着愈来愈大。哈特格说："我们虽然知道这并不容易，但却也低估了它的难度。"

这次只有一连串环环相扣的小突破，而没有大启发。他们使用六十五层和酥皮一样薄的塑料膜来包住氮气。Nike必须放弃过去的吹塑制模法（将气体吹进塑料中，类似吹制玻璃的方式），而将一种被称为"热压成型"（thermoforming）的技术（用高热来为每张膜片塑形）加以改良。

接着，研发团队发现，由热压成型法所密封的气囊非常强韧，可以尝试应用在整只鞋而不只是鞋跟上。Air Max 360因而诞生。它使运动员穿起来更舒服更轻，也成了Nike跑步鞋的长销款之一。《商业周刊》对这款跑鞋获得成功的评论是"哈特格以马拉松跑者的韧性来进行这次研发。"[7]

图8.1：2006年Nike推出的Air Max 360广告

　　在Nike Air的研发过程中，琼斯着手执行了一项情境计划。考虑到Nike有"轻忽劳工议题"的问题，她的团队开始研究全球各大趋势——人口成长、水资源匮乏、能源短缺、气候变迁、因特网、健康议题以及管理方式。**他们在出现危机前就先着手计划，抢在竞争对手之前协商。**单是水资源短缺的问题，很快就会影响棉花收成、水力发电、服装印染，甚至是运动员的洗衣习惯。虽然有太多需要思考的事，但琼斯明白，"少做一点并不会让事情就此变少……要想得到杰出成就，就需要确定远大目标。"[8]

　　受到近期各项成功的鼓励，Nike展现了更多野心，他们在2006年推出了"Nike慎思设计理念"（Nike Considered Design Ethos），详细说明了Nike所有用于产品设计的材料的环保指数，广泛并深入地规范Nike在取得原料和供应链方面的议题。设计师得以依照列表上的数据，在一开始设计时便能做出正确选择。他们知道哪些材料会对环境造成较大影响或限制——也因此更有机会激发出创新的构想。Nike在推出Making应用程序的同时也出版了这本指南，让其他设计师也能善加利用。（参见第五章《开创丰富资源》）。

在接下来的数年内，Nike成了100%的变革者。他们一度曾抗拒限制，之后虽不情愿但还是设法解决，到了现在则欣然接受限制所带来的各种机会。一开始本来只是为了降低风险的做法，到后来都变成了创造机会。一位Nike的内部人士告诉我们，一连串的个别成功，"已内化为核心竞争力，是一段从单一案例到形成思考方式的过程，而我们在这个过程中积极寻求各种限制。"[9]

为了解决水资源的问题，Nike自2012年开始与利用可回收的二氧化碳来制造无水染色机的DyeCoo公司合作。两年后，首席执行官马克·帕克（Mark Parker）宣布了一项制造革新技术，展示了台湾的一套能减少60%能源消耗的无水染色设备。它同时还能减少40%的染色时间，也就是比市面上的其他方式都要快。不止如此，"这是我们见过染得最彻底、饱满和均匀的色彩了。"[10]

最后，Flyknit鞋款登场了。对专业的跑者来说，最好穿的跑鞋要能让他们几乎感觉不到它的存在。而需要被转化的限制，则是鞋子本身。运动鞋被塑造得一年比一年轻，但制造过程中，仍然浪费了相当多裁切掉的材料。因此，Nike又花了好几年的时间，将所有已知的鞋面制作方式抛开[11]，而以像袜子一般、极度轻盈的单层织面来取代。就在一团"混乱的、美妙的创意大爆发以及纯粹的意志力"[12]中,一款如羽毛般轻盈、合脚且无缝的运动鞋诞生了。与之前最轻的鞋款相比较,Flyknit又再减少了20%的重量和高达80%的废料。这双鞋更合脚、更透气又能让人跑得更快,因而成了所有运动用品公司眼中的顶级产品。

但Nike的进化史还不止如此。广告代理商Wieden+Kennedy为他们创作出最好的标语之一,便是"永无止境"(There is no finish line),这句用来形容运动员精益求精的态度的总结,也适用于Nike不断精进的自我要求。**他们持续在公司内外寻求各种限制,以便用来创造更多颠覆创新的机会,并因而让他们最近五年的年收益,皆达到两位数的成长。**至于在策略与象征意义的转变上,他们将琼斯带领的部门更名为"永续经营与创新"(Sustainable Business & Innovation),该部门在成为Nike企业核心的同时,也受到财务长的大力支持。

由于公司一再将"酸涩的柠檬"(禁用六氯化硫)变成"好喝的柠檬汁"(Air Max 360鞋款),让运动员们从中受益之余,更让Nike全体员工深信,这份能力已成了他们的一项长期竞争优势。Nike跟非政府组织的关系也更为稳固,并以自己的方式建立起各种管道与合作关系。投资人虽仍对Nike的各项永续计划持保留态度,但公司仍持续追求不依赖有限资源成长的目标,致力于打造无废弃物的封闭系统,让永续经营成为业绩表现的同义词。接下来,我们要探讨的第三个案例即是联合利华。它是另一家不仰赖资源而成长的大型企业，其野心之强烈可谓有过之而无不及。

联合利华：转化产业和文化

2010年，联合利华的首席执行官对全公司提出了一项新愿景，亦即他们要深刻检讨所有的做事方式。而且董事会也决定，联合利华必须在2020年前，不但要扩大两倍规模，同时亦要将对环境的冲击减少一半。**强烈的野心加上重大的限制，让他们接下来要挑战每一条习以为常的路径。**

这项愿景是几个月前在执行董事会开会时提出的。联合利华供应链首席官西吉斯蒙迪当时第一次出席董事会。他说，这项愿景"就像所有创新一样——是偶然产生的"。当天早晨，董事们先针对成长目标进行讨论，到了下午，再接着讨论永续经营的议题。联合利华在环保议题上领先同业并致力推动相关议题早已行之有年，例如，协助成立"棕榈油永续发展圆桌会议"（Round Table for Sustainable Palm Oil）以及"永续渔业海洋管理委员会"（Marine Stewardship Council for Sustainable Fishing）等，但他们希望能更进一步减少环境冲击，并为社会带来更多正面影响。当上午的讨论仍记忆犹新时，大家发现，企业成长目标似乎跟他们想减少环境足迹的企图有所抵触。因此，他们必须将各项目标清楚地连接在一起：在成长两倍的同时，必须保持资源使用的平衡，并有效减少一半的环境足迹。他们不但想要成长，还想成为一股改变的力量，甚至希望

能刺激其他公司采取类似做法。我们会在第九章探讨联合利华如此致力于为环境和社会带来正面影响的原因。

公司上下对于首席执行官波曼宣布的各项目标的反应相当正面，甚至受到激励。然而，对西吉斯蒙迪这种身负重任的人来说，他坦承在宣布这项消息时，感性上虽感到兴奋，理性上却有所质疑。倘若业界尚未准备好的话，他们要如何做到完全以永续环保的方式来取得食材？还有，要是联合利华跟特定农产供应者的协议不足以改变原本的做法时，又该怎么办？与此同时，他自己以及全公司的人，却已着手进行这项没人知道怎么解决的问题了。

以下是西吉斯蒙迪分析自己在理性与感性上的反应：

> 我们一方面在理性上有所顾虑，但另一方面在感性上情绪又是如此高昂，以至我们告诉自己"我们没有答案，我们必须跟他人合作。我们宣告这些目标以便集结各方利益关系人之力：请帮助我们达成这些目标，只要我们携手合作就能找到出路。"[13]

"联合利华永续生活计划"（USLP）有三项主要元素。第一项是借由改进卫生和营养，来帮助十亿人口逐步改善他们的健康。第二项是降低公司对环境的冲击。而第三项则是"改善生计"（Enhancing Livelihoods），目的是帮助小农提升生活质量，并向他们提供公平且机会均等的工作场所。联合利华在实践"永续生活计划"上所面临的挑战，严格说来要比Nike更为严苛。Nike只要一改作风并影响自身产业即可办到；但对联合利华这家拥有跨领域的多种产品且规模更大的企业而言，则必须同时影响不同产业，并说服他们的消费者一起改变行为。例如，在洗衣粉和个人用品上，他们就必须说服消费者减少用水量。

因此，领导团队很早就发现，他们必须具备下列几项关键因素：

牺牲某些关系以充分投入其他关系。他们利用USLP来筛选关系，在检视全球各大论坛、各类关系与计划所牵涉的广度后，他们发现自己的影响力被分散了。目前他们将重点放在能够协助他们达成愿景的关系和计划上，至于那些没有帮助的则予以中止。

把它变成每位主管的议题。他们虽然有一位"首席可持续发展官"（Chief Sustainability Officer），但要是让一个人单独一肩扛起这项重责大任的话，那么愿景恐怕就无法达成了。他们必须要明确地将此项目标规划进企业蓝图，以及公司每位主管的策略议程中。我们可将此一整合性做法，与Nike把琼斯部门的名称从"企业责任"改为"永续经营与创新"，并特别将她的职务与设计团队联结在一起的做法，互相比较一番。

持续不断地投入。各部门主管都习于改变和进化。在实现愿景的过程中，免不了会有各种挫折、挫败和怀疑等状况。此时就必须有计划地年复一年提醒大家一如既往地投入。即使没有那么快看到成果，也要持续下去。

联合利华供应链团队负责给USLP提供各项主要元素，包括以永续方式取得农产品原料在内。西吉斯蒙迪认为，这项挑战成了他有史以来目标最大的一项任务。若要成功，需要改变的不只是联合利华的经营方式，而是整体农业的做事方式——这却是他难以掌控的领域。

且让我们看看他们用了什么非常手段来协调其中两项最关键的产业，而我们又能从中学到什么。

棕榈油产业是其中一项特别大的挑战。2010年时，棕榈油产业尚不太重视产品履历，而且各类产品之间并未明确区隔。虽然购买100%GreenPalm计划认证的产品，可有助于联合利华加速进度，但若想真正掌握永续产品的状况，就必须从源头开始，从各种制油厂、劳动力评估到运输系统等，一路追踪棕榈油的来源。但这也得要该产业能做出相对应的重大改变才行。联合利华虽然是棕榈油的大宗买家，却也只占了整体产能的不到3%而已。他们这样能有多少协商的空间呢？

不过联合利华却很明白，若想要达成USLP的目标，棕榈油会是他们最主要的着力点之一。他们不能退缩，必须要设法办到才行。他们设定了一项目标，亦即到了2020年时，联合利华所用的每一滴棕榈油都必须经过认证，还要能经由个别供货商追踪来源。而接下来，便是找到跟供货商沟通的方法。

在新加坡的一场会议上，他们与其他五家产量共占全世界80%的棕榈油业者一起出席：这些都是从中国、印度尼西亚和中国香港地区来的成功、冷静的生意人。西吉斯蒙迪向他们说明联合利华的愿景，规划了一个让世界更美好并拥有傲人遗产的未来蓝图，而非一个充满消费者抵制非永续生产棕榈油的威胁，甚至是欧洲进口规定更严格的环境。由于他们对棕榈油产业的发展具有相当大的影响力，因此绝对有能力做出改变，让家人明白自己正在做对世界有益的事，或是保障自己未来十年的生意。那么，他们会怎么做呢？[14]

当西吉斯蒙迪说完后，部分业者离席了，而且甚至连谈都不想谈。其他人虽然留下来聊了一下，但却都有所迟疑，不太愿意加入这项计划。

不过，全球最大的一家棕榈油业者，却看懂了西吉斯蒙迪所规划的蓝图，并且还想进一步了解。在经过更深入的讨论后，这家业者同意与联合利华在策略上合作，共同公开并正式承诺自2015年起，不再砍伐森林、不开发煤田，亦不剥削当地居民。即便联合利华对他们来说只是一个非常小的顾客，但他们即将做成的这项长期约定，却促成了一项重大协议。他们携手向前迈出了一大步，这对供应链团队来说，是一个意义非凡的重大时刻，在保障他们未来供应来源的同时，也朝向环保目标前进。

虽然向前迈进了一大步，但棕榈油其实只是联合利华所购买的各种原料的其中之一罢了。为达成USLP的目标，他们必须和各项相关产业合作，而每项产业所面临的挑战皆不相同，即便他们采用的是同一种作物。例如，我们在第二章中看到，以机器采收西红柿的地区在路径依赖上的挑战，以及在最初阶段便让事情有所改变的做法。但在许多主要市场中，西红柿并非生长于大面积机器耕作的农场，而是由一些小农栽种出来的，因此需要采取全然不同的方式来进行。

以印度为例，直到2011年前，印度所有加工食品用的西红柿皆需仰赖进口，就连联合利华在当地贩卖的一种以西红柿为原料的名叫Kissan的大品牌也不例外。原本印度人做菜时用的就是当地种植的西红柿，但却有愈来愈多生活水平提升了的消费者，希望食材容易取得。为了达到USLP的这项目标，联合利华必须找到取得这种加工用西红柿的方法，以满足日益增长的消费者需求。

这样一来，联合利华就必须面临几项挑战。由于在印度从事农耕的都是小佃农，西红柿产量并不多，市场也并不稳定，西红柿的品种也不适合用来加工。也就是说，他们并不太投入西红柿的种植，而且种的也都是不对的品种。为了达成目标，联合利华必须建立新型的合作关系，为农民们打造一个可以长期耕耘的市场。其中包括跟当地业者合作，在印度设立第一个大型西红柿加工设备。这是一项跟Maharashtra当地政府合作、公民联手的创新做法，政府可在农民贷款与教育方面给予协助，同时再由其他专业伙伴，负责供应农用化学品和滴灌系统。

事实上，联合利华建立的是一套全新的生态系统，能从农场到工厂的整条供应链上，一路协助农民。同时，他们仍然需要说服农民改种新品种的西红柿，为他们的西红柿作物创造更大收益。他们一方面借由与当地加工业者建立固定购买的关系，来解决这项问题，另外，还引进了一种叫作"间作"（intercropping）的创新手法，也就是在两排西红柿中间那两英尺的间隔中，可种植其他作物，如番石榴或葡萄等。这样一来，就能降低农民的风险，并为他们增加收入。

目前已约有三千位农民加入了这项计划。这些农民因农耕技术的提升，增加了50%的西红柿产量，且收入也因采用间作的方式而增加了三倍。用水量亦因100%引进滴灌系统而降低，农药的使用也经由教育倡导而减少。而联合利华在印度所使用的西红柿原料，在短短三年内便从原本全部仰赖进口，变成了完全由当地农民供应。

自此，USLP在降低资源冲击方面的限制，已在各方面取得美好成果：联合利华全公司上下，有55%的农产品原料是以永续方式取得的，而在2010年时还只有14%；所有系统总共减少了一百万吨的二氧化碳排放量；有高达85%的工厂排放的废料量为零；并且目前有多达一百万农民采用永续发展的技术。从类似印度西红柿供应这样的产业中，我们看到USLP计划促成了一整套崭新的模式与生态系统的发展，不仅对农民及其家庭有利、对当地政府有利、对联合利华有利，更对地球有利。虽然投资人对USLP计划有所迟疑，但联合利华的整体业绩，从2009年波曼上任首席执行官以来便相当出色。不仅股价翻倍了，2013年的销售额更是成长了4.3%，利润也上升了四十个基本点。[15]尽管如此，前方却仍有其他挑战在等着他们，像是说服消费者改变行为，则又需要全然不同类型的对策。不过，能有如此进展已令人相当佩服了。西吉斯蒙迪和联合利华一样，对过去几年来的转化历程相当坦然。他一开始并非是后来那个充满自信的变革者，他所拥有的一项对他人也对自己有益的特质，便是全心投入：亦即乐于发掘和挑战长久以来的各种假设，并进行困难的沟通工作。他还雇用了一名英国皇家海军陆战队准将，协助两百五十家工厂内寻求USLP商机的厂长们，培养个人纪律与责任。他的话呼应了麦克雷文上将的看法："你必须让组织对你尝试做的事产生感情。"

三个案例的共通成功因素

本书所探讨的原则，绝非专属少数杰出人士所在的领域，亦非仅适用于少数人的深刻观点，而是让全世界最大的几家企业得以蓬勃发展的力量。本书借由探讨宜家、Nike和联合利华的例子，证明了某些善用限制的方式，也能在大企业中看到。

> **本书所探讨的原则，绝非专属少数杰出人士所在的领域，亦非仅适用于少数人的深刻观点，而是让全世界最大的几家企业得以蓬勃发展的力量。**

对联合利华以及Nike而言，拥抱限制已成为他们成长和蜕变的动能。至于宜家，则仍在努力让自己持续借重这股力量。

这三家企业各有其展开转变历程的原因。对宜家来说，他们就只是在为"大众"做更多事的同时，单纯并持续地做自己罢了。对联合利华而言，他们想借此成为更有责任感的地球公民，让自己成长的雄心壮志更为人接受也更可行。至于Nike，则一开始是迫于外界的压力，之后便了解了这种做法的明智之处，以及随之而来的竞争优势。

就每家企业而言，欣然接受限制能让他们在下列各项目标中，至少达成其中两项：

● 增加利润。

● 创造竞争优势。

● 制造更好的产品或降低售价。

● 让合作伙伴获利。

● 与各社群建立更紧密的关系。

● 发展永续议题。

他们的作为，跟本书目前所讨论的各项转化限制的主题与原则相当吻合。例如，为突破价格、材料或空间等限制而提出挑战性问题，是宜家本身性格的一部分。他们例行性地为自己设定各种挑战，让自己避免成为之前成功路径与做法的依赖者，以强迫自己找出新对策。他们不但不逃避挑战，反而将挑战视为前进的动力，甚至因而形成一种鼓励完成挑战的企业文化。

　　而联合利华所提出的一项企业等级的重大挑战性问题，则带动了一连串深入供应链及其他各层面的较小的挑战性问题。要想找到对策，就必须将所有的过往假设挖掘出来，并提出各式各样的"如果……就能……"策略，包括跟实力较强的伙伴联手改变产业等都是。不论是个人还是专业上的成功，所需要付出的努力都是一样的。

　　至于Nike，原本是为了应对外界来的限制，除拟定挑战性问题外别无他法。但今日的Nike却反而会给自己设定限制，举凡所有跟向运动员提供更好服务的相关事项，都经过了重新检讨，同时亦确保企业的成长不会受到资源短缺的影响。

　　三大企业共通的成功因素包含了：

●远大目标加上强烈意愿：具有具体性、权责性与合理性的挑战性问题。

●由上而下授权给主要负责人，以深入企业内部解决问题。

●让它成为企业的核心，亦即并非一项孤立无援的计划，而是人人有责。

●有始有终、始终如一不善变，不受新年度要有新计划的想法左右。

●愿意挑战并质疑每一项合作关系、程序以及假设，以发掘出所有不再相关或合理的事务。

●不但了解会产生各种利益和良性循环，而且明白你无法事先预料会有什么结果。

●形成有故事的企业文化，改变对限制的看法，通过简单的故事来界定成功，让成功易于传承，而且对变革者们表示肯定。

请注意，不是每个人都会迫不及待地投入，也并非每个人都会被激发出行动来。海伊认为，在大型企业中，存在着一类异于他人的受限者，他称他们为"烈士"，也就是这些人处于每天都要面对难以克服的限制的状态中。他相信，这是一种防卫改变的机制。西吉斯蒙迪表示，总会有一些看好戏的人等着看失败者的笑话，以证明某项计划的确不可行。因此领导者必须善用自己的信念与意图的力量，并对初期的各种成功给予肯定。

麦拉伦车队的普里斯特利坦承车队中大多数的车手，包括他自己在内，一开始都认为丹尼斯的要求"让人很头大"，需要有人带领才有办法执行。况且，并非人人都能带头执行这三家企业所拟定的各项计划：挑战长期存在的传统，带大家进行每一阶段的"如果……就能……"思考，在情势不明的状态下创造丰富资源，并在这样的过程中发展出更大的脉络。而这些都需要强势、开放的领导能力才行。通常多数人只满足于单纯的管理方式，但光凭管理是无法转化限制的。

我们会在最后一章，再回来探讨由领导能力所造成的影响有哪些。

集体意志

空中客车的"智能领空"计划，预计在2050年前以五个步骤来达成减少50%碳排放的目标。此计划构想的创新幅度是前所未见的：例如，让飞机起飞时以环保的方式爬升；接着依照列队飞行的路径以减少阻力和节省燃料；最后再利用滑翔降落时产生的动能来供应机上的电力。但空中客车工程执行副总裁查尔斯·尚皮翁（Charles Champion）却很清楚， 想要达成这些目标，单靠空中客车本身的技术和人才是不够的，而必须仰赖业界各大公司之间，相互合作的"强烈集体意志"。[16]

或许有人会认为，集体意志虽然强大但却不切实际。我们或可参考一下第六章中有关打造决心、毅力与坚持的想法。但在图8.2中，海伊提供了一个更为具体的概念，并证明了在寻求改变的初期和整个过程中，此概念不啻为一项促成有效沟通的有用工具。

请看这张图最上面的那一行。前面的四个圆框，分别列出了策略转变成功的基本元素。若要形成改变的意志，**首先就要有"改变的压力"**在。要是没有一个强有力且明确的企业实例，让我们前往新的方向，那么在事情变得棘手时，计划就会很快地搁置下来。人们需要有动力。

然后，我们必须知道自己想达成的目标和理由，而且要让每个人都能接受。第三， 我们必须要对自己达成目标的能力有信心——也许我们还不太清楚要怎么做，但我们知道自己拥有相关技能。最后，我们规划出实际的步骤，以在合理的时间内达成预期效果。在对齐排列这四项元素后，便得出了集体意志。

海伊这张归纳图的优越之处，展现在第二行到第五行的这四行中，每一行分别显示出缺乏四项元素的其中一项会有什么后果。要是没有压力，我们就会不够积极，缺乏行动力；若是没有共同愿景，就会各自为政，因此最后就会一事无成，依次类推。

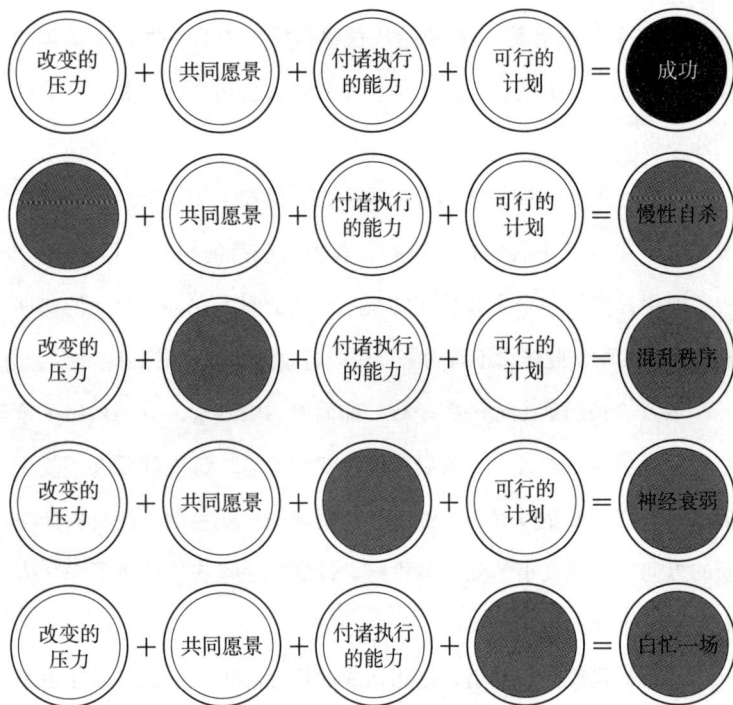

图8.2: 成功的变革所需的各项元素[17]

联合利华、宜家以及Nike都很谨慎地确保获得成功的四项元素皆具足。正如美国陆军所说，光有希望并不是办法。

限制与健康文化

在现代社会里，我们虽然不需要追捕猎物以获取食物，但我们会强迫自己运动以维护健康。若我们已是一家成功的企业，就表示我们已超越了那些一开始左右我们决策的限制而成长，尽管如此，我们或许仍然需要限制来维护企业的健全体质。雅虎（Yahoo!）过去几年的失败，是否多少应归咎于不懂自己需要什么样的限制，好让自己获得成功并成长？若脸书完全不为自己设限的话，是否还能蓬勃发展？而且，要怎么知道哪种限制最有效？

与此同时，我们看见许多成功企业的领导者，都是借由持续利用那些帮助他们取得今日成功的各种限制，让企业拥有健全的体制。例如，瑞典公司Mojang是简易电玩游戏《我的世界》（Minecraft）的开发商。这款游戏在2013年销售了五千四百万套，并让Mojang获利1亿2千万美元。为了开发更多游戏，首席执行官卡尔·曼纳（Carl Manneh）故意限制研发团队的规模。他说，以小型团队来作业，不仅在做决策上更为灵活迅速，还表示他们必须要打造出故事情节少一点的游戏，且无须出动两三百人来执行。就像《我的世界》一样。[18]

但是否我们可以做得更精确且及时？是否我们能将特定类型的

限制跟企业的某种健全体制相联结，让它们虽然并非企业的养分，却仍是维护企业健全体质的某种更精准、有制度的方式？[19]

南非的"探索集团"（Discovery Group）或许是这方面最好的例子之一。这家公司目前是南非的医疗产业领导者，拥有高达50%的市场占有率。"活力"（Vitality）计划是他们提供的主要服务，靠降低医疗费用以维护民众健康的概念取得成功。另外，他们还与各类有益健康的活动单位合作提供会员折扣，诸如健身房会员和预防性筛检等。其中一项最成功的合作案例，就是鼓励他们的会员吃健康的食品。只要会员从南非目前最大的两家商店里，将近一万两千种品类中选购产品的话，就能打八五折——这项讯息公告在购买处以及收银台——而每种品项都是较为健康的饮食。

全球营销部长希尔顿·卡尔纳（Hylton Kallner）表示，他们在主动提出问题时，会特意加上一些限制，以便保有自己的优势。[20]例如，让会员享有健康食品优惠价格的构想，就是源自他们一开始所设定的问题。他们问的不是"我们要如何鼓励会员吃更健康的食物？"而是"我们要如何免费向会员提供健康的食品？"**正是因为在问问题时设定了限制条件，他们才能建立合作关系，并获得良好的效果**。他们至今养成了一种"设定不可能的目标，并以较不可能的对策来解决"的习惯。卡尔纳说，若他们不继续保持这种叛逆的心态，就可能会失去跟顾客和社会大众之间的关系，以及面临无法进步的风险。

本章摘要：限制导向的文化

●在限制中寻找机会并不只是企业体制外的杰出人士的专利。本章便探讨了三家大型企业在这方面的绝佳范例。

●宜家从一开始便尽可能利用有限资源，以反映创办人的理念。英格瓦·坎普拉德习惯提出"不可能的问题"，以确保宜家永不忘记，制造昂贵的物品很容易，但制造耐用又便宜的东西则很困难。宜家从各种限制中起家，至今始终乐于接受限制。

●Nike虽然是世界上最具创新性的企业之一，但起初在非政府组织要求下被迫检视自己的做法时，也不免出现受限者的反应。之后在各种限制一一接踵而至，因而激发出比过去更好的对策后，Nike开始主动利用限制，作为激发创新的动力。Nike现在更将这项能力视为自己长期的竞争优势。

●联合利华"永续生活计划"希望重新创造一种大型企业在未来资源短缺下的经营模式。为达成目标，他们挑战企业内部长久存在的一些假设，大胆建立新的合作关系，重新改造相关产业，并创造出对农民、厂商和联合利华本身都有利的良性循环。

●这三家不同企业的蜕变源起和历程虽各有不同，但却都已到达变革者门槛。这表示大型企业是有可能养成善用限制的文化的。

●各项成功因素包括：由高层下达有力指示，以利用权责性与合理性来挑战路径；将远大目标与特定限制一并融入

企业核心策略中；所有领导阶层皆将挑战视为长期的责任之
一；做好面对各种不确定性的准备；以及将挑战限制并成功
的故事融入企业文化中。

9.

匮乏与富饶

为何这项能力对现代人如此重要

Why this capability is so important to all of us today

本章重点：

1. 未来将会是更匮乏，还是更富饶的世界？

2. 为何解决限制性的问题，将会是未来不可或缺的能力？

3. 为何让大家普遍养成这项能力，而非成为少数人的专利，竟是如此重要？

套用狄更斯的名言——**这是最好的时代，也是最坏的时代。**

一方面，资源匮乏堪称是许多国家以及产业的头号议题。人口增长，以及在资源有限或是日渐减少情况下发展经济的种种压力，让"匮乏时代"（Age of Scarcity）[1]的说法不胫而走。纵使经济的本质长久以来一直被视为是"匮乏的科学"，但全世界所必须面对的各种真正的限制，则让这项议题有了新的关注焦点。确实，我们对众多限制的反应已经太慢（假如有办法解决的话），因此，**在未来二十年中，这些限制即将成为个人、国家以及全球进步或退步的决定性因素。**

但另一方面，某些人视之为"后匮乏"心态的"富饶"现象，则是近在眼前。这里的富饶是指，机会和野心与今日各类新兴技能之间彼此加乘的结果，如科技的巨大力量，以及不断将人们与想法联结在一起的各种全球网络等即是。关于这点，相信你自己已或多或少有所体会。例如，强大的计算机运算能力使得交易更为迅速，或是来自公司某个远在天边的智库向我们提供各种深入分析，如奇宏策略的跨国媒体规划与合作平台Source即是。"富饶时代"的概念强调我们应该乐观以待，人人因而会有更多机会。他们认为，我们都错看这件事了。

虽然这类匮乏对上富饶的论战性质与后续效应，多半停留在全球的层次，但如同我们在本书引言中略微提到的，它其实同样也适用于个人和组织的发展上。例如，我个人脸书上新交的三百位脸友，代表的究竟是丰沛而有价值的人脉，还是反而压缩了我与身边最重要的人面对面相处的时间？又如，联结我与顾客的众多新兴沟通管道，究竟是代表着大好商机，还是超出我们的工作负荷因而必须有所取舍，以便执行今年的各项计划？那些平板计算机上的教学节目，究竟是协助我女儿学习中文的绝佳工具，还是在为我们已经过度忙碌的生活火上浇油？

而这类较为宏观的看法，在我们探讨限制导向的创造力时，会是相当重要的背景。不论这两种全球观点中，我们较为看重哪一点，它们在不久的将来，终究都会对我们个人、组织以及我们所居住的地球产生深远的影响，而且也会是我们想在何处以及如何成为变革者、调适者还是受限者的关键背景。

不过，若是硬要在两者间做出选择，未免太非黑即白了。我们这里的案例，都是在个人、专业与全球层次上，以介于匮乏和富饶间的平衡点来加以探讨。我们处理这个平衡点的方式，特别是能否发展出良好的转化限制的能力，将会决定我们之后的发展。

但首先，且让我们先从全球层次上，来探讨匮乏与富饶两方的论点。

匮乏vs富饶：检视相关论点

匮乏时代？

阅读今日各类报道，由资源匮乏所导致的战争与政治纷争、人口过剩、大量失业、食物水源短缺、气候危机，以及失败的教育体系等，让人有如坠入各种痛苦限制的深渊。这些议题正成为全世界的人们在董事会议、校务会议以及国会殿堂上思考的焦点。而我们未来的成长、甚至是存亡，则仰赖我们处理这些议题的能力。

关于匮乏的全球观点认为，过去在发达国家曾有过的富裕繁荣，已成明日黄花。在发展中国家渴望获得同样生活水平的同时，资源匮乏的问题加剧了。因此，"富饶时代"已然结束，人类目前进入了"匮乏时代"。

联合利华首席执行官波曼，在《哈佛商业评论》中斩钉截铁地宣称：

> 我们已来到富饶时代的终点……今年我们已消耗了这座星球所能供给资源的1.3倍——而2040年人口净成长将达到二十亿的预测，则只会雪上加霜。[2]

世界野生动物基金会（World Wildlife Fund）宣称，**若地球上的每一个人都像美国人一样消费，就会需要三倍的地球资源才养得起**。而由于世界其他地区正朝此方向发展，资源价格因而迅速升高。在经过20世纪的缓慢衰退后，自2002年起，几乎每一种商品的价格都上涨了两倍或三倍[3]。全球85%的渔获已达到甚至超过鱼类繁殖的极限[4]。在一份2012年出版的报告中，美国安全机构表示，水资源短缺的问题，将成为各州攸关美国国家安全的"动荡因素"[5]。

我们还有回头的机会吗？材料学家和麦克阿瑟天才奖（Mac Arthur Genius）得主绍尔·格里菲思（Saul Griffith）说，即便我们打造所谓的"再生能源区"（Renewistan，即若有相当于美国一半面积的土地都是再生能源时，就能供应今日全球经济所需的动力），"也不能说我们就能阻止气候变迁……我们现在正试图缓和气候变迁，或让它变得更糟。"[6]气候变迁对农业的冲击非常大，甚至可能出现由饥荒导致大规模人口迁移的乱象。更别说资源匮乏的现象还不止如此。

各种资源匮乏的情境令人相当忧心。表9.1提供了一个虽过于简化却也一目了然的总览，说明资源匮乏将如何改变今日的世界，并严重妨碍人类繁荣进步的能力。近年来，许多评论家已开始将讨论焦点从永续发展议题转向资源复育，他们认为，这早已不是维护资源的问题了，而是我们在达成目标时，有无适应转变的能力，而这也正是在无法预知骚乱和变动的时代，所需的基本生存技能。[7]

富饶时代?

这类乐观的富饶观点，在诸如TED论坛、非营利创业组织PopTech以及《快公司》财经杂志上都可窥见。他们相信人类能够并正在解决这些乱象，因为我们正要跨越科技变革的新时代门槛。与史蒂芬·科特勒（Steven Kotler）合著《富足》（*Abundance*）一书的彼得·戴曼迪斯（Peter Diamandis），对此观点持高度肯定的态度。在书中，他详细地说明了我们即将超越人类基本需求的所有方式，而这些方式则大半仰赖科技的协助。

	匮乏情境	富饶情境
人口	将于2040年达到九十亿。到时大家要吃什么、住哪里、如何受教育呢？人类已出现资源争夺以及由各类大型基础建设计划所造成的人口迁移问题。人类亦将形成一个个种族或部落团体，并准备为资源短缺而你争我夺。	随着文明带来和平以及各地繁荣发展，暴力现象日益减少，因特网使教育普及，而受教育的人们较少生育子女。人口稳定，关系良好的人们彼此更能理解与分享，人们因互相交流而创造更多解决之道。
食物	生物燃料作物压缩了农地使用，一如人口增长需要土地建造房舍；更多肥料的使用让土壤耗损殆尽；生物多样性与作物产量亦面临枯竭。	基因工程、水耕、雾耕以及生态农业（agroecological）等方式能让产量大幅增加。垂直农耕能解决分配问题，不但不受气候影响，还能废物利用。肉类则经由试管制造。
能源	廉价石油将愈来愈少。新兴经济体争相抢夺剩余资源，价格因而飙涨。以"压裂法"开采页岩天然气虽然只是权宜之计，却会为环境带来毁灭性的冲击。再生能源则尚未达成预期目标。	再生能源与智慧电网产业发展成功。非硅晶的太阳能电池成为最有效率的十大能源之一。而风力发电、海藻和第四代核电的组合也是。无碳发电不但便宜且丰富，能源在其他领域也有突破。
气候变迁	造成更多碳排放加速我们的灭亡。天候异常让农作物无法生长，人类因饥荒而迁移，并造成海平面上升。全世界都将面临大规模的难民问题。	互助和弹性的人口措施，可减缓气候变化所导致的最严重的后果。我们因而得以幸存、适应并延续。

续表

水资源	人口增长亦使得用水需求大幅增加，以生产更多食物和产品，再加上地球暖化导致旱灾，最后更是爆发水资源战争。	地球大部分的成分是水。以廉价能源启动的海水处理厂能将咸水变成淡水。可携式蒸馏器亦能将废水变成饮用水。
经济	成熟的经济体陷入结构性而非周期性停滞。缺乏新的工作机会、薪资压力上升、劳工难以摆脱贫穷、资金不足的社会服务无法应付婴儿潮时代的退休人口、资金不足的学校跟着倒闭。社会动荡不安。	分布式制造（3D打印、机器人）开创了新一轮的工业革命，增加了成千上万的新创公司以及本地的工作机会。教育"可视化"让效果倍增，并培育许多发明人才以维持社会富足。发展中国家发展出成熟、稳定的经济体系。即使处于金字塔底层的人口，亦繁荣发展。
健康	在北半球，当食物需求增加造成更多健康问题时，便出现制造廉价热量的压力。大量使用农药造成癌症病例增加。医疗体系的吃紧造成更大压力。各项成本增加。发展中国家仍有数十亿人口没有干净的水和蚊帐可用。	科学家研发具有疗效的食物。基因体定序有助于研制药品。由机器人护士照顾年长者。健身技巧成效卓著。干净的饮用水以及更好的药品分配方式，更能抵御疾病侵袭。而使用SMS，有助于预防疾病扩散。小儿麻痹症与疟疾已完全根除。
人际关系	我们因更长时间、更努力工作而让自己累垮，并笨到想一肩扛下所有工作。我们不仅跟他人疏离，也跟自己疏离。	网络的超高速连接让人与人之间更靠近，因而得以共同处理真正重要的议题。全球化的思维崛起，人们选择携手追求富足的世界。

表9.1：匮乏与富饶的各种情境[8]。

人工智能的进展、无穷尽的运算、无所不在的宽带、数字化生产、纳米材料、合成生物学及其他各种以指数方式增长的技术，能让我们在未来二十年得到的，要比过去两百年还更多。[9]

在未来，我们将有望利用海藻来供应全球燃料；向全世界每位贫穷人士提供5英镑*，让他们成为创造财富的创业家；还能淡化海水以灌溉大型沙漠绿洲中的植物。而这类富足的案例，都是建立在进步飞快的强大科技实力的基础上的。例如，摩尔定律促成了个人运算与因特网发展的重大突破，而《富足》观点的支持者则宣称，人类有望在其他科技领域，也看到同样的指数型成长。随着基因定序价格的降低，加上信息处理能力大幅跃进，未来有望享有更实时、准确和个人化的治疗方式，让医疗服务的效率大幅增加。能源方面也是。在太阳能的成本每年稳定下降5到6个百分比的同时，产能每年却可增加30%，一些专家认为，不久之后，太阳能产业就会因这两项因素而飞速成长，并有望在二十年内就能取代所有能源。据此，丰沛的能源以及无碳未来将近在咫尺。[10]

这类发展看似遥远，但其呈现指数型成长——持续的两倍成长起初偏离小基准，趋势呈现线性发展。接着突然大爆发——愈来愈大数值的两倍成长，形成了曲棍球棒形状的成长曲线，而震撼性的变革来得比我们想象得还要快。

此论点表示，这样的情况一旦出现在能源发展上，其形成的连锁反应就真的会撼动世界。有了丰富的廉价能源，让海水淡化处理的成本降低，水资源短缺的问题便不太重要了。大量的咸水变成淡

---

* 约合44.6元人民币。——编者注

水后，卫生条件因而得以改善，不但有助于解决诸多健康问题，还为社会带来安定与进步的基础。廉价能源可减轻发展中国家儿童捡拾柴火的负担，并向他们提供夜间念书所需的照明，进而改善教育环境、减少贫穷问题、降低生育率、解放妇女劳动力、惠及数百万人并打造经济体系。一旦第一张骨牌倒下，整个限制系统就会彻底转变。若这第一张骨牌便是便宜、可再生的能源，那么我们就能创造之前廉价、丰富的石油曾创造过的富足生活。

如上述案例所示，不只在发达国家看得到富足的力量，甚至连最基本的线路联结都能对农民造成巨大影响。因为要是他们能事先打电话了解牛奶最晚何时送达村落，就知道是否值得跑一趟。在肯尼亚，通过移动支付系统M-PESA用低阶手机功能即可付款的方式，对当地人不啻是一项莫大的改变。这项系统的引进，让乡村地区得以不用现金进行小额交易，而芯片卡不但可像提款卡一般使用，亦有助于降低Nairobi区贫民窟的抢劫案件。在肯尼亚人发现这项简易金融联机的诸多好处后，目前肯尼亚境内已有60%的电子交易是通过M-PESA系统完成的。[11]

在世界各地的人们，已逐渐让自己具备解决问题应有的知识。赋予"塔底"（位于金字塔底层的十亿人口）的人们各种知识的力量，他们即可借此发现并解决自己的问题，而更有效地参与经济活动，形成推动富足的进一步动力。[12]这群人可能成为灵活有创意的创业者以及潜在消费者。通过科技的协助获得知识，为他们打开全新的世界。普哈拉教授曾表示，我们必须停止将发展中国家的人民视为受限者，并加入他们一起改变他们的世界。如我们先前所提，逆向创新的想法证明了不只发展中国家的人民能自助，他们的想法对发达国家也有帮助。

这类发展看似遥远， 但其呈现指数型成长的性质却令人惊讶。

戴曼迪斯深信创业精神足以解决今日的种种问题。身为X-Prize（为鼓励惠及人类的科技发展所举行的一系列公开竞赛）的创办人，他想看看史上首度私人太空飞行，是否能自安萨里X大奖（Ansari X-Prize）宣布后短短八年内实现，成为由指数型科技变革所驱动的DIY精神的最佳明证。

在几年前，这类大胆的私人计划根本是不可能的事。然而，一群来自世界各地干劲十足、特立独行的发明家与创业家，正着手进行一些人类最大的挑战以及最大的产业， 并到达了崭新境界。在大胆创立电动汽车品牌特斯拉时，埃隆·马斯克（Elon Musk）投入了自己一手创办的在线付款系统PayPal的百万资金，来证明电动汽车不只可行，而且还会大受欢迎。虽然谈成功尚言之过早，不过特斯拉已让全世界看到了零排放车种的可能性。布兰森创办的维珍航空则是与LanzaTech合作，以捕集到的碳来制造航空燃油。而且即便维珍全球业务持续成长，也依旧不改减少机队30%碳排放的目标。[13]亚马逊的贝佐斯（Jeff Bezos）则想要使用无人机而非柴油动力卡车，来递送我们所订购的商品。他一定办得到的。

与此同时，**成功的亿万富豪慈善家也正运用他们的财富，以不同方式处理资源短缺所造成的问题。**例如，在杜绝小儿麻痹与疟疾这些严重妨碍发展中国家进步的疾病方面，比尔及梅琳达·盖茨基金会即扮演了重要角色。史柯尔基金会（Skoll Foundation）则是资助改变世界的一些社会企业，其中"全球见证者"（Global Witness）便是致力于揭发与贪腐和天然资源相关的环保恶行；欧米迪亚（Omidyar Networks）则是大力资助教育。这些**创业家将自己视为公司内外改变的媒介，而杜绝疾病、处理贪腐问题以及改善教育等，不过是他们希望应付资源匮乏并创造富饶的几种方式罢了。**

因此，这些促成富饶观点的因素：全世界的创业家，利用科技的飞跃成长，通过颠覆性社会创新的协助，并仰赖富有慈善家的资助，能让我们永远摆脱匮乏的处境。

转变沙漠

2007到2008年间，全球出现了一波食物危机。许多地区出现干旱现象。商品价格随之上扬，墨西哥玉米饼的价格波动。随着气候愈趋暖化，干旱现象也变得愈趋严重。食物供应不稳定，出现重大动乱的概率相当高，让人不免忧心未来。

在最近的危机事件中，沙特阿拉伯禁止家禽与洋葱出口到卡达[14]，而由于卡达境内没有河流、湖泊，年平均降雨量只有不到74毫米，因此几乎不可能耕种。石油让他们成为世界上最富有的国家，但却在 2008年买不到任何食物。这项限制甚至已对经济造成影响。

但金钱能资助野心。卡达的"国家粮食安全计划"（Qatari National Food Security Program）打算在十二年内自行生产一半粮食，但需花费300亿美元，并受到许多限制。此处夏季均温最低也有摄氏 40几度，基本上全国只有1% 的土地适合耕种。而石油带来的财富则让人口增长到1800万之多。虽然波斯湾中有大量咸水，但为使海水淡化厂运作就必须燃烧石油，是不尽合理的事。因为燃烧石油产生的碳排放，就是一开始造成气候变迁，以及更干旱的沙漠的主要因素之一。

但，卡达在大胆思索"如果……就能……"的对策时，却从这些限制中看见了转机。

太阳对他们在思索各种太阳能的应用上，可说是上天赐予的礼物。然而，以目前的太阳能技术，若要生产出所需的75,300万瓦特电力，就需要相当于两千座足球场那么大的太阳能板才行。目前他们在寻求更有效率的太阳能对策上——世界许多地区正在进行中——已有了新的目标。新式的海水淡化厂预计将于2025年完工，能提供大量经过淡化的波斯湾水，并完全由太阳能发电运作。

处理过的水资源将会用于灌溉植物根部以达最大产能。QNFSP评估了四百种作物，并将最适合他们种植的挑选出来。目标是在同样面积的土地上，以减少30%用水量，来达到五倍的产量。

不过，他们仍旧需要农民来耕种，同时还需要供应链管理技能、污水处理专家等。为满足这些需求，卡达在教育上砸下重金投资。若成功的话，QNFSP所创造的就会是一种新知识经济，改变的将不只是他们供应能源的方式，还有他们的经济，甚至是文化。

今日，有68个国家的土地过于干旱不适合耕种。其中有不少国家希望，在气候变迁助长干燥地区沙漠化现象的同时，也能种植作物。大家都在等着看卡达的成果。

匮乏与富饶相互依存

这场争辩主要是以选边站的对立观点来呈现的。尤其是西方国家，有将复杂议题简化成正反两方论战的倾向。然而，我们需要以更为整合性的思考方式，来了解两者互相依存的现象以及各种事实。例如，我们不妨思考一下，若富饶得过了头时会如何。

以食物为例，过去数十年来，我们增加了食物的供应量、大幅降低售价，并采用一些技术，像是肥料、农药和工业养殖法来生产廉价的热量，却发现我们无意间已造成肥胖危机，而这其实是一种在健康与寿命上的匮乏。或者，以现代的汽车来说，它们以最顶尖的技术制造，并搭载最新科技，物超所值以致过度生产，最后造成交通拥塞（时间变得更少）、污染（空气质量变得更差）且郊区亦不断扩张（使小区资源匮乏）。再来看看富裕家庭中，父母对孩子的过度掌控。人们学着以过度保护与赞美来养育子女，尽可能给孩子提供各种机会，避免让他们失败或失望，但这样反而会让他们无法发展真正的自我。其中有些孩子遇事不知如何应付，因而出现忧郁、焦虑及饮食失调等症状。因此，富饶时代的亲子教育方式，必须要找出干预与参与之间，以及定下规矩和容许孩子自我管理之间的界线。给孩子"更多挑战"（More struggle）是一位心理学家为健康快乐的童年所下的处方。她认为，人格乃是从各种限制中建立起来的。[15]

我们不妨将富饶与匮乏之间的关系，想象成一个无限循环。富饶并非自我强化的良性循环，它会被导向各种新型的匮乏。反之，从限制中找出可能性的能力，则会开启新的富饶形态。

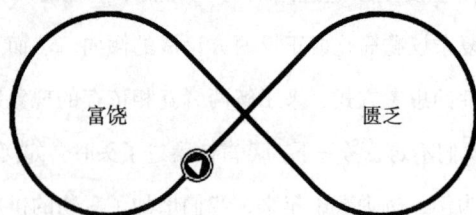

图9.1：匮乏与富饶间的循环

这个概念也适用于个人生活。如果你跟我们一样的话，就会对"联结经济"（connection economy）及其副作用感到既兴奋又惊奇。工作时信息超载[16]的情况并不稀奇，但由两位学者塞德希尔·穆莱纳森（Sendhil Mullainathan）和埃尔德·沙菲尔（Eldar Shafir）合著的《稀缺》（*Scarcity*）则探讨我们在面对匮乏时会出现什么现象[17]。他们发现，贫穷或节食对人们的决策产生不了影响，但当人们面对太多工作或电子邮件时，却反而会出现跟缺钱用类似的行为模式：匮乏感完全占据了我们的心思，以致很难专注在其他事物上。"认知带宽"（bandwidth）是我们都很熟悉的比喻，缺少认知带宽会让我们缺少深刻洞察与前瞻性思考。研究显示，**缺乏时间会导致目光狭隘，妨碍我们做出良好的决策**。当然，缺乏时间也有好的一面。还记得韦登偏好利用提案的最后期限来集中精神思考吗？科学证据也支持这一点。《匮乏经济学》的作者坦承，我们并不清楚精准聚焦的好处何时结束，而目光狭隘的代价又从何开始。他们指出，由于人们的容忍度与偏好各有不同，因此我们无法单从行为来推论偏好——目光狭隘并非是出于自愿的行为。

即便是所谓的"数字原住民"（digital native），也跟我们今日的富饶世界有着又爱又恨的关系。当我们使用Instagram、推特、Medium、Jelly、Tumblr、Spotify、脸书、FaceTime、Snapchat、Pinterest、电邮或简讯时，我们压缩的是人类真正联结的方式：面对面，而这才是我们真正需要的。最近有一个叫作"手机堆栈"（phone stacking）的文化现象，即聚餐时大家将手机堆在一起放在桌上，以避免有人忍不住一再查看，而第一个拿起手机的人则要负责买单，这种做法即是过度数字联结的一项解决之道。我们正尝试在其中取得良好平衡。

大多数人都已发现，我们其实无法一心多用地妥善处理接收到的所有讯息。它纯粹是一种自以为创造力丰富的错觉，也就是每当我们处理电邮或推文时，就会产生大量多巴胺。但我们所做的，不过就是没什么效率地在各项工作间迅速来回，或是因而分散心思以致每一项工作都做不好[18]。研究显示，一心多用比起吸食大麻或失眠，更会降低我们的认知能力[19]。

另外，每隔一段时间便完全中断网络联机的做法，会是创意过程中非常重要的部分。因为必须在办公时间之外处理的大量信息，反而会让我们变得比较没有创意，而非更有创意。这似乎说明了富饶亦跟匮乏一样，会让我们变成受限者——若你这么做的话，就等于让自己中了资源诅咒。

无怪乎在这个将后经济衰退时期的人力精简视为新常态的时代，这些现象实际上都被归咎于一种过劳而非突破性的文化。有高达70%的员工认为他们在工作时，根本没有时间进行创意或策略思考[20]。这部分我们会在最后一章探讨领导力时再加以说明。

反方向流动：是什么将匮乏变成了富饶？

单纯地将我们的生活划分为"匮乏时代"或是"富饶时代"，是对这两者关系的误解。它们是彼此相关的，因为我们同时处在这两种情境中。富饶并非是一种自我强化的良性循环，因为它会形成新的、且常是不经意的匮乏形态，资源诅咒便是其中的一个例子。如同经济学家布赖恩·阿瑟（Brian Arthur）所说："问题即是解答。"而我们的解答则常常为我们创造新的挑战[21]。

目前我们只探讨了在这个无限循环中，从富饶到匮乏的流向。不过当然，无限循环也会从另一个方向往回流。而本书中提出的诸多证明则显示，其中另有从匮乏流向富饶的巨大潜力。各种限制，以及我们转化限制的能力，正好处于匮乏与富饶的交会点。而转化限制的能力则具有让一端流向另一端的价值。

> **各种限制，以及我们转化限制的能力，正好处于匮乏与富饶的交会点。**

以耐特菲姆所开发的滴灌系统为例：为解决水资源短缺问题，反而得以在同样有限的农地上，增加作物产量。随之而来的骨牌效应，从食品安全和政治稳定，到女性不必再千里迢迢去取水，从此可以支配自己的时间等皆是。

再看看伦敦在2012年奥运会因缺乏电子广告牌设备，而开创了更多娱乐活动，为奥运会和残奥会场增添了更多精彩的观赛体验，也为伦敦整体的奥运赛事赢得更好的评价。上述的每一件案例，都是利用由匮乏导致的限制而开启了新的良性循环，创造了富饶的资源的典范。

我们都需要开始转变

在本书副标题*中提出了一项观点，就是"将限制转化成优势，已是人人有责的事"了。这是历史性的一刻，导致匮乏与富饶的各项因素史无前例地互相交会，为我们所有人带来了一连串独特的挑战，并使得本书主题更具有迫切探讨的需要。**我们唯有发展出更为广泛的转化限制能力，才能继续前进。人人都必须学习将匮乏的挑战，转化为更多进步的契机，好让无限循环不停地来回流动。**

虽然我们无法像亿万富翁或睿智的先知那般行事，但也不能只是等着看他们是否会为我们解决所有问题。我们可以跟自己的家人一起，动手解决个人生活中和事业上的问题，也就是改变我们面对限制的态度，开始从原本的限制中发现机会。我们可以用自己的方式，先从小处着手。重点是，我们必须开始有所转变。

我们不能像节食者宁可付出其他代价也要享用食物，或是像贫穷人士因过于担心钱的问题而做出错误的决定一样，低估了转变所需投入的心力。当你已拥有太多东西时，就不太容易辨别什么对你来说是最重要的。由于人们在压力之下容易陷入受限者心态，那么我们又要如何出于自愿地寻求限制呢？也许，我们最大的限制，就

---

* 此处指英文原版书。——编者著

是我们自己。

因此，我们会需要在麦拉伦车队、LPS、中南部基金会、Nike 以及联合利华身上所看到的那种领导能力，来设定议题并诚实以对。另外，我们也会需要心态、方法和动机。

在下一章中，我们将会归纳出所有元素如何一起发挥效用的方法。

本章摘要：匮乏与富饶

●这是历史性的一刻，是以"这是匮乏时代，还是富饶时代？"的问题来定义。

●从个人、专业与全球层面来检视这两者，会发现我们总是处于两者的交界。匮乏与富饶比较像是一个无限循环，由一边持续地助长并激发另一边的能量。

●匮乏时代在全球的层次上，出现了愈来愈多人口增长和发展中国家争夺日渐稀少资源的现象。面对商品价格上扬、水资源短缺，以及渔业过度捕捞等问题，我们需要进行巨大变革以满足日益增加的需求。

●然而，在富饶时代，我们更常"联结"与"分享"新科技的强大威力，让处于金字塔底层的十亿人口拥有前所未见的能力，并有助于企业创新。我们能从匮乏中开创新的路径。

●而在个人与专业层次上，富饶也带来了各种让人振奋的关系与机会。但当它过剩时，人们反而会因为有限的个人认知带宽而缺乏时间与注意力，因过于忙碌而缺乏策略与创意。

●人们相信总会有其他人来为我们解决各种问题，但这是很危险的。由于某些议题相当重要，且它们在企业中无所不在，因此我们需要更强大、更广泛的能力，以各种或大或小的方式，将限制转化成机会。

10.

着手转化限制

如何运用ABC法则

How to use the ABC approach

1. 有什么简易的方法，可以让我们善用本书所学？

2. 是否有较为正式严谨的方法，能提供给较大型的团队进行运用？

3. 我们能否归纳出由限制所激发的各类好处？

限制如何颠覆我们的思考和行为方式

我们从看似乐观，实则不过是"黑暗中总有一线光明"的老生常谈一路走来。其中所举的林林总总的案例，让我们看到了借由限制，无论是外来的还是自发的，激发出更好的成效或对策的各种方式。

限制并非是大家一贯认为的使人倒退的力量，或是某种惩罚。相反地，它们能让我们看见新的可能，而我们则必须跟它们重新建立起崭新的关系。虽然限制原本可能是不合理的，但却能强迫我们质疑、发掘并挑战各种不再有效的假设。它们迫使我们思考自己的行为，或是以全然不同的方式，向我们提供崭新且丰富的观点。限制也促使我们采取不同的做法——放大、简化、戏剧化，并让我们在次要或从未思考过的领域中，寻找根本的解决之道。它们帮助我们推动新的合作关系、发展新的技能，它们是让人发挥潜能的因素，而非约束。

我们将在探讨各项限制时所举的案例，以及这些限制的一些主要优点归纳在表10.1中。此表无法将所有优点一网打尽，也未纳入专门处理明确限制所需的心力。但它的确提供了一些可能的方式，让限制为我们开启崭新的视野和契机。

逐章阅读本书并细究书中各项案例的读者会发现，其中有些案例可被归入一项以上的类别中，而且确实如此。在台湾的案例中，那一连串复杂的"如果……就能……"策略，的确也横跨了数项类别。但即便只有单一限制，如一级方程式赛车失去烟商的赞助即是，倘若后果影响深远的话，仍能同时用在探讨各种可能性上。限制能在各种方向上激发我们的动力，以各式各样的方式为我们开启诸多远景。

	限制能激励我们	相关案例
提出有效问题……	……过去或现在是什么因素让我们退缩？ ……今日哪些事最重要？ ……是否存在全新的可能性？	联合利华的西红柿原料、后勤语言 连锁旅馆citizenM 航空母舰、Hövding个人安全气囊、SAB的大麦
重新构思……	……我们如何看待这项挑战。 ……我们如何看待自己拥有的资产。 ……我们如何定义成功。	LPS及其"课堂实时评量反馈系统"、奥迪利曼拉力赛 中南部基金会的"顾客-负责人"称谓、电玩游戏《FIFA 13》下载等候时间、台湾的人才天然资源 Nike的水性黏胶
借由……的减法中找出利益	……让我们的资产变得更有效用（效率） ……排除不必要的或过剩的 ……化繁为简	麦拉伦赛车队 Hue染发沙龙、餐车 Google首页、电玩游戏开发商Mojang

以……找到扩增的方法	……扩大我们已有的 ……加上新的东西 ……形成新的合作关系	米克·贾格尔、工业剧院 2012年伦敦奥运会、网络鞋店Zappos、电玩人物马里奥 维珍美国航空、Airbnb摄影师、BrewDog啤酒（群众集资）、ColaLife的药品通路
……找出或创造新对策	在我们已有的资产中…… 借由发掘忽略的部分…… 从崭新和意料之外的地方或方式……	南非第一国家银行、奇宏策略Source平台、肯尼亚行动支付系统M-PESA 法国海尼根、新西兰航空、网络眼镜业者Warby Parker Surf 洗衣粉、Nike Flyknit及Air Max 360鞋款、宜家的5欧元桌子
以……方式打造全新系统或商业模式	新的良性循环 新的生态系统	耐特菲姆、联合利华棕榈油 租衣业者Rent the Runway、台湾地区教育体系

表10.1：限制的各种主要益处

为何创造力跟创新一样重要

　　之前曾提过，我们希望鼓励的是"创造力"，而非创新。虽然对所有企业而言，成功的创新绝对是必要的，但它已在概念和实务上变得过于精英化，以至在此处变得不管用。我们需要一个辅助这种"因为创新很难，所以我们专门设立一个部门，让真正有创意的人来负责，不是人人都像他们一样有创意"创新文化的概念。我们需要的是在个人与组织创新以外的另一种思考和行为方式，一种更为民主、重要、且人人都能拥有的方式，而且被认为是面对限制并将它转化为美好契机的有效方法。而我们提出的这个概念，就是"创造力"。

在创新之外，我们还需要另一种创新的思考与行为方式。

创造力，以及随之而来的各种大大小小的突破，对未来我们所做的事以及进步的方式，就跟创新一样重要。它是全公司上下，从每个礼拜的各种挑战中，找到新的可能性的无数小方法。它是团队下年度计划中根本的结构性问题："我们需要转化的限制是什么？"这是领导者提出的挑战性问题，以迫使我们挑战自己的路径依赖，并用崭新的方式思考如何成长。

若要让创造力发挥上述作用，那么它就必须是靠我们自己或团队来讨论、鼓励并积极培养的能力。

所有的限制都能转化吗？

在第九章中，我们在穆莱纳桑和沙菲尔对匮乏的心理效应的分析中，看到匮乏是如何完全占据我们的心智、创造出狭隘的视野，以致我们做出较差的决策，和让事情变得更糟的行为的——亦即产生恶性循环。[1] 他们的研究显示，这不仅发生在贫穷的人身上，也发生在感觉任何一种"形式的匮乏"的人身上。那么，我们又该如何面对这种从限制中发掘机会的乐观心态呢？

此处会重点集中在相对不那么极端的情况上，而非针对穆莱纳桑和沙菲尔的研究。本书无意成为极度紧缩、赤贫、孤立无援或闭锁综合征（locked-in syndrome）这类问题的解决之道。**有些限制实在太严重，因此要说人人都能从中找到机会，以及这些都是美好限制的话，就大错特错了。**

然而，一个思虑周全的乐观主义者，就算在这种情况下，也会注意到下列这两个重点：

● 即使在非常困难的情况下，也可能出现或大或小的突破：如多数弱势地区在教育质量上的改革；小额贷款的创业精神；将废弃物变成能源；利用汽水瓶制造免费灯光；采用滴灌技术和有效农耕方式所产生的骨牌效应等。当然，尤其是对印度"如果……就能……"的Jugaad精神来说，各种小机会到处都是，何止是他们那著名的柴油动力车。在孟买的一位朋友提到，有个人家中没有电源，每天必须骑单车从家里来回去工作。自从在单车上装了一台小型发电机后，每天在骑车回家时，就能顺便为晚上用的灯泡充饱足够的电力。就这样，他利用通勤工具改善了自己夜间的生活质量[2]。虽然我们不应美化贫穷，尤其是印度贫民窟的生活条件，但即使是这些地方，也能有所创新。《经济学人》在造访过位于孟买的Dharavi贫民窟后，表示他们："活得意气风发……人人都很努力地工作、力争上游。" [3]

●最受限制的人，未必有办法从中看到机会。因此像是d.school这类本身并未受到限制冲击，并且还具备各式技能的外来团体，即便处于最艰难的环境，也能发现可能性与限制。

至于那些太过严重的限制，就不在我们讨论之列了。但那些并非大多数人所面对的，也不是促成我们进步的限制。它们不是让我们觉得受限而亟须转化的限制。然而，即使在那样的情况下，人类从经过大幅改善的境遇中发现机会的能力，仍是我们最值得欣喜的品质之一。

一连串策略：ABC法则的运用

我们发现，是野心以及情感投入的程度，激发了我们在限制中发掘丰富资源的创新能力。为了处理限制，我们可能需要经历相关的几个阶段："受限者阶段"，此时我们将限制视为不可避免的局限力量；"调适者阶段"，此时我们拒绝让自己受到限制的约束，并找出降低或消除限制的方法，同时仍然达成目标；以及"变革者阶段"，此时我们能善用限制的本质，发掘新的解决方式，而让自己比以前更具优势。这是让我们自己和团队进化到第二和第三阶段的能力，而这些阶段能让自己运用创造力来成功转化限制。

IBM工程师戴维斯认为，创意不过是一连串的策略，是一连串学习而来的方法，而非只是与生俱来的能力。至于创新能力这类实用型的创意，则并无二致。我们介绍过的许多主要人物和组织，原本对自己解决问题的能力并无信心，但当他们采取一连串的策略后，许多可能性便因而开启。

在我们下年度的策略计划过程中，可以加上一个新问题：我们需要转化的限制为何？

改变我们处理限制方法的关键，就是改变我们针对限制所提出的问题。光是换一个方向问"我们要如何转化限制？"或甚至是"这项限制有什么好处？"就已是态度上的一大转变，让我们更能够从自己的处境或挑战中，看到潜力与机会。

我们的目标不只是一种激励，更是让我们开始采取适当的方法，来协助团队从限制中发现蜕变的契机。我们设定的想法和工具是为了能够用于两种模式（在不同时机的不同阶段），以及能够用于简单或较精确的层次，例如系统化的策略。

在前一章的结尾，我们提到投入的重要性，以及如何运用真正的专注力和领导力，以便从我们最大的限制中发掘可能性。不过，在某些较低层次的挑战中，我们无须采用整套ABC法则，就能从中得到某些好处。因此我们可以自行决定要采取的整体步骤，并选择在哪个层次套用此法则，从单纯只是考虑我们看待和讨论限制的方式，到在组织中实施长期的能力发展计划皆可。至于套用此法则的方式，则视我们的出发点而定：

A. 以不同角度看待限制的刺激因素

出发点："我同意这项原则，但我不需要所有细节。我想将它视为大方向，而非程序。"

运用方式：我们经常都会被迫面对各种限制。你可自本书及其中的案例得到启发，跳脱最初受限者的自然反应，并专注在限制迫使你思考的各种可能性上。知道在受限者、调适者、变革者这一连串阶段中，应该何时开始与结束，并能够见贤思齐，便是其意义所在。

我们改变语言的方式，也会造成不小的差异。近年来的研究，让大家更明白改变行为的可贵之处[4]，还有我们设定问题的方式，早已被认为是得到更好成果的主要因素[5]。光是让人们习惯于提出"我们要如何转化限制？"的问题，就有助于一开始以不同的方式来思考和行动。不过要是进行得不够彻底，单靠这点是无法长久坚持下去的。

B. 将两到三项简单的原则，运用在日常生活上

反应："我对这些想法中的两到三项真的很有感觉，我想了解如何利用它们，以及运用在团队中的情况如何。"

运用方式：如果你不只想改变态度的话，就会发现采取两到三项能帮你以更有效的方式思考限制性创新的原则会很有用。我们建议可专注在发掘路径依赖上；将大胆的目标与限制联结在一起，并提出挑战性问题（且将它当成挑战，而非以呈现限制原貌的问题来处理）；以及用"如果……就能……"来设定发展对策的流程。这些原则易于理解、易于沟通，而且不需要工具的形式，就能让团队沟通产生不同的启发。

C. 在这些原则下，依个别情况使用工具

反应："我遇到了某种限制，想试试这个方法。我想尝试某些工具的做法，但不想进入较冗长的策略过程。"

运用方式：这种情况更多是在意识层面上，跟你想应用的两到三项原则下的工具和技巧有关。你会希望从各章摘要中来挑选，并依照自己的情况来拟定个人的小计划。这个步骤最好跟他人一起做，但单独进行也可以，而且比较适合需要正面应付限制，而非特意由你自己、你的团队或你的企业来自我限制的情况。

请事前跟你的团队分享本书的摘要，并准备或规划你想使用的大型图表或工具。花两个小时依序说明、探讨、使用和评估每项工

具，并针对那些看起来特别有用或丰富的工具，进行深入了解。

使用相关章节的说明，来协助你的团队以最有效的方式使用工具。请做好长期抗战的准备。要是你第一次没有得到什么好对策的话，可能就必须请各方"聪明的门外汉"加入这个过程。运用他们不同的观点，再次进行更有效的探索。

D. 以系统性的程序转化特定限制

反应："我遇到了某种限制，想试试看这个方法，而且必须跟我的团队一起尝试。若能通过这种有系统的集体程序一起进行，对我们大家都会很有帮助。"

运用方式：图10.1可当作流程图使用，可借助整套ABC法则，以及本书所介绍的各项主要工具来引导你和你的团队。

ABC法则

1. 受限者、调适者与变革者

了解自己的出发点，以及我们为什么处于这个位置，有助于我们辨别下列哪些工具与程序对我们来说最重要。

我们是否真的相信自己可以转化限制？我们对于自己应该如何着手又了解多少？我们有多想这么做？若要回答第一个问题，我们就需要在进行前，先多做一点基本功课——了解在自己的生活中是否在其他层面曾有过类似经验；我们的企业在这方面的经验；以及其他人转化这类限制的可能性。若要回答第二个问题，我们就必须将重心放在接下来的四组工具上。至于第三个问题则需要我们更清楚这件事的重要性，并花时间了解我们想要成功的心理动机，以及失败的后果。

2. 突破路径依赖

当我们感觉自己被锁定在某些思考或行为路径中，而阻碍了我们在限制中寻找可能性时，就必须将这些路径发掘出来并予以检验。

这步骤的第一部分，是检验我们的"组织偏误"。我们可以从比较简单的方法着手，就是写下六个对公司来说最重要的词，如营销、业绩、创新、消费者洞察等，并讨论它们真正的意义为何。假设我们将"创新"定义为"性能更好的产品"，那么也许就要以不同的方式来思考创新，让我们得以尽可能地利用这项限制。

第二部分则是将我们平常处理这类挑战的各项主要元素解析出来。可利用本书所提供的"突破式"问题，来一一探究"开始假设""例行作业与各项流程""预期中的解决资源""关联与关系"以及"关键绩效指标与成功评量"。

3. 提出挑战性问题

挑战性问题须将"大胆企图"与"重大限制"联结在一起，因为正是这种介于两者间互相牵制的力量，让限制愈来愈有能量。

限制与企图各有不同的类型。假如我们从外来的限制着手，就会希望找出跟这项限制最相配的企图类型。倘若我们想给自己设限时，就会希望从企图着手，然后找出能开启最多机会的限制类型。

我们之所以称它为挑战性问题，是因为它迫使我们离开习惯的

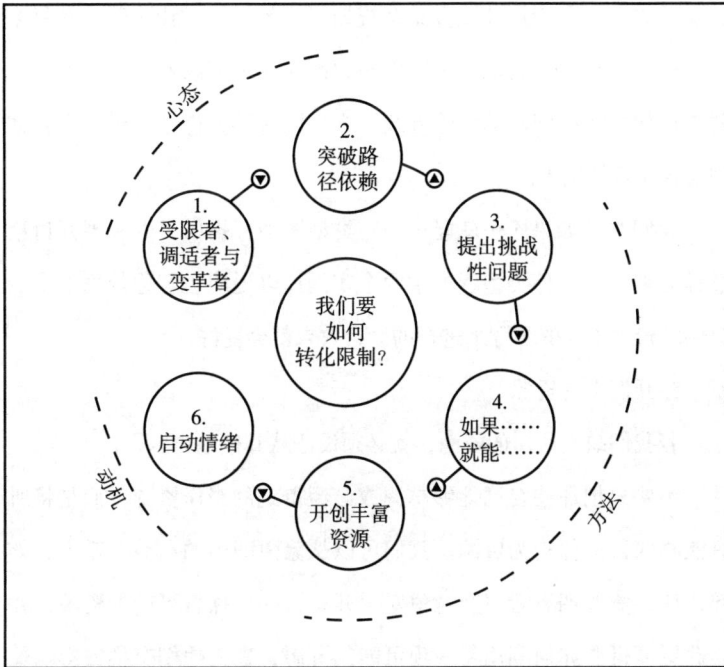

图10.1：ABC法则

路径，所以我们完全无法以回答前面几项问题的方式，来回答这类问题。

挑战性问题若要达成应有的效果，就必须具有具体性（明确的企图与限制）、权责性（由需要得到答案的人提出），以及合理性（我们能认同问题两边的基本正当性）。

4. 如果……就能……

想要在充满困难、一再尝试的解决过程中，保持乐观与开放的态度，关键就在于用什么方式来规划可能的对策。让团队中的每个人，以"如果……就能……"而非"因为……所以不行"来思考，就能让如何解决问题的讨论继续下去，同时不允许让讨论焦点转移到问题能否解决上。

我们在"如果……就能……"类型图中，提供了九种展开讨论过程的类型，每种类型皆列举两个实例加以说明。若你依循书中所提供的较为正式的步骤来进行的话，效果就会更好。

5. 开创丰富资源

若我们缺乏所需的资源，就必须设法从其他地方取得。

不要只把那些自己能够掌握或已经得到的当作资源，而是将所有能够取得的都视为资源。我们可以从象限图中的利益关系人、外部伙伴、资源拥有者以及竞争对手开始，一一探索可能的资源，并因此更懂得要如何利用每一项可能的资源，来跟他们交换或影响他们，以便我们取得所需的资源。

6.启动情绪

创新过程是从我们对问题产生某种情绪的那一刻起便展开了。倘若我们无法将转化限制的需求，与为何这件事对我们很重要的情感因素联结在一起，那么一旦我们最初的对策遇上挫败时，恐怕我们就无法产生坚持下去的顽强适应力与创意上的韧性了。设法发掘并放大我们个人情感上的投入，甚至超越公司目标，就能决定事情的成败。

启动情绪的架构图，是用来刺激我们找出有效的动机，包括各种正面及负面情绪在内。每种情绪对我们来说都有着特别的意义，而我们必须找出自己正在进行的事项背后的真正脉络，以便持续地提醒自己达成目标及避免失败的情感动机。

E. 将限制加在自己身上并刺激我们去面对的机会

反应："我必须接受来自不合理的顾客、客户、当权者、竞争者的挑战。我们不能自满，要尽量探索各种可能性，并应该将相关限制加在自己身上，以便强迫自己尽力去思考；同时要让自己处在较为优越的位置，以便将来进可攻退可守。"

运用方式：主要过程大部分跟上面的C项和D项类似，端视你有多希望你的团队能应付这项挑战。关键就在于，了解哪种限制适用于你的挑战性问题，以及为什么适用。不合理的本质能让你很容易就做出选择，并帮你界定这项限制。若不行的话，利用本章的表10.1，对你在考虑哪种限制能激发团队思考与探索问题上，可能会很有帮助。另外，让这项挑战性问题具有真正的权责性与合理性是相当重要的，如此团队才能接受它、将它根植在目标中，并急于达成目标。

F. 用不同的方式思考企业蓬勃发展所需的各项能力，以及我们可能想采取的各类策略计划，以确保达成目标

反应："我想达成的效果需要一种以上的程序。我的团队或组织必须从根本上，将这种思考方式跟我们的思考、计划和解决方式

整合在一起。同时，我需要在某些主要领域增进组员的技能发展，让他们有能力使用这种方法。"

运用方式：你应将此法运用在超越处理特定限制的层次上，而不是用在处理各项组织能力发展、主要策略过程的调整，以及如何拟定策略计划上。

例如，各项组织能力包括引进应变措施或商业创新等，并将它们视为可评量与奖励的发展目标。应变措施可就个人或团队的层面来加以评量。

我们在下年度的一般策略计划过程中，可以加上一项新型的问题：我们需要转化的限制为何？它可能是一项我们回避已久的外在因素，或是某个需要发掘并加以讨论的议题。借由将它整合进我们发展下年度计划与对策的构想中，就能另辟蹊径和发现机会，激发出崭新甚至是颠覆性的观点。

真的有将柠檬变成柠檬汁的配方吗？

我们虽然无法将所有创新思考的丰富可能性，缩减成一张表格或一道程序，但却能比那些渴望、善意，以及所有关于创新的过时且常误导人的陈腔滥调更进步一些。需求是发明之母？嗯，也许是，但却不过是第六章启动情绪的各项因素其中之一罢了。不论你认为自己办不办得到，你都是对的。

亨利·福特关于正面态度的名言，虽然是重要的心态之一，但如我们所见，**单单只有心态，却缺乏方法去引导团队解决不知怎么解决的问题，或是缺乏扫除沿途障碍所需的适当动机，是无法成功的。**

因此，虽然我们无法汇总创造力，却足以推衍出整套策略所需的心态、方法与动机，以增加我们的成功概率。我们可以向本书中那些已经成功的人学习。它不是魔术，而是不同类型的训练。我们可以将这些曾帮助他人突破的手法，运用在转化我们自己的限制上。

本章摘要：着手转化限制

●有些极端的限制形态并不在本书的讨论范围之内，书中探讨的都是在事业或生活上会遇到的一般限制。

●它是用来激发组织上下所有实务上的创造力，以作为更趋专业与独立的创新领域的必要辅助。若要进步，两者缺一不可。

●我们可从本书所提供的各种程度的知识与方法中，选择适合我们的来加以应用。

●最简单的就是，我们能利用它来激发看待限制的不同方法，提出"我要如何转化限制？"或"这项限制的好处在哪里？"等问题，以便从受限者心态开始转移到发现机会的阶段。

●倘若我们想以更严谨的方法达到目的，那么有关"路径依赖"的概念与工具、"挑战性问题"以及"如果……就能……"的步骤，是三项较容易沟通与运用的方法。

●本章亦提供了一套较为完整的程序，给那些想要以更有系统且严谨的方式来带领团队处理某项限制的人。

11.

领导力与限制的未来

人类社会进步的契机

The opportunity for progress

本章重点：

1. 领导力会产生什么
影响？

2. 为何它比节省成本
更有效？

3. 为何这项能力对我
们个人及全体人类的
未来如此重要？

1957年时，以苏斯博士（Dr. Seuss）之名广为人知的西奥多·盖泽尔（Theodore Geisel），就已是童书界的畅销作家。但当初却是由于一项严苛的限制，让他写出了全球销量上千万的畅销书。1954年一篇刊登在《生活》（*Life*）杂志的文章，批评当时美国学校所提供的无趣精神食粮，"平淡的读本，和异常有礼貌且过于干净的男孩和女孩，"并建议应让某些"儿童绘本作家中极富想象力的天才"有机会创作新鲜的东西。当年任职霍顿·米夫林（Houghton Mifflin）出版社教育部门的威廉·斯波尔丁（William Spaulding），便邀请盖泽尔共进晚餐，并要求他"写一篇一年级生爱不释卷的故事。"

接着，斯波尔丁又提供了一张词汇表，要求盖泽尔在写故事的时候，只能使用表中所列出来的单词。当时教育界盛行以"声学"教授学生字母和词组的发音，好让学生们在遇到不熟悉的单词时，能自己想办法拼写出来。斯波尔丁因而要求盖泽尔只用限定的225个单词来写这篇故事，而盖泽尔起初的反应就跟受限者一样：

　　一开始我认为这是不可能又荒谬的事，而且原本想抽身。

　　后来我决定再看一次这张单词汇表，并且利用最前面的两个押韵的字作为书名——《戴高帽子的猫》[1]。

《戴高帽子的猫》（*The Cat in the Hat*）一上市便大受欢迎，被大家赞誉为继《迪克与简》（*Dick and Jane*）之后的另一本经典童书。这本书不但让童书改头换面，更颠覆了小学教育的本质。后来蓝登书屋（Random House）挪用斯波尔丁的模式，推出了由盖泽尔负责的"初学者读物"（Beginner Books）系列丛书，并旋即成为美国最大的童书出版商。当蓝登书屋跟盖泽尔用50美元打赌，认为他没法只用50个单词来写一本书时，盖泽尔便以49个只有一个音节的单词再加上"anywhere"（到处）这个词，写出了《绿鸡蛋与火腿》（*Green Eggs and Ham*）回敬。这本书后来还成了苏斯博士最畅销的一部作品。

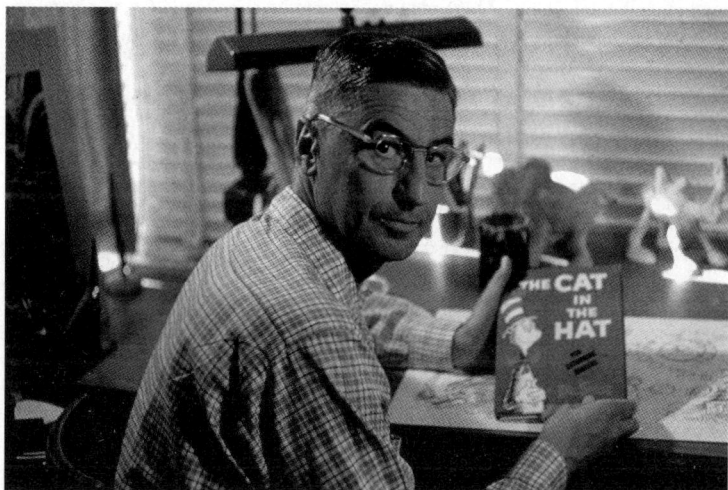

图11.1：苏斯博士及其作品《戴高帽子的猫》

诸如此类在**限制下创作的巧妙事迹，在你我身边随处可见。**当我们聊它们时，会沉浸在它们所代表的人类精神上的小胜利中。我们无法不喜爱苏斯博士克服限制的故事：盖泽尔以自己的方式，从受限者转化到变革者的旅程，是很了不起的。我们景仰这些完成旅程的人，并渴望跟他们一样。因为这是身为人类的本质：去创造、进步，哪怕因为有各种限制。我们将限制加在自己身上，因为它们会让我们变得更强。这些限制能提升我们的艺术层次（从十四行诗到三行俳句诗）、让我们的信仰更虔诚（伊斯兰教斋戒、四旬斋），还能改进我们的赛事（篮球进攻时限钟）。

明白这个道理后，不表示就比较容易找到解决之道。在我们看过本书诸多案例之后，即使对那些将限制视为界定问题的基本要素，并肯定其价值的杰出人士而言，他们一开始的反应，通常也是认为限制会让生活更辛苦，甚至无法克服。可理解的是——不论是某项广告禁令、缺乏水资源的威胁，还是让学童的课业在一年内三级跳，都堪称是严峻的挑战。在团队不确定自己是否有能力办到，也不确定这么做公司是否支持且不反对他们时，就会知道这绝不是容易应付的过程，必须要有人带领才行。

在第八章《限制导向的文化》中，我们清楚地看到了想将这个过程融入企业的领导人，最后得到了什么样的成果。倘若我们只想找到创新的方式，来解决诸如缺乏营销预算之类的问题，我们当然可以从各项工具和激励因素来着手。并非所有人都得雇用一位海军准将来助我们一臂之力。但要是我们正朝向更多限制的未来前进，那么我们处理那些限制的方式，就会决定自己是否能够进步。同时，能否更进一步了解如何在限制之下带领团队，就变得很重要了。

领导力与限制

不论是否资深、有无头衔，所谓的领导者是那些知道如何影响他人、让人们努力工作并持续朝向共同目标前进的人。[2] 在本书许多案例中，参与的团队原本不知道如何解决问题，甚至一开始不确定能否解决问题。所以，对领导者来说，在这样的情况下，哪些会是最重要的部分，又有什么共同特征？

他们相信变革者是后天养成的，而非与生俱来的

虽然我们提到的这些领导者，很显然具备各项技能、个人特质或经验等优势，但却没有任何一个人认为，自己天生就拥有创造力的基因，而且其中的许多人，还是第一次解决这类挑战。这些领导者了解，即使是自认缺乏解决这类挑战的能力的人，只要有正确的心态、策略以及动机也一样能做到，而且以这三样成功所需的条件来激励大家，正是他们的职责所在。

他们也深知，只要经常使用这些方法，就能养成新的思维习惯。因此，像南非的探索集团，或是瑞典的宜家公司这类主动寻求限制的领导者，就会逐渐增强这方面的能力，并且迫使自己达成更大目标。本书所规划的各类工具，能向也想这么做的领导者提供达

成目标的策略。

他们将公司带往各种限制所在的地方，而非远离它们

先放眼未来，然后以最佳状态达成各项不合理的要求，是培养竞争优势的做法。例如，Nike预见了水资源短缺的问题，以及宜家大胆规划小型公寓等即是。引导团队迎向限制的信心，多半来自有过一次较小的成功经验。这也正是尽早从较小的限制中建立相关能力，或从较易达成的目标着手如此重要的原因。

当一级方程式赛车主办单位事先宣告，2014年要将比赛所使用的燃油量降低35%时，某些车队（如法拉利）便提出抗议，并抗拒这项改变。相反地，奔驰车队则几乎是立即接受，并首次将工程团队和车队安排在同一间房内（之前两者分属不同国家），在法拉利反对这项限制的期间，思考如何解决这项问题。当这项规定开始实施后，奔驰车队不但已做好充分准备，更借由在涡轮增压技术上的突破，打造出最快的赛车并得到世界冠军的头衔。**这些以有竞争力的方式思考、抢在对手之前带领团队解决各种限制的领导者，正是竞争优势的一大来源。**

他们大幅增强野心并加以合理化

书中介绍的这些领导者都了解，若随限制大小而适度地加强野心，就能产生扬弃目前路径、假设与思考方式的动力。这也使得以前有用的方式，未必适用于现在的道理不言而喻。当大胆而明确的

企图与企业较为远大的目标和策略相结合时，就能为团队注入最大的能量。

这些领导者也会让这项企图在公司内具有正当性。他们能让团队了解，达成这项企图的对策，是公司所需要并且会采用的。例如，将琼斯的部门名称从原本的"企业责任"改为"永续经营与创新"，就是Nike将野心融入未来蓝图的象征。

他们懂得何时拒绝向野心妥协

屈服于严苛的限制是比较容易的，也是可以理解的，尤其是团队已经很尽力地解决问题了。虽然某种程度的妥协是难以避免的，但这些领导者知道"如何"以及"何时"，可以试着再往前推进一步。当各种挫折逼迫贝哈尔的团队妥协时，他们一次又一次地重拾"一个孩子一台笔记本电脑"计划最初的信念。麦吉尔在2012年伦敦奥运会时，虽然接受了科技上的局限，但并未接受之前奥运会及残奥会在控制人流上的策略。她不但要团队保证原本观众体验的目标，还希望能做得更好。

他们让人们相信自己办得到

这也许是其中最大的一项挑战。这些领导者能让原本有所质疑的团队相信，不论这个目标有多难达成，都可能找到有效、甚至是革命性的对策，而且他们一定会找到的。要做到这一点，并没有快捷方式可走。对某些人而言，必须得让大家知道他们别无选择，只要有必要这么做（不是达成目标，就是脱离现实）就有机会成功。对其他人来说，则要从公司过去的成长历程中，找出具有这项能力的证明，好让大家尽可能对公司有信心。

他们会利用"情绪反差"与"说故事"的方式，使人长期投入情感

这些领导者除了给予团队麦克雷文所谓的明确使命外，还会善用以正负情绪交织而成的任务，让团队中的每个人都能投入。他们利用鲜明生动的成功与失败的情境，创造丰富的情绪与反差，以增强突破困境所需的创意韧性。我们看到了瓦特教授对她那群弱势学生的沮丧与关爱交错的情绪；也看到了不流俗的啤酒品牌，一方面对每家主流啤酒商出言挑衅，另一方面则是渴望人们跟他们一样热爱手工啤酒。

他们鼓励并让团队挑战企业的各种惯性与假设

这些领导者不但想要突破自己的路径依赖，更积极地要求、鼓励并支持企业这么做。这需要严格且严谨的态度，持续将企业隐而未见的各种模式加以具体化，甚至要达到更为坦率与坚持的程度才行。以麦拉伦车队的丹尼斯为例，即便团队一开始持怀疑态度，也还是要求他们检视每一项步骤，看看有没有更好的方式。显而易见，并非所有人都能像麦拉伦做得那么彻底，有时也许只是针对特定事项来检视各项假设与过程，像是如何规划并主办一场良好的顾

客服体验会等。

他们知道要如何达到蜕变门槛

我们在第一章中看到那些有效应付限制的领导者，知道自己有时必须冒点风险以寻求进一步突破，有时则必须让企业良好并有效率地运作。只有少数企业能够或是愿意一直在高度变革之下运作。若将每天都会发生且对企业没有影响的"小我"创新变成常态的话，一旦当重大限制出现时，企业就能应付了。企业因而无须精简，人员平时工作也不致散漫。一旦有必要时，就能处理这些更重大的限制。

蕴藏在转化限制能力中的无限可能，代表了这些特质对任何一位领导者在任何时候来说都很重要。但当我们开始感受到愈来愈多匮乏的压力，以及随之而来在开创更多丰富资源上的需求时，就必须开始将这些技能视为新型领导能力的基础之一。

因此，为什么不干脆让财务长删减预算，以刺激所有人去发掘蜕变契机？综合上述各项领导特质，连同我们至此所学到的概念，这个问题应该不难回答。因为要是缺乏野心的限制，以及与企业主要目标相关的企图，便少了激发大家真正想寻求对策的正当性——因为这不是挑战性问题。此处并没有让团队跨过变革者门槛的意图，缺乏跟任务之间的情感联结，就等于让计划从一开始就搁浅。在这种情况下，该项做法似乎就变成了"用较少的资源，做同样的事"。这项挑战的第一部分并未鼓励大家突破路径依赖，或挑战企业关于"做什么"以及"怎么做"的各类假设前提。光是将限制强加在团队上，是无法造成蜕变的。这样一来，反而误解了人们成功转化限制的时机、方法与动机。

为何这件事人人有责?

我们从一开始进行这项研究的时候就知道，投入限制主题的探讨会引领我们进入第九章《匮乏与富饶》中所提供的各项议题。但我们被许多受访者多次提到的强烈急迫性给触动了，Nike、宜家和联合利华这三家限制导向的企业，愈来愈重视必须在重大资源限制下做得更好的需求；奥迪和特斯拉则以不同的方式，处理环境碳含量超标的议题；而SAB则是采用新技术来减少用水量；卡达"国家粮食安全计划"则解决了许多当地食品安全的限制。

对身为父母的我们来说，很难不对这个世界既脆弱又危险的状态有所警觉。我们的下一代受到未来资源缺乏的冲击会最大，然而问题的根源必须由我们来解决——甚至有人认为或许已经太迟了。这类无力感，跟本书所探讨的各种计划的正面本质及随之而来的乐观看法，形成了鲜明的对比。某些时候我们必须跟两者共存，并发现自己和许多研究对象一样，在成功的正面想法和所有可能遇到的阻碍之间摆荡。厄廷亨教授那两者兼具的"心理反差"理论则认为，这种状态能迫使我们采取行动。

而我们行动的第一步，是试着在较为正式与专业的创新过程之外，将讨论主题导向今日世界所需的创新方式。其次，借由提供适当的程序，来针对较深远的影响，提出较重大的挑战性问题。我们希望让更多人变得更有信心，接受全新层次的限制，并期望能让世界以更有建设性的方式解决各项问题。第三，我们本身也将致力于让它成为公司的一项重要目标。

最后，我们每个人要如何界定自己必须面对的各项企图与限制，则由我们自己决定。ABC法则可用于赢得比赛、分占市场、与顾客互动，以及纽约大学教授詹姆斯·卡斯（James P. Carse）所称的"有限的游戏"（the finite game），亦即只为输赢而玩且有始有终的游戏上。[3]但卡斯也论及"无限的游戏"（Infinite Game），是我们人生中较大的、没有终点、人人都想"一直"玩的游戏，这类游戏没有输赢之分，并需要大量资源来维持。维持无限的游戏对人类来说，绝非不可避免，而且一旦我们输了，有限的游戏也就结束了。这正是为何我们不断看到某些世界上最大型的、最具竞争力的公司，在无限的游戏中，彻底重新思考以往的路径依赖并获得成功的原因。Nike希望有更多竞争者在材料使用上采取他们的做法，以便让整个产业朝向更永续的方向发展；空中客车则需要跟长期以来的对手一起集中资源，好让大家都能达成减碳目标。他们需要竞争对手跟自己一起玩无限的游戏，如此，我们所有人便能继续享受有限游戏的好处和乐趣。

> 真实世界存在很多、很多种限制……自由，在真实
> 世界里，并非总是能让我们随心所欲，它比较接近
> 诗人弗罗斯特著名的论断——"握着缰绳优游"。
> 限制永远不会消失，重点是我们要如何在其中优游。
>
> ——罗伯特·贝休恩（Robert Bethune）[4]

"辉煌时代的开始"

在我们撰写本书的同时，媒体亦充斥了改变世界秩序的各种消息。中国要比预期还早接替美国成为世界第一大经济体——全世界有二分之一的大型企业是中国人经营的。苹果公司最近将"全球最有价值品牌"的宝座让给了Google，但仍拥有足以为俄罗斯减轻一半负债的大笔资金。另外一则消息是，哥斯达黎加连续两次位居"快乐地球指数"（Happy Planet Index）的榜首。

但世界秩序"如何"改变跟"由谁"来改变，是同样值得好好加以探讨的问题。不论是身为父母、企业领袖或全球公民，我们人类所面临的无数的问题，并不会因为相关人士本身的改变而获得解决，即使他们（和我们）在思考与行为方式上有所改变也一样。

由富有的慈善家们所催生的各种解决贫穷与疾病问题的创新方式，跟是由谁研发出来的一样令人感兴趣。而未来即将造成人类社会各项巨大变革的，正是由仰赖3D打印技术的新式"分散制造法"

（distributed manufacturing）所带动，并以当地生产的永续能源来供应电力的第三次工业革命。它让我们得以驾驭科技的惊人力量以加速学习，并让人类心智更有能力创造崭新未来。它亦将创造出一种更为宏观的全球心态，让所有人得以一起加入这个无限游戏。我们希望这套方法能让更多人参与并扮演有意义的角色，不论角色大小，共同创造这项巨大变革。

在英国广播公司（BBC）2013年播出的节目《发明时代》（*The Age of Invention*）中，身兼工程师、发明家与企业家的詹姆斯·戴森（James Dyson）被问到，他是否认为所有该发明的东西都发明出来了。他的回答既迅速又恳切。不，他说，这正是美好的一刻——工程师们都感到相当兴奋。我们必须停止使用所有资源，不再需要建造最大与最快的东西，而必须使用较少的资源——较少的水量、较少的电力、较少的材料来制造东西。他认为，未来各项发明所采用的，都是能解决问题的新式材料，有了这些新式材料，科学家与工程师们就能创造新一代的杰出产品。他最后下了一个结论说，我们正处于"一个辉煌时代"的开始。[5]

我们乐于分享戴森的乐观看法。在引言中，我们曾抛出"情况是会愈来愈好，还是每况愈下呢？"这个问题。而当然，一个让我们赢得更好机会的方式，就是我们不但能自我学习，同时也帮助他人学习如何将限制变成美好的事。

本章摘要：领导力与限制的未来

●单单只是拥有从限制中发现好处的能力，并不会让事情变得比较容易达成。这是需要高明的领导能力才能运用的方法。

●我们的研究从那些成功转化限制的人身上，发现了不少共通的领导特质：

· 他们相信变革者是后天养成的，而非与生俱来的；

· 他们将公司带往各种限制所在的地方，而非远离它们；

· 他们凭借设立限制大幅增强野心并加以合理化；

· 在寻找对策时，他们懂得何时拒绝向野心妥协；

· 他们让团队相信自己能解决不可能的挑战；

· 他们会利用"情绪反差"与"说故事"的方式，使人投入情感；

· 他们鼓励并让团队挑战企业现有的各种惯性与假设；

· 他们知道要如何达到蜕变门槛。

●未来资源匮乏的情况，需要更多拥有这些特质的领导者，以及由限制所引导的创新，以持续创造丰富资源。

●的确，我们所有人都必须面临各种挑战，因此发展这类能力不再是创意人士、工程师与设计师的专利——而是人人有责。

●本书所提供的各种方法，旨在将限制性创新的相关讨论予以系统化，并提供适当的程序，协助我们培养自行转化限制的能力。

　　●简言之，在面对未来各项挑战时，我们所有人都要能理所当然并充满信心地自问——"我们要如何转化这项限制？"

附录

不合理的竞争者

本篇附录内容为"品牌资产评价制度"（以下简称BAV）就同一产品类别中，针对那些结合了过去必须取舍的两种选择标准的品牌，所进行的详细分析。例如，汽车类别中的"环保"以及"性能"原本普遍被认为是相对的两个标准，但后来却被特斯拉合而为一了。我们想了解结合对立的两个元素，会对BAV所谓的"能量差异"（energized differentiation）或"品牌能量"（brand energy）造成什么影响。而消费者心目中对某品牌的动能认知，则可作为品牌未来潜能的指标。研究发现，品牌能量与市场价值间，呈现了高度的相关性。

我们以美国市场中三个成熟的大众商品类别来举例。在快餐餐厅（QSR）类别中，我们探讨的是"价值"与"健康"这两项对立元素；而在豪华轿车类别中，探讨的则是"环保"与"性能"；在家庭清洁用品类别中，则是针对"清洁力"和"社会意识"这两项来做比较。我们会先从各项类别的数据开始，再接着深入探讨个别品牌，以更清楚地说明较广泛的重点。

本项分析的两大重点为：

●不讳言，过去这些选择品牌的标准相当两极，而且也很少同时出现在产品的主要诉求中，因而消费者的确将它们视为迥异的元素。但少数品牌在该类别中，却能提供同时具有这两项对立特性的产品。

●同时提供这两项元素的品牌，与未提供的品牌相较之下，拥有较高的品牌能量得分。

快餐餐厅类别

图A–1显示，在QSR类别中，有27.1%的民众会将品牌与价值联想在一起；而有12.5%的人则是与健康联想在一起；只有6.3%的人认为品牌应该两者兼具。

图A–2则显示，这两者和品牌差异间具有相关性。两者皆得分较高的品牌，比只有一项得分高的品牌，具有更强的差异性。

我们将同一类别中的两个品牌，在2011年到2013年间在品牌能量上的差异，做更进一步的比较。Chipotle除提供由简单、真正的食材所烹调的食物外，还致力于以永续方式取得食材并大加宣传。Taco

Bell这家最大的墨西哥快餐连锁餐厅，则可视为是Chipotle的直接竞争对手。我们发现，Chipotle因为具有同时提供"健康"与"价值"的能力，因而能建立真正的品牌差异与能量，此点可于图A-3中清楚看到。而Taco Bell虽然仍保有一定价值，但却在产品缺乏健康的认知基础上，逐渐失去了品牌能量。

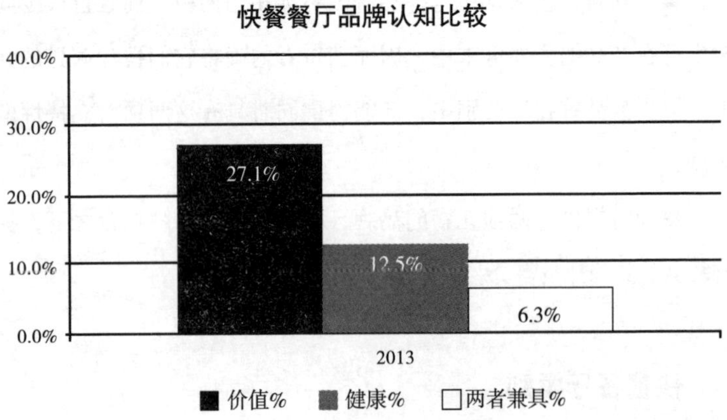

快餐餐厅品牌认知比较

图A-1：快餐餐厅品牌被认为，在价值或健康两者间应至少具有一项，而非两者兼具

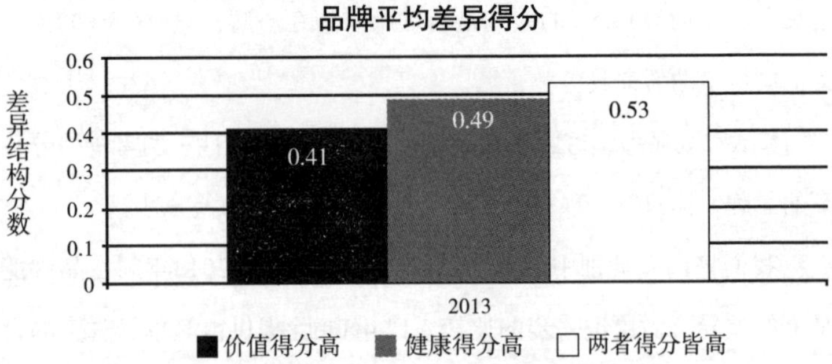

品牌平均差异得分

图A-2：对品牌特性的认知与品牌差异间的关联性

Chipotle得分（百分比）

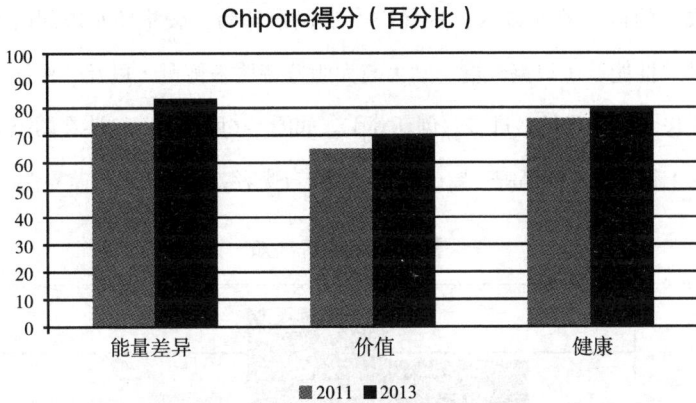

图A-3：Chipotle同时提升价值与健康的能力，可反映在能量差异上

Taco Bell得分（百分比）

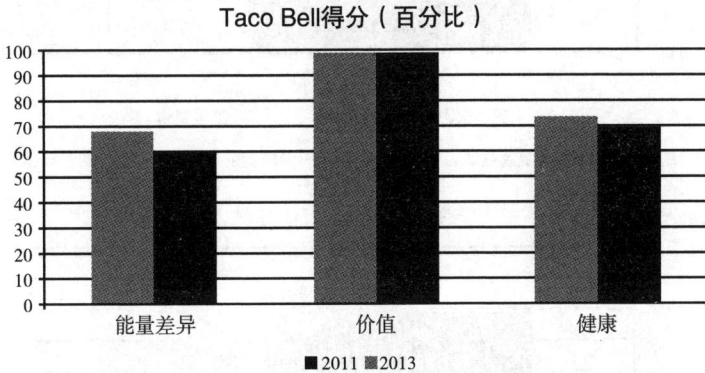

图A-4：Taco Bell因无法同时提升价值与健康，因而能量渐失

豪华轿车类别

图A-5中显示了美国豪华轿车市场也有类似的情况。2013年所

取得的最后数据显示，只有7.9%的民众认为，豪华轿车应同时兼具"性能"（以高性能、动力与大胆等特质来衡量）以及"环保"（包含社会责任、进步、创新等）。如图A-6所显示，这些在两类元素上得分皆高的品牌，要比只有一项得分高者，具有更高的差异性。

豪华轿车品牌认知

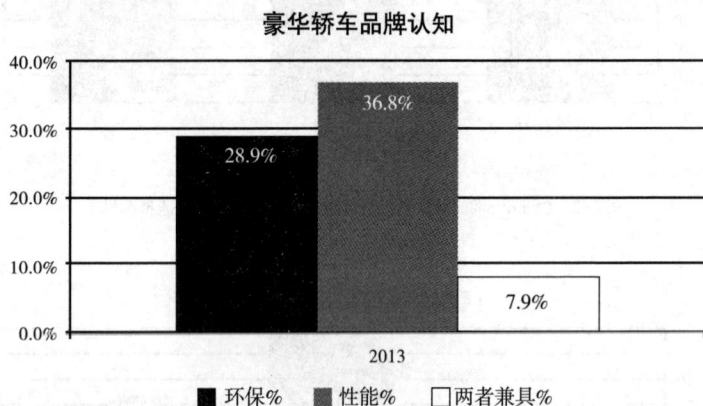

图A-5：豪华轿车品牌被认为在环保或性能两者间应至少具有一项，而非两者兼具

豪华轿车品牌认知

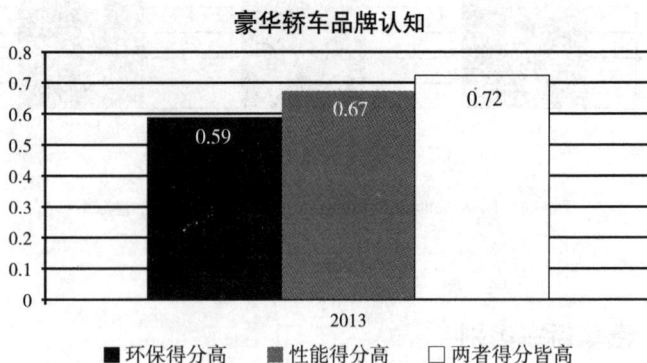

图A-6：被认为兼具环保与性能的豪华轿车品牌，比起其他只有一项得分高者，具有更高的品牌差异性

进一步比较此类产品中的两大品牌特斯拉与奔驰后，发现两者在动能上的表现更为明显。特斯拉为一个高性能的充电车种，因而更为环保，品牌明显处于成长状态中。由于两项特征得分皆高，品牌能量因而也跟着提升。另一方面，奔驰虽仍为深具影响力的大品牌，但因在环保与性能两方面认知皆低，故在差异性上逐渐下滑（参见图A-7），而此一现象也出现在其他豪华车款上。虽然特斯拉尚处于初期发展阶段，前途未卜，但若此一动能持续下去，则其他豪华轿车品牌就会在由价位所决定的实际市占率外，因这家不合理的挑战者而失去其定位。

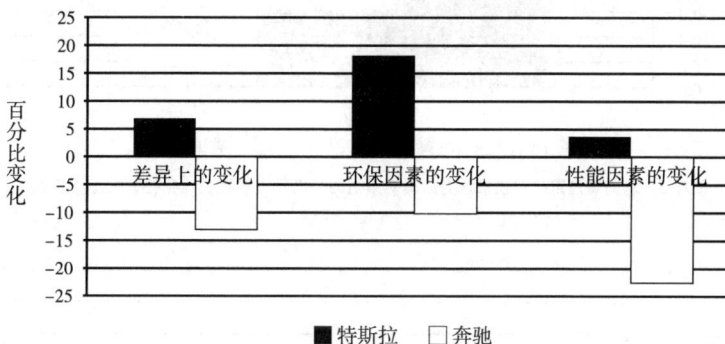

图A-7：2012到2013年间，特斯拉在环保与性能上认知的增加，跟高度差异性呈现相关性；而奔驰的认知度降低则跟低差异性同样具有相关性

家庭清洁用品类别

最后则是家庭清洁用品的比较。图A-8显示绝大多数的品牌讲

求的都是清洁效能，而只有极少数的品牌具有社会意识，或两者兼具。家庭清洁用品是个特别值得探讨的类别，因为在这个类别中，社会意识是个相对较新的概念。由于此概念的新颖，加上很大比例的品牌都着重在清洁力上，因而社会意识跟两者兼具之间的距离，其实相当接近，也因此对这个类别的品牌造成了差异（参见图A-9）。

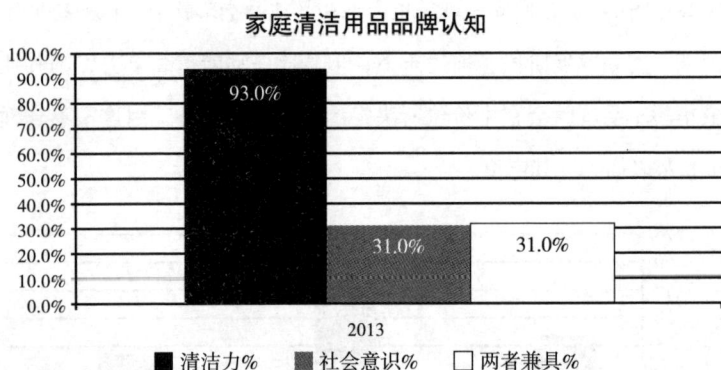

图A-8：家庭清洁用品普遍被认为应具有清洁力，而较少着重在社会意识，或两者兼具

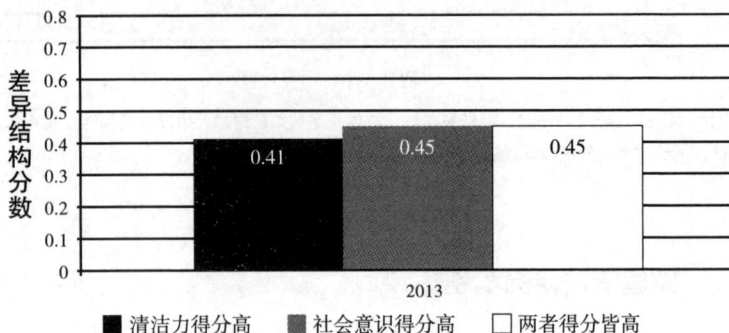

图A-9：具有社会意识兼具清洁力的清洁用品品牌，具有较高的品牌差异性

　　当我们探讨美则这个"不合理"地将清洁力与环保口碑结合在一起的品牌时，情况就变得特别显著。2013年家庭清洁用品类别的品牌能量平均分数为0.41，而美则却高达0.52。

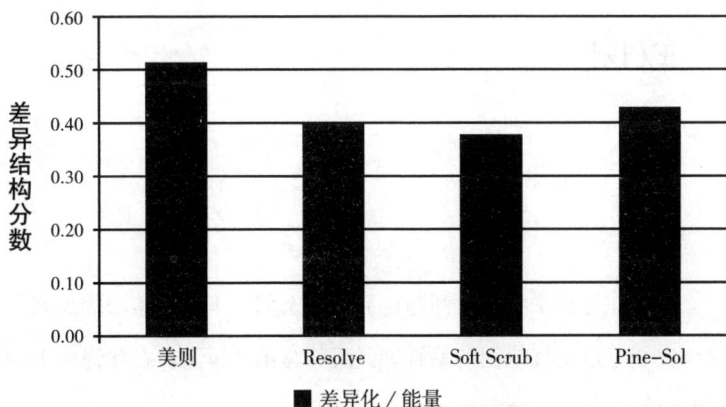

图A-10：美则与只注重清洁力的传统品牌相比，具有较高的品牌能量／差异

致谢

　　那些在访谈中贡献时间与经验的朋友们，堪称是本书的灵魂，因为我们不过是将他们的见解和经历编写出来罢了。在此谨向下列朋友致上最诚挚的谢意：

Sue Allchurch	Hylton Kallner
Rodrigo Arboleda Halaby	Geoff Keighley
Ludo Auvray	Colin Kelly
Naty Barak	Ben Knelman
Yves Behar	Ajoy Krishnamurti
Michael Bierut	Eric Leininger
Neil Blumenthal	Tim Brown
Janina Marguc	Karen Chu
Helen Marriage	Mike Cooper

Heather McGill	Stuart Coulson
Ravi Naidoo	Trevor Davis
Professor Gabrielle Oettingen	Porter Gale
Professor Jim Patell	John Gerzema
Robert Poynton	Julian Gorodsky
Marc Priestley	Katherine Gottlieb
Navi Rajdoo	Steven Grasse
Dr. Scot Refsland	Michael Hay
Paul Seward	Capt. James Housinger
Toby Shapshak	Martin Huxtable
Pier Luigi Sigismondi	Rama Iyer
Dr. Louise Waters 以及LPS团队	Michael Jordaan
James Watt	Mary Lou Jepsen
Dan Wieden	Dr. Caneel Joyce

另外，还有许多朋友在私底下给予我们协助，将某些重量级人物引介给我们：Richard F. Dallam, Tim Leberecht, George Pereira, Julia Hu, Juan Albanell, Pam Scott和Tim Koogle, Debbe Stern, Richard Hytner, Giles Morgan, Jon Gisby, Trevor Davis, Marcel Corstjens, Jonathan Warburton, Naresh Ramchandani, Norman Adami, John Stenslunde以及 Robbie Brozin。

而其他人则在初期酝酿构想上帮了很多忙：Jelly Helm, Brian

Lanahan, Robin Lanahan, Mark Valentine, Lawrence Wilkinson, Antonio Lucio, Nick Kendall和BBH伦敦规划部门，Madeline Levine, Jon Evans, Mark Holden, Bella Acton, Elle Harrison, Peter Field, Giles Elliott, Gayle Harrison, Phil Rumbol, Russell Goldman, Michael Christman, Chris Fitzgerald，还有Opts团队，Paul Pendergrass, Chris Fussell, David Smith, Jono Hey, Jeff Bronchick, Stephen Walker, Gareth Kay, Dr. Richard Marks, Chris Riley, Rebecca Armstrong, Kiran Patel，以及我们在Nike的朋友，则针对他们觉得有趣的方向给我们提供指引。

而跟我们一起将本书法则应用在实务上的客户包括CSIM的Marie Chandoha和Jon De St. Paer；SAB的Norman Adami和Mauricio Leyva，我们从他们身上学到相当宝贵的知识。Coraggio集团的Trevor Cartwright则在初期阶段，亦将概念实际应用在他的客户身上以帮助我们测试。

特别要感谢BAV的团队：John Gerzema, Will Johnson, Dr. Meredith L. Sadin, Garrett Fonda, Keith Newton，以及John Michael Hogan，为我们充实第三章《提出挑战性问题》中与不合理思考有关的概念。

本书有相当大的篇幅，是以他人的想法所构成的，但其中有两位人士特别慷慨地分享他们的智慧财产、经验与见解。Colin Kelly的"如果……就能……"概念是本书最重要的原则与工具之一，而Michael Hay则对第三章和第八章的想法贡献良多。他们两位不但极为慷慨，并且很有耐心地容许我们进一步探讨他们的想法。

我们在John Wiley & Sons出版社的编辑Richard Narramore，对我

们想以不同方式来制作本书的期望，以及想法的本身都相当支持。Tiffany Colon以及Deborah Schindlar则是耐心地引领我们，将本书从无到有地制作完成。我们的经纪人Jim Levine则带给我们源源不绝的热情、宝贵建议和资源。

虽然（原版）封面上只列出了两位eatbigfish的成员，但实际上，这项项目是公司所有人的心血结晶。Kathleen Ix和Ruth Morgan在最初研究阶段帮了许多忙；Teresa Murphy, Hugh Derrick, Chad Dick, Brett Donahay, Nick Geoghegan, Georgia Craib, Elena Perez, Lucy Taylor, Katy Clift, Peter Fauchon, Samantha Johns, Zoe Zambakides, Kayleigh Peett, Amy Ryles和Rosie Dean则在这段时间贡献了许多研究、想法、挑战、鼓励、建设性批评以及撰写本书的空间，同时公司因为有你们而朝气蓬勃。感谢大家！

Toby Brown则是不改谦虚地将书中各项工具与图表设计，既美观又实用地呈现出来。

Jude Bliss主要负责所有访谈的整理编辑工作，他对各种危机处理的建议，充分显示他对本书的了解完全不亚于我们。在我们网站www.eatbigfish.com上所看到的这些利落又优雅的影片剪辑，就是出自他之手。

Helen Redstone则是这个项目的无名英雄。她身兼制作人、造型师、封面设计、撰稿人和艺术总监等多项工作，几乎在本书不同阶段的各项原则中都有她举的例子。她让一切变得更美好，没有她的天赋、判断和机智，结果恐怕会有所不同。

亚当想特别感谢Ruth在找数据、找资源、校对、陪伴以及玫瑰酒上的付出，以及他的一对儿子路易斯和威尔对这本书的兴趣、耐心和玩笑打趣。

马克则是想感谢他的父母，将他们生命中的许多限制，都变成了美好的事。也要感谢Oma的关爱与支持，以及Gail Barrie的宝贵意见。

最后，马克特别要向Doris Mitsch，也就是他的妻子、孩子的母亲、编辑与校对，致以爱与感谢。她为本书贡献了许多想法，也一起经历了各种高低潮，更把这一切都变成可能。

图片来源

1.《宋飞正传》中的杰瑞·宋飞（Jerry Seinfeld）——由达志影像授权提供。

2. 课堂实时评量反馈系统——由公立领导学校授权使用。

3. 三星Galaxy SIII手机上的Visa payWave系统——由Simon Dawson/Bloomberg摄影，Getty Images提供。

4. 奥迪R10 TDI赛车——由达志影像授权提供。

5. 2012伦敦奥运志愿者——由达志影像授权提供。

6. PHD Source 排行榜——由PHD 授权使用。

7. 缅因州波特兰的小型餐车——由Gordon Chibroski/Portland Press Herald摄影， Getty Images提供。

8. ColaLife——由Simon Berry摄影。

9. J D Wetherspoon——由Chris Ratcliffe/Bloomberg摄影，Getty Images提供。

10. 麦拉伦一级方程式赛车加油站——由Paul Gilham/Getty Images 摄影。

11. 啤酒Never Mind the Anabolics——由达志影像授权提供。

12. Warby Parker 年报——由Warby Parker授权使用，Noel Camardo 摄影。

13. Nike Air Max 360鞋款——由达志影像授权提供。

14. 苏斯博士及其作品《戴高帽子的猫》——由达志影像授权提供。

备注与数据源

引言

1.《摇滚人生》（*Life: Keith Richards*），基思·理查兹（Keith Richards）著，W&N (UK) and Little, Brown & Co. (US)，2010。米克·贾格尔目前身价预估高达3亿美元，并随乐队收益持续增加。虽然他们打响的主要是乐队名气而非主唱的招牌演出，但他们今日的收入多半是靠巡回演出，以及持续不坠的精彩表演而来。

2. 数据源：《Marketing》杂志2013年3月26日Nicola Kemp所撰 "Tuning Out: Why brands need to disconnect and embrace the new simplicity"。网址：www.marketingmagazine.co.uk/article/1176005/tuning-out-why-brands-need-disconnect-embrace-new-simplicity.

3. 书目数据：Timothy D. Wilson, *Redirect: The Surprising New Science of Psychological Change* (New York: Little, Brown & Co., 2011).

4. 书目数据：Eric Ries, *The Lean Startup: How Constant Innovation Creates Radically Successful Businesses* (New York: Portfolio Penguin, 2011).

5. 书目资料：Charles Leadbeater, *The Frugal Innovator: Creating Change on a Shoestring Budget* (New York: Palgrave Macmillan, 2014).

6. 书目数据：Navi Radjou, Jaideep Prabhu, Simone Ahuja, *Jugaad Innovation: Think Frugal, Be Flexible, Generate Breakthrough Growth* (Hoboken, NJ: John Wiley & Sons, 2012).

7. 书目数据：Malcolm Gladwell, *David and Goliath: Underdogs, Misfits and The Art of Battling Giants* (New York: Little, Brown & Co., 2013).

8. 书目资料：Eliyahu M. Goldratt and Jeff Cox, *The Goal: A Process of Ongoing Improvement* (Gower Publishing Ltd., 2004).

9. 数据源：CNBC于2011年7月15日Jennifer Schlesinger所撰 "10 Minutes That Changed Southwest Airlines' Future"。网址：www.cnbc.com/id/43768488.

10. 数据源：《纽约时报》2013年1月16日Tina Rosenberg所撰 "A Hospital Network with a Vision"。网址：http://opinionator.blogs.nytimes.com/2013/01/16/in-india-leading-a-hospital-franchise-with-vision/?_php=true&_type=blogs&_r=0.

11. 数据源：www.thechallengerproject.com。我们最近合作的客户包括奥迪、伦敦2012、Charles Schwab、百事可乐、Sony PlayStation

以及联合利华。

12. 我们也有点担心，在这些委托实验室学生所做的学术研究结果中，有些可能脱离了真实世界中的问题而显得自相矛盾，因此我们过于谨慎地依赖这些数据。

第一章：受限者、调适者与变革者

1. 根据作者采访耐特菲姆首席可持续发展官Naty Barak的内容。

2. W+K目前在全球共有八家分公司，持续为可口可乐、Old Spice以及克赖斯勒这类大型企业创作经典广告，并已将业务拓展至营销广告以外的制作节目与内容等领域。

3. 数据源：Linda Tischler，"All About Yves," *Fast Company*，2007, www.fastcompany. com/60525/all-about-yves.

4. 根据作者自己采访Yves Behar的内容。

5. 虽然"一个孩子一台笔记本电脑"计划已在全球各地送出250万台笔记本电脑，但舆论对这项计划整体效果的看法却有些分歧。

6. 数据源：《彭博商业周刊》2006年2月12日Marissa Ann Mayer所撰 "Creativity Loves Constraints"。网址：http://www.businessweek. com/stories/2006-02-12/ creativity-loves-constraints.

7. 根据作者自己的采访内容。

8. 数据源：PlayStation官方杂志《UK Agenda》2012年4月号 "10 Questions for Todd Batty, Creative Director EA Canada"。

9. 根据作者自己的采访内容。

10. 数据源：Mayer 所撰 "Creativity Loves Constraints"。

11. 数据源：加利福尼亚州立大学伯克莱分校哈斯商学院2009年C. K. Joyce 的博士论文*The Blank Page: Effects of Constraint on Creativity*。网址：www.caneelian.com/research/.

12. 根据作者自己的采访内容。

13. 数据源：《纽约时报》杂志2012年12月20日文章 "Jerry Seinfeld Intends to Die Standing Up"。网址：www.nytimes.com/2012/12/23/magazine/jerry-seinfeld-intends-to-die-standing-up.html?pagewanted=all&_r=0.

第二章：突破路径依赖

1. 数据源：Paul Kedrosky，http://edge.org/response-detail/23860.

2. 书目数据：Kevin Kelly, *What Technology Wants* (New York: Viking, 2010).

3. 资料来源：Jörg Sydow, Georg Schreyögg and Jochen Koch, "Organizational Path Dependence: Opening the Black Box," *Academy of Management Review* 34, no. 4 (2009), 689–709. http://amr.aom.org/content/34/4/689.abstract.

4. "路径依赖"的正向层面与克莱·里斯坦森（Clay Christensen）在《创新的两难》（*The Innovator's Dilemma*）一书中的观点并无太

多不同：许多公司最后失败的原因并非出于管理不当，反而是由良好的管理所致。他们持续做着擅长的事，但却被在创新方面表现不佳的公司，或是被一开始在不赚钱的小众市场中出售的低成本创新所干扰。

5. 资料来源：Michael Lewis, "Obama's Way," *Vanity Fair*, October 2012, www.vanityfair.com/politics/2012/10/michael-lewis-profile-barack-obama.

6. 数据源：David T. Neal, Wendy Wood, and Aimee Drolet, "How Do People Adhere to Goals When Willpower Is Low? The Profits (and Pitfalls) of Strong Habits," *Journal of Personality and Social Psychology*, 104, no. 6 (2013): 959–975, http://psycnet.apa.org/?&fa=main.doiLanding&doi=10.1037/a0032626.

7. 资料来源：Bob Schaller, "The Nature, Origin, and Implications of Moore's Law," （1996 年《宏观政策》课程报告）。网址：http://research.microsoft.com/en-us/um/people/gray/moore_law.html.

8. 资料来源：Ina Fried, "Intel CEO Brian Krzanich: We Missed the Tablet," Recode, http://recode.net/2014/05/28/intel-ceo-brian-krzanich-we-missed-the-tablet/.

9. 资料来源：Vijay Govindarajan and Chris Trimble, *Reverse Innovation: Create Far from Home, Win Everywhere* (Boston, MA: Harvard Business Review Press, 2012).

10. 美国的特许学校（charter school）为一种由公共资金资助但

独立营运的学校形态。

11. 根据作者自己的采访内容。

12. 数据源：Daniel Kahneman, *Thinking, Fast and Slow* (New York: Farrar, Straus & Giroux, 2013).

13. 数据源：Nike官网http://nikeinc.com/news/nike-flyknit.

14. 根据作者自己的采访内容。

15. 数据源：哈佛商学院 "HBS Governance and Sustainability at Nike"，网址：www.hbs.edu/faculty/Pages/item.aspx?num=44895.

16. 根据Millward Brown的Brand Z全球百大最有价值品牌的研究，Visa名列2013年最有价值品牌的第九名，价值较前一年增长46%，同时名次亦上升了六名。网址：www.millwardbrown.com/brandz/2013/Top100/Docs/2013_BrandZ_Top100_Report. pdf.

17. 这位英国广告界传奇人物所说的原文应为："我们必须不断审问这些路径，直到它们坦承自己的优势为止。"

18. 根据作者自己的采访内容。

第三章：提出挑战性问题

1. 数据源：《联机》（*Wired*）杂志于2013年1月7日刊出之Steven Levy所撰 "Google's Larry Page on Why Moonshots Matter"。网址：http://www.wired. com/2013/01/ff-qa-larry-page-all/.

2. Google官网上2013年的 "Google收入声明"。

3. 拉里·佩奇于2012 年1 月24 日在google+刊登摘录自《联机》杂志2012年1月的文章。网址：https://plus.google.com/s/Larry%20Page%20google%2B%20post%20of%20Jan%2024%2C%202012%20quoting%20Wired%20 magazine%20article%20 Jan%202012%20.

4. 许多人相信无人驾驶车亦可节省人们的时间并减少塞车情况。这是一项由限制所主导的多重目标的计划。

5. 数据源：奥迪官网www.audi.co.uk/audi-innovation/audi-motorsport/audi-r10-tdi. html.

6. 根据作者自己的采访内容。

7. 数据源：Miron-Spektor, Francesca Gino, and Linda Argote, "Paradoxical Frames and Creative Sparks: Enhancing Individual Creativity through Conflict and Resolution," http://francescagino.com/pdfs/mironspektor_gino_argote_obhdp_ 2011. pdf.

8. 或是为人父母希望子女帮忙做家事的次数多一倍，同时翻白眼的次数少一半。

9. 数据源：联合利华官网www.unilever.com/brands-in-action/detail/Domestos/ 292042/.

10. 数据源：Chipotle官网www.chipotle.com/en−us/fwi/fwi.aspx.

11. 资料来源：Wesley Yin-Poole, "We Have the Ambition to Build the Best Gaming Console for Fans," Eurogamer.net, April 10, 2014, www.eurogamer.net/articles/2014-04-10-meet-new-xbox-boss-phil-spencer.

12. 根据作者自己的采访内容。

13. 德国纳粹特种部队指挥官Otto Skorzeny在1943年时，的确只给了自己三分钟的时间，从意大利格兰萨索山顶旅馆中营救墨索里尼。数据源：William H. McRaven所著*Spec Ops: Case Studies in Special Operations Warfare: Theory and Practice* (New York: Presidio Press, 2011), p. 180.

14. 书目数据：Charles Handy, *The Age of Unreason: New Thinking for a New World* (New York: Random House Business, 1980).

15. 书目数据：Charles Handy, *The Age of Paradox* (Cambridge, MA: Harvard Business School Press, 1995).

16. 灵感来自杰出喜剧演员Louis CK在美国脱口秀《康纳脱口秀》（*Conan*）中的言论："每件事都很了不起，但没一个人高兴（everything's amazing and nobody is happy）"。网址：www.youtube.com/watch?v=uEY58fiSK8E.

17. 数据源：Martin LaMonica, "Stringent Café Standards Push Automakers," *MIT Technology Review*, August 29, 2012, www.technologyreview.com/view/429041/ stringent-cafe-standards-push-automakers/.

18. 数据源：Austin Carr, "What Hotel Operators Really Think of Airbnb," *Fast Company*, March 20, 2014, www.fastcompany.com/3027976/what-hotel-operators-really-think-of-airbnb.

19. 资料来源：Chris Morran, "T-Mobile Added More New Customers Than AT&T, Verizon Combined," *Consumerist*, May 1, 2014, http://

consumerist.com/2014/05/01/t-mobile-added-more-new-customers-than-att-verizon-combined/.

20. 数据源：John Gerzema, *Cinderellanomics*, www.johngerzema.com/articles/cinderellanomics.

21. 资料来源：John Gerzema and Ed Lebar, "The Trouble with Brands," www.strategy-business.com/article/09205?pg=all.

22. 根据作者自己的采访内容。

23. 数据无法呈现此观点的因果关系，我们目前只能推论这类关系。

24. 根据作者自己的采访内容。

第四章：如果……就能……

1. 资料来源：Mark Prigg, "Sir Jonathan Ive: The iMan Cometh," *London Evening Standard*, March 12, 2012, www.standard.co.uk/lifestyle/london-life/sir-jonathan-ive-the-iman-cometh-7562170.html.

2. 书目数据：Tali Sharot, The Optimism Bias: A Tour of the Irrationally Positive Brain (New York: Vintage, 2012).

3. 数据源：Barbara Fredrickson, *Positivity: Groundbreaking Research to Release Your Inner Optimist and Thrive* (London: One World Publications, 2011).

4. 凯利对于流程的概念，跟契克森米哈赖（Mihaly

Csikszentmihalyi）所形容的那种因完全沉浸于活动中而形成的专注感并不相同。书目数据：Mihaly Csikszentmihalyi, *Flow: The Psychology of Optimal Experience*, (New York: Harper Perennial Modern Classics 2008).

5. 书目资料：Thomas Friedman, "Pass the Books. Hold the Oil," *New York Times*, March 10, 2012, www.nytimes.com/2012/03/11/opinion/sunday/friedman-pass-the-books-hold-the-oil.html?pagewanted=all.

6. 根据作者自己的采访内容。

7. 根据作者自己的采访内容。

8. 数据源：Friedman, "Pass the Books. Hold the Oil."

9. 根据作者自己的采访内容。

10. 数据源：Heather McGill.

11. 根据作者自己的采访内容。

12. 根据作者采访Airbnb 欧洲中东非洲区营销部长Christopher Lukezic的内容。

13. 资料来源：Greg Toppo, "Crowd Sourced Language App Seeks to Translate Entire Web," *USA TODAY*, February 3, 2013, www.usatoday.com/story/news/nation/2013/02/02/ crowdsourced-language-app-seeks-to-translate-entire-web/1885847/.

14. 根据作者自己的采访内容。

15. 根据作者自己的采访内容。

16. 引用PHD全球首席执行官Mike Cooper的意见。

17. 根据作者采访Sue Allchurch的内容。

18. 根据作者采访Ajoy Krishnamurti的内容。

19. 数据源：Meghan Petersen, "Equip Your Bike for the Ride of Your Life," *New York Times*, April 26, 2014, www.buffalonews.com/life-arts/fitness/equip-your-bike-for-the-ride-of-your-life-20140426.

20. 资料来源：Kendra Nordin, "Restaurants Reinvent the FoodTruck," *Christian Science Monitor*, August 24, 2013, www.csmonitor.com/Business/2013/0824/Restaurants-reinvent-the-food-truck.

21. 资料来源：Norm Brodsky, "The Blessing of Not Enough Money," Inc.com, April 2014, www.inc.com/magazine/201404/norm-brodsky/why-too-much-money-is-bad-for-a-startup.html.

22. 数据源："Equity for Punks," www.brewdog.com/media/efp/EFPIII.pdf?v=2；以及作者采访James Watt的内容。

23. 根据作者采访Trevor Davis的内容。

24. 数据源：Jason H. Harper, *When Less Is More*, Bloomberg Markets, February 2013.

25. 数据源：J. Marguc, J. Förster, and G. A. Van Kleef, "Stepping Back to See the Big Picture: When Obstacles Elicit Global Processing," *Journal of Personality and Social Psychology* 101, no. 5 (2011): 883–901.

第五章：开创丰富资源

1. 数据源：K.R. Sridhar, http://harikn.com/tag/k-r-sridhar/.

2. 特别感谢On Your Feet团队，尤其是Robert Poynton的著作 *Everything's An Offer: How to Do More with Less* (Portland, OR: On Your Feet, 2008)。亦感谢这十五年来我们在工作上所采用的这些原则。

3. 书目数据：Porter Gale, *Your Network is Your Net Worth: Unlock the Hidden Power of Connections for Wealth, Success, and Happiness in the Digital Age* (New York: Atria Books, 2013).

4. 亦可参考如Adam Grant关于慷慨行为的著作。网址：http://hbr.org/2013/04/ in-the-company-of-givers-and-takers.

5. 数据源：Triplepundit.com, July 11, 2013. http://www.triplepundit.com/2013/07/nike-launches-free-materials-app-already-looks-ahead-next-level-innovation/.

6. 资料来源："Future by Airbus: Airbus Unveils Its Vision of 'Smarter Skies,'" http://videos. airbus.com/channel/d8d5814b6ccc.html.

7. 书目资料：Dave Trott, *Predatory Thinking: A Masterclass in Out-Thinking the Competition* (New York: Macmillan, 2013).

8. 根据作者自己的采访内容。

9. 资料来源：Thomas R. Eisenmann and Laura Winig, "Rent the Runway," Harvard Business School Case 812–077, November 2011（revised December 2012）, www.hbs.edu/faculty/Pages/item.

aspx?num=41142.

10. 根据作者采访FIPS的Paul Seward的内容。

第六章：启动情绪

1. 书目数据：William H. McRaven, *Spec Ops: Case Studies in Special Operations Warfare: Theory and Practice* (New York: Presidio Press, 2011), p. 180.

2. 同上，p. 23。

3. 资料来源：Nikki Blacksmith and Jim Harter, "Majority of American Workers Not Engaged in Their Jobs," http://www.gallup.com/poll/150383/majority-american-workers-not-engaged-jobs.aspx.

4. 根据作者自己的采访内容。

5. 资料来源：Angela Duckworth, Christopher Peterson, Michael D. Matthews, and Dennis R. Kelly, *Grit: Perseverance and Passion for Long-Term Goals*, www.sas.upenn.edu/~duckwort/images/Grit%20JPSP.pdf.

6. 根据作者采访Janina Marguc的内容，并请一并参考之前第四章《如果……就能……》的数据源。

7. 根据作者自己的采访内容。

8. 数据源：Katherine Gottlieb, "Transforming Your Practice: What Matters Most," *Family Practice Management* 15, no. 1 (2008): 32–39. www.aafp.org/fpm/2008/0100/ p32.html#.

9. 数据源：Rasmuson Foundation Press Release, "First Alaskan named MacArthur Genius, October 5, 2004, http://rasmuson.org/PressRelease/index.php?switch=view_pressrelease&iReleaseID=42#sthash.YCs6rfkM.dpuf.

10. Malcolm Gladwell著名的"desirable difficulties"（本书译为"良性困难"）概念，乃采自美国加利福尼亚州大学洛杉矶分校Robert和Elizabeth Bjork的研究*David and Goliath: Underdogs, Misfits and The Art of Battling Giants* (New York: Little, Brown, 2013).

11. 根据作者自己的采访内容。

12. 根据作者自己的采访内容。

13. 例如，在Daniel H. Pink所著的*Drive: The Surprising Truth About What Motivates Us* (Edinburgh: Canongate Books Ltd. 2011)一书中，便强调内在动机要比外在动机更重要。

14. 根据作者自己的采访内容。

15. 资料来源：Whitney Friedlander, "Judd Apatow: Everything He's Done Is Revenge for Canceling 'Freaks and Geeks,'" *Variety*, March 11, 2014, http://variety.com/2014/ scene/news/judd-apatow-freaks-and-geeks-1201129436/.

16. 数据源：Matt Cowan, Wired.co.uk, "Fail to Succeed," April 25, 2011, www.wired.co.uk/magazine/archive/2011/05/features/fail-to-succeed.

17. 资料来源：B. A. Nijstad, C. K. W. De Dreu, E. F. Rietzschel, and M. Baas, "The Dual Pathway to Creativity Model," *European*

Review of Social Psychology 21, no.1 (2010), www.tandfonline.com/doi/abs/10.1080/10463281003765323#. U9u5CPldWSo.

18. 数据源：D. T. Max, "Two Hit Wonder," *New Yorker*, October 21, 2013, http://www.newyorker.com/reporting/2013/10/21/131021fa_fact_max?currentPage=all.

19. 根据作者自己的采访内容。欲进一步了解纽约大学心理学教授Gabriele Oettingen相关数据，请参考网页：www.psych.nyu.edu/oettingen/.

20. 根据作者自己的采访内容。

21. 根据作者自己的采访内容。

22. 数据源：Robert Plutchik的"基本情绪理论"（Theory of Basic Emotions）。网站：http://visual.ly/robert-plutchiks-psycho-evolutionary-theory-basic-emotions.

23. 根据作者采访d.school各课程总监的内容。

24. 同上。

25. 卡罗尔·德威克（Carol Dweck）教授将成长与固定心态区分如下：成长心态（growth mindset）认为才能是可以培养的；而固定心态（fixed mindset）则认为才能是固定不变的。聪明的学生若总是被人称赞他们有多聪明而非有多努力时，就会停滞不前。一旦拥有固定心态的人遇到失败时，就会很难融入学习并再次尝试。参考书目：*Mindset: How You Can Fulfill Your Potential* (Edinburgh: Constable & Robinson, Ltd., 2012).

26. "超低廉设计"请见www.extremebydesignmovie.com.

第七章：一无所有的富饶

1. *Life: Keith Richards*，Keith Richards著，W&N (UK) and Little, Brown & Company (US), 2010.

2. 因资源丰富而经济表现不佳并非是不可避免的。相反地，一系列探讨此类资源富足其实是好运而非诅咒的实务，便得到了Stiglitz和一些经济学家的支持。网站：www.project-syndicate.org/commentary/from-resource-curse-to-blessing-by-joseph-e-stiglitz.

3. 根据作者于2014年5月5日采访Marc Priestley的内容。

4. 根据作者自己的采访内容。

5. 根据作者自己的采访内容。

6. 这类研究有：Adam Lindgreen and Joëlle Vanhamme, "To Surprise or Not to Surprise Your Customers: The Use of Surprise as a Marketing Tool," *Journal of Customer Behaviour* 2, no. 2 (June 1, 2003): 219–242; Joelle Vanhamme and Dirk Snelders, "What If You Surprise Your Customers ... Will They Be More Satisfied? Findings From a Pilot Experiment," in NA—Advances in Consumer Research 30, eds. Punam Anand Keller and Dennis W. Rook, Valdosta, GA: Association for Consumer Research, 48–55.

7. 根据作者自己的采访内容。

8. 数据源：BBC Four节目《美丽心灵》（*Beautiful Minds*）May 14, 2012, www.bbc.co.uk/programmes/p00qvql7.

9. 根据作者自己的采访内容。

10. 根据作者自己的采访内容。

11. 根据作者自己的采访内容。

12. 资料来源：Nellie Bowles, "Betabrand Markets with Guy Humor," SF Gate.com, www.sfgate.com/style/article/Betabrand-markets-with-guy-humor-4264294.php.

13. 资料来源：Rachel Wells, "The Man Behind the Aesop Brand," *Sydney Morning Herald February* 23, 2012, www.smh.com.au/small-business/entrepreneur/the-man-behind-the-aesop-brand-20120222-1tntu.html#ixzz30YHgAPyU. "Aesop—Fabled Brand Fabulous Marketing," JP Kuehlwein, wordpress.com, December 3, 2012, http:// masstoclass.wordpress.com/2012/12/03/aesop-fabled-brand-fabulous-marketing/.

14. 根据作者采访Ludo Auvray的内容。

15. 书目数据：Sir Lawrence Freedman, *Strategy: A History* (New York: Oxford University Press, 2013).

16. 根据作者采访Ludo Auvray 的内容。

17. 根据作者自己的采访内容。

18. 数据源：Taxi, "Icograda: Saki Mafundikwa and Ravi Naidoo," DesignTaxi.com, http://designtaxi.com/article.php?article_id=193.

19. 摘录自维基百科内容http://en.wikiquote.org/wiki/Ernest_

Rutherford.

20. 根据作者采访Pier Luigi Sigismondi的内容。

第八章：限制导向的文化

1. 数据源：Andy Giegerich, "Ikea Joins Nike in DyeCoo Investment Club," *Portland Business Journal*, April 9, 2013, www.bizjournals. com/portland/blog/sbo/2013/04/ ikea-joins-nike-in-dyecoo-investment. html?page=all.

2. 根据作者自己的采访内容。

3. 取材自Michael Hay 的访谈内容。数据源：James Thompson, "Record Profits at Ikea after a Year of Global Growth," The Independent, January 23, 2013, www. independent.co.uk/news/business/news/record-profits-at-ikea-after-a-year-ofglobal-growth-8464285.html.

4. 根据HBS于2013年6月所做的Nike个案研究。网址：http://hbr. org/product/Governance-and-Sustainabi/an/313146-PDF-ENG.

5. 同上。

6. 资料来源：Stanley Holmes, "Nike Goes For The Green," *Bloomberg Businessweek* September 24, 2006, www.businessweek.com/ stories/2006-09-24/nike-goes-for-the-green.

7. 同上。

8. 根据HBS于2013年6月所做的Nike个案研究。

9. 根据作者采访Nike员工的内容。

10. 数据源：引用2013年12月Nike新闻稿中Nike厂商Kuenlin Ho 的意见。网址：http://nikeinc.com/news/nike-colordry.

11. 数据源：Nike官网：http://nikeinc.com/news/nike-flyknit.

12. 同上。

13. 根据作者自己的采访内容。

14. 这跟厄廷亨教授所研究的"心理反差"的动机技巧极为相似。

15. Paul Polman谈论2013年成果及最近五年的经历，请见官网 www.unilever.com/mediacentre/pressreleases/2014/Unileverreportsgrowthahead ofmarketsin2013.aspx.

16. 资料来源：Future by Airbus: Airbus Unveils Its Vision of 'Smarter Skies,' http://videos.airbus.com/channel/d8d5814b6ccc.html.

17. 数据源：Michael Hay.

18. 数据源：Richard Milne, "Mojang: Smash Hit 'Minecraft' Maker," *Financial Times*, July 22, 2014, www.ft.com/intl/cms/s/2/0283b57c-10ca-11e4-b116-00144 feabdc0.html#axzz3D1y767VR.

19. 此概念来自PHD的Mark Holden。

20. 根据作者采访Hylton Kallner的内容。

第九章：匮乏与富饶

1. 例如Oxfam的Duncan Green：www.oxfam.org/en/pressroom/pressrelease/2008-06-23/new-deal-needed-to-stop-plunging-millions-into-poverty and Navi Radjou et al. in HBR quoting an *Economist* article: http://blogs.hbr.org/2010/06/ibm-just-released-its-global/.

2. 资料来源：Pip Brooking, "Fixing Capitalism: Paul Polman Interview," *Business Voice*, November 2012, www.cbi.org.uk/media-centre/news-articles/2012/11/fixing-capitalism-paul-polman-interview/.

3. 改写自：Ian Salisbury, "Our Chat with Jeremy Grantham," in *Wall Street Journal* September 20, 2013, http://online.wsj.com/news/articles/SB10001424127887323665504579032934293143524?mg=reno64-wsj&url=http%3A%2F%2Fonline.wsj.com%2Farticle%2FSB100014241278873236655045790329 34293143524.html.

4. 数据源：世界野生动物基金会（World Wildlife Foundation）官网：www.worldwildlife.org.

5. 数据源：Global Water Security, Intelligence Community Assessment, February 2, 2012, www.transboundarywaters.orst.edu/publications/publications/ICA_Global%20Water%20Security[1]%20 (1).pdf.

6. Saul Griffith于2009年在Long Now Foundation的演说。网址：http://longnow.org/seminars/02009/jan/16/climate-change-recalculated/.

7. 书目数据：Andrew Zolli and Ann Marie Healy, *Resilience: Why Things Bounce Back* (New York: Business Plus, 2013), http://resiliencethebook.com/.

8. 此列表中之内容乃集许多书籍和文章之大成，族繁不及备载。其中数据源包括：

● Diamandis and Kotler, *Abundance.*

● 取材自这份精彩的讯息图表：http://discovermagazine.com/galleries/zen-photo/a /age-of-abundance#.UZ-sQusvpXk.

● Erik Brynjolfsson的TED演说：'Race With the Machines'，网址：www.ted.com/talks/erik_brynjolfsson_the_key_to_growth_race_em_with_em_the_machines.

● 书目数据：Chris Anderson, *Makers: The New Industrial Revolution* (New York: Crown Business, 2014), www.amazon.com/Makers-The-New-Industrial-Revolution/dp/0307720969/ref=sr_1_3?ie=UTF8&qid=1406783445&sr=8-3&keywords=the+third+industrial+revolution.

● 书目资料：Stewart Brand, *Whole Earth Discipline: Why Dense Cities, Nuclear Power, Transgenic Crops, Restored Wildlands, Radical Science, and Geoengineering are Necessary* (London: Atlantic Books, 2010).

● 书目数据：John Elkington, *The Zeronauts: Breaking the Sustainability Barrier* (New York: Routledge, 2012).

● 书目数据：Tyler Cowen, *The Great Stagnation: How America*

Ate All The Low-Hanging Fruit of Modern History, Got Sick, and Will (Eventually) Feel Better (New York: Dutton Adult, 2011).

●西北大学Robert J. Gordon 的研究，http://faculty-eb.at. northwestern.edu/economics/gordon/researchhome.html University http:// online.wsj.com/news/articles/SB10001424127887324461604578 191781756437940.

●数据源：Charles Kenny, "The Age of Scarcity," *Bloomberg Businessweek*, July 26, 2012, www.businessweek.com/articles/2012-07-26/ the-age-of-scarcity.

9. 书目数据：Peter Diamandis and Steven Kotler, *Abundance* (New York: Free Press, 2012).

10. 此部分较属纯理论性质，如此大规模制造安装的产能，显然会成为太阳能的一个门槛。而这一切并不表示气候变迁已然开始。

11. 书目资料：Tonny K. Omwansa, and Nicholas P. Sullivan, *Money, Real Quick: The Story of M-PESA* (London: Guardian Books, 2012).

12. 书目数据：Diamandis and Kotler, *Abundance*, 142.

13. 数据源：维珍航空官网：www.virginatlantic.com.

14. 数据源："Farming the Desert," *Time*, July 2013, http://content. time.com/time/magazine/article/0,9171,2146442,00.html.

15. 书目资料：Madeline Levine, *The Price of Privilege* (New York: Harper Perennial, 2008).

16. 此名词最早是因Alvin Toffler于1970年所著的*Future Shock*而

闻名。

17. 书目数据：Mullainathan and Shafer, *Scarcity: Why Having Too Little Means So Much* (New York: Times Books, 2013).

18. 资料来源：Drake Baer, "What Multitasking Does to Your Brain," *Fast Company*, October 9, 2013, www.fastcompany.com/3019659/leadership-now/what-multitasking-does-to-your-brain.

19. 资料来源：Vanessa Loder, "Why Multi-Tasking Is Worse than Marijuana for Your IQ," *Forbes*, November 6, 2014, www.forbes.com/sites/vanessaloder/2014/06/11/ why-multi-tasking-is-worse-than-marijuana-for-your-iq/.

20. 资料来源：Tony Schwartz and Christine Porath, "Why You Hate Work," New York *Times*, May 30, 2014, www.nytimes.com/2014/06/01/opinion/sunday/why-you-hate-work.html.

21. 书目数据：Kevin Kelly, *What Technology Wants* (New York: Viking, 2010), 192.

第十章：着手转化限制

1. 书目资料：Sendhil Mullainathan and Eldar Shafir, *Scarcity: Why Having Too Little Means So Much* (New York: Times Books, 2013).

2. 感谢Rama提供数据。

3. 引用自Stewart Brand的著作*Whole Earth Discipline. An*

*Ecopragmatist Manifesto*第43页。网址：http://discipline.longnow.org/DISCIPLINE_footnotes/2_-_ City_Planet. html.

4. 书目资料：Richard H. Thaler and Cass R. Sunstein, *Nudge: Improving Decisions About Health, Wealth and Happiness* (New York: Penguin, 2009)；以及Mullainathan and Shafir, *Scarcity*.

5. 由Sid Parnes于其著作*Creative Behavior Guidebook* (New York: Charles Scribner's Sons, 1967) 中首次提出。

第十一章：领导力与限制的未来

1. 资料来源：Louis Menand, "Cat People. What Dr. Seuss Really Taught Us," *New Yorker*, December 23, 2002, www.newyorker.com/magazine/2002/12/23/cat-people.

2. 数据源：Kevin Kruse, "What Is Leadership?" *Forbes*, April 9, 2013, www.forbes.com/sites/kevinkruse/2013/04/09/what-is-leadership/.

3. 2001 年纽约大学James Carse 教授于APG会议上的演说。

4. 数据源：Robert Blethune, "Self Censorship," *ArtTimes*, April 2009, www. arttimesjournal.com/theater/April.09_theatre.htm.

5.数据源：BBC 2的节目《发明天才》（*Genius of Invention*）于2013年2月14日播出之第一季第四集节目，主要来宾为詹姆士·戴森（James Dyson）。网址：www.imdb.com/title/tt2645332/.

参考书目与延伸阅读

Boyd, Drew, and Jacob Goldenberg. *Inside the Box: Why the Best Business Innovations are Right in Front of You.* London: Profile Books, 2013.

Brand, Stewart. *Whole Earth Discipline: An Ecopragmatist Manifesto.* New York: Viking Adult, 2009.

Brown, Tim. *Change by Design: How Design Thinking Transforms Organizations and Inspires Innovation.* New York: HarperBusiness, 2009.

Diamandis, Peter, and Steven Kotler. *Abundance.* New York: Free Press, 2012.

Freedman, Lawrence. *Strategy: A History.* New York: Oxford University Press, 2013.

Gale, Porter. *Your Network Is Your Net Worth.* New York: Atria Books, 2013.

Goldratt, Eliyahu M., and Jeff Cox. *The Goal: A Process of Ongoing Improvement.* Farnham, UK: Gower Publishing Ltd., 2004.

Handy, Charles. *The Age of Unreason.* Boston: Harvard Business School Press, 1989.

Johnson, Steven. *Where Good Ideas Come From.* New York: Riverhead Trade, 2011.

Kelley, David, and Tom Kelley. *Creative Confidence. Unleashing the Creative Potential Within All of Us.* New York: Crown Business, 2013.

Kelly, Kevin. *What Technology Wants.* New York: Viking, 2010.

Levine, Madeline. *The Price of Privilege.* New York: Harper Perennial, 2008.

Leadbeater, Charles. *The Frugal Innovator: Creating Change on a Shoestring Budget.* New York: Macmillan, 2014.

May, Matthew E. *The Laws of Subtraction: 6 Simple Rules for Winning in the Age of Excess Everything.* New York: McGraw-Hill Professional, 2012.

McRaven, William H. *Spec Ops: Case Studies in Special Operations Warfare: Theory and Practice.* New York: Presidio, 2011.

Mullainathan, Sendhil, and Eldar Shafir. *Scarcity: Why Having Too Little Means So Much.* New York: Allen Lane, 2013.

Parnes, S. J. *Creative Behavior Guidebook.* New York: Scribner, 2000.

Poynton, Robert. *Do Improvise*. London: The Do Book Company, 2013.

Radjou, Navi, Jaideep Prabhu, and Simone Ahuja, *Jugaad Innovation: Think Frugal, Be Flexible, Generate Breakthrough Growth*. Hoboken, NJ: John Wiley & Sons, 2012.

Ries, Eric. *The Lean Startup: How Constant Innovation Creates Radically Successful Businesses*. New York: Portfolio Penguin, 2011.

Zolli, Andrew, and Ann Marie Healy. *Resilience: Why Things Bounce Back*. New York: Business Plus, 2013.

图书在版编目（CIP）数据

逆向创新 /（美）亚当·摩根（Adam Morgan），
（美）马克·巴登（Mark Barden）著；柴婉玲译 . —长
沙：湖南文艺出版社，2019.2
　书名原文：A Beautiful Constraint
　ISBN 978-7-5404-8699-0

　Ⅰ. ①逆… 　Ⅱ. ①亚… ②马… ③柴… 　Ⅲ. ①企业管
理—通俗读物 Ⅳ. ①F272—49

中国版本图书馆 CIP 数据核字（2018）第 091581 号

著作权合同登记号 18-2018-126

上架建议：经济·管理

NIXIANG CHUANGXIN
逆向创新

作　　者：[美]亚当·摩根（Adam Morgan）　[美]马克·巴登（Mark Barden）
译　　者：柴婉玲
出 版 人：曾赛丰
责任编辑：薛　健　刘诗哲
监　　制：于向勇　秦　青
策划编辑：刘　毅
文字编辑：张　伟
版权支持：文赛峰　张雪珂
营销编辑：刘晓晨　刘　迪　初　晨
封面设计：小象设计
版式设计：张丽娜
出版发行：湖南文艺出版社
　　　　　（长沙市雨花区东二环一段 508 号　邮编：410014）
网　　址：www.hnwy.net
印　　刷：三河市百盛印装有限公司
经　　销：新华书店
开　　本：875mm×1270mm　1/32
字　　数：232 千字
印　　张：11.5
版　　次：2019 年 2 月第 1 版
印　　次：2019 年 2 月第 1 次印刷
书　　号：ISBN 978-7-5404-8699-0
定　　价：48.00 元

若有质量问题，请致电质量监督电话：010-59096394
团购电话：010-59320018